EL DATO

GUÍA DE SUPERVIVENCIA EN EL MUNDO DE LOS DATOS

ISBN: 978-2-409-04466-3
Edición original: 978-2-409-03716-0

Ediciones ENI

Pº Ferrocarriles Catalanes, 97-117, 2a pl. of. 18
08940 - Cornellà de Llobregat (Barcelona)

Tel: 934 246 401
Fax: 934 231 576

e-mail: info@ediciones-eni.com
http://www.ediciones-eni.com

Autor: Benoît CAYLA
Edición española: Angel Mª SÁNCHEZ CONEJO
Colección **Data Pro** dirigida por Émilie VILLETORTE

Contenido _______________ 1

Introducción

Capítulo 1
Datos en todas sus facetas

Capítulo 2
Persistencia

Capítulo 3
Integración de datos

Capítulo 4
Analizar y hacer más fiables los datos

Capítulo 5
Gestión de datos

Capítulo 6
Saque el máximo partido a sus datos con la IA

Capítulo 7
Principales soluciones de gestión de datos

Introducción

1. Érase una vez unos datos

Si en los años 80 hasta 2010, cuando me apasioné totalmente por la informática y el desarrollo, un superinformático se distinguía ante todo por su pericia en uno o varios lenguajes (como Basic, Fortran, C, C++, Java, PHP, etc.), resulta que el futuro se presenta muy distinto. El dominio abrumador de los lenguajes parece estar llegando a su fin, ahogado, sin duda, por tanta diversidad. El objetivo final ya no es ser capaz de codificar una directiva determinada con el menor número posible de caracteres/líneas de código, ni siquiera ser capaz de reutilizar de forma óptima una porción de código. Aquellos tiempos quedaron atrás. Algunos le echarán la culpa a la llegada del no-code o low-code, pero una vez más el verdadero debate no es o ha dejado de ser cómo procesar la información, sino la información en sí misma. De hecho, parece que nuestra visión de la gestión de procesos empresariales ha alcanzado un segundo nivel de madurez. Cada vez pedimos más a nuestros programas: tienen que reaccionar mejor, sustituir mejor nuestras tareas, evolucionar mejor y, en definitiva, llegar a ser mejores que nosotros, los humanos. Con el paso del tiempo, la mayoría de los programas se han vuelto demasiado complejos. Muy a menudo, debido a la yuxtaposición de excepciones y a la adición de nuevos requisitos siempre recurrentes, la conclusión es clara: se han convertido en algo difícil de mantener y, a veces, incluso imprevisibles.

En pocas palabras, mientras que el campo de las TI se ha centrado hasta ahora en los procesos, actualmente estamos experimentando un verdadero cambio que está poniendo en tela de juicio un gran número de ideas preconcebidas y formas de hacer las cosas. Estamos entrando irremediablemente en la era de los datos.

Entonces, ¿cómo crear una aplicación cuando es imposible describir el algoritmo? ¿Cómo puedo estar seguro de que las decisiones que tomará un programa se corresponderán con la realidad y no con una documentación que puede haber quedado obsoleta? ¿Cómo puedo garantizar que las aplicaciones evolucionarán de forma natural? De manera más sencilla, ¿cómo puedo tratar datos complejos hasta ahora ignorados?

Aunque pueda parecer difícil responder a estas preguntas, una cosa es cierta: la solución ya no se encuentra únicamente en uno u otro lenguaje. La respuesta ya no se encuentra en el rigor con que se procesa la información, sino en la información en sí misma. Así que tenemos que buscar en la fuente, y esa fuente son los datos.

¿Cómo podemos reinventar un nuevo enfoque? Sin duda, adoptando una visión radicalmente distinta. Hasta ahora, la solución informática a un problema dado ha sido procedimental y determinista. Si bien este enfoque sigue siendo adecuado para la mayoría de los procesos, se muestra rápidamente limitado cuando se abordan problemas complejos. Excepciones imprevistas, datos complejos, procesos incontrolados, etc. son solo algunos obstáculos a los que se han enfrentado incluso las aplicaciones más bien diseñadas en las últimas décadas, y para los que nadie ha sido capaz de aportar una solución concreta y duradera.

Algunos dirán que hasta ahora no ha funcionado tan mal. Por supuesto, pero la cantidad y complejidad de los datos y el aumento de las exigencias de las empresas, están poniendo claramente a prueba los programas diseñados hasta ahora. A este ritmo, y a fuerza de seguir parcheando los programas, está claro que el castillo de naipes corre el riesgo de derrumbarse. Hay que admitir que las infraestructuras de tipo "microservicio", ofrecen un cambio aceptable hacia una pluralidad de tecnologías mejor dedicadas a un tipo concreto de tarea. Pero esto no resuelve en absoluto los problemas que hemos mencionado anteriormente. Entonces, ¿por qué no probar un nuevo enfoque basado en los datos?

En cualquier caso, más allá de estas cuestiones hay que decir que vivimos en un mundo de datos: todo es "Data driven". Algunos dirán que esto es bastante obvio decirlo hoy, pero hace diez años solo hablábamos de programas o procesos. Los datos no eran más que una fuente o incluso una limitación, con la que había que lidiar. Los datos se reducían a un combustible para estos procesos/programas. Y el término "combustible" no es especialmente apropiado para la visión de la época, porque a diferencia del combustible, que es esencial para el funcionamiento de un motor, los datos eran secundarios.

No fue hasta la llegada de la inteligencia empresarial y el apoyo a la toma de decisiones en la década de los años 2000, cuando nos dimos cuenta de que los datos por sí solos podían tener un valor real. Increíblemente, se hizo posible gestionar una empresa gracias a los datos. Hoy en día, esto es más evidente en cuanto que todos estamos inmersos en un océano de información que se intercambia y se vende a través de aplicaciones, la mayoría basadas en la nube. Casi nos olvidamos de nuestros famosos procesos o programas que, a menudo, se reducen a meros intermediarios de datos.

Aquí es donde entran en juego, precisamente, la Inteligencia Artificial, y en particular el Aprendizaje Automático o Machine Learning. Capaz de añadir más inteligencia que nunca a los programas y de procesar información que antes se consideraba inmanejable por la informática, la IA está revolucionando la forma en que se utilizan y funcionan las empresas. Pero el machine learning también tiene que ver, sobre todo, con los datos, como veremos en este libro.

2. ¿Por qué este libro?

Hay muchos libros sobre los datos y los problemas que los rodean, sobre todo hoy en día. También hay mucha literatura sobre tal o cual tecnología que permite comprender, recuperar, manipular o transportar datos. De hecho, en la constelación de soluciones de gestión de datos, debe de haber un libro para casi todo. La idea de este no es, desde luego, añadir un nuevo elemento a esta constelación ni la de añadir complejidad a la niebla. Se trata más bien de un cemento entre estos libros, una guía práctica para quienes quieran emprender este camino y hacerse un hueco en el mundo de los datos. Como se habrá dado cuenta, el mundo de los datos es inmenso, y elaborar una guía que le ayude a orientarse en este universo, es esencial.

Puede que algunos se enfaden conmigo, pero todavía no vamos a hablar del tsunami de datos que está llegando a las empresas y a nuestra vida cotidiana, de la Ley de Moore, etc. Todo esto ya es una obviedad y, sobre todo, una realidad. Lo importante es que estos datos son, ante todo, un apreciado recurso en bruto. "Data is the New Oil " que hay que explotar, pero sobre todo dominar y controlar. Este libro no tratará de las estadísticas de todas las grandes empresas de investigación que describen estos datos, porque muchos otros han tratado este tema ampliamente. Tampoco es útil enumerar todos los casos de uso que implican datos, porque los datos tienen que ver con todos los casos de uso. Todo proyecto siempre implica datos. Por tanto, los datos no son un tema, son EL tema. En cambio, este libro le mostrará cómo aprovechar el poder de los datos adoptando un enfoque pragmático de sus conceptos, herramientas, soluciones e iniciativas. Se trata de un proyecto muy ambicioso, sin duda, pero su objetivo es ir más allá de la mera observación, impulsándole a adentrarse en este extraordinario y salvaje mundo de los datos. Es como una navaja suiza, una boya que le ayudará a orientarse en esta jungla de conceptos, arquitecturas y terminologías. Una guía de supervivencia.

Probablemente ya comprenda los principales retos y oportunidades que ofrecen los datos. Puede que incluso haya leído bastante sobre el tema y se sienta preparado para embarcarse en una iniciativa de datos concreta. Pero he aquí la realidad. Se topa con la brutalidad de esta jungla, que es mucho más densa de lo que parece. Enfrentado a una masa de términos, conceptos y otras soluciones tecnológicas, puede sentirse rápidamente desorientado. Cada nuevo reto o necesidad implica una nueva capa de complejidad y pronto se siente perdido, porque no entiende el significado de un acrónimo concreto. Y lo que es peor, pierde o no percibe la sutileza de lo que se espera o se consigue.

Una vez más, este es su libro.

Por tanto, no necesita ser un experto en todos los campos relacionados con los datos, este libro le ayudará a iniciarse en el tema reduciendo considerablemente el tamaño de su biblioteca. Evidentemente, el objetivo es ahorrarle tiempo ofreciéndole una guía práctica que podrá tener a mano. Esta guía, porque eso es lo que es, contiene las claves o las bases esenciales para comprender mejor el mundo de los datos.

3. ¿A quién va dirigido este libro?

Como habrá deducido, este libro está dirigido a todo aquel que quiera adoptar un enfoque pragmático de los datos. Estudiantes, ingenieros de datos, científicos de datos, desarrolladores, gestores de proyectos, CDO (*Chief Data Officers*) y cualquiera que desee comprender y procesar mejor los datos, encontrará en este manual las claves para entender y dominar mejor este nuevo oro negro.

Por supuesto, este enfoque de los datos no pretende ser exhaustivo. Algunos incluso dirán que no se entra con el suficiente detalle, y tendrían razón, porque el principio rector de este libro es realmente ofrecer una guía práctica, una base sólida para comprender mejor el mundo de los datos.

En este libro se utiliza el lenguaje Python para ilustrar determinados conceptos o ejemplos. Sin duda, es uno de los lenguajes más apropiados para la gestión de datos, si no el más común. Sin embargo, aquellos que no estén familiarizados con este lenguaje no se deben preocupar, ya que conocerlo no es en absoluto un requisito previo para leer este libro.

Para terminar y permitirle, por fin, sumergirse en este maravilloso mundo de los datos, cabe añadir que muchos de los detalles de ciertos conceptos presentados en este libro, obviamente se pueden poner en tela de juicio. De hecho, algunos de los conceptos o arquitecturas mencionados o explicados en este libro (por ejemplo, Data Fabric, Data Lake, etc.) no tienen una definición propiamente del término. Algunos puristas pueden incluso rebatir ciertos detalles o referencias que se comentan habitualmente. En algunos casos, puede que no estén del todo en lo cierto y tampoco equivocados. Ante todo, el objetivo de este libro es ofrecer una recopilación de experiencias prácticas, pero también demostrar que, sea cual sea la evolución del mercado de datos, sus fundamentos siguen siendo los mismos.

Por tanto, lo que le propongo aquí es un resumen simplificado de los fundamentos de los datos.

Quiero dedicar este libro a mi esposa Fleur y a mis hijos, sin los cuales no habría tenido el valor de embarcarme en semejante aventura de escritura.

Capítulo 1
Datos en todas sus facetas

1. Introducción

Antes de embarcarse en el descubrimiento de lo que se puede hacer con los datos, es importante repasar algunos conceptos obvios. Sin duda, algunos esbozarán una sonrisa al leer el título del primer capítulo. Pero si se mira más de cerca, lo que puede parecer obvio no lo es necesariamente cuando se profundiza un poco más en el tema. Así que hagamos el esfuerzo de exponer lo básico, y consideremos juntos las siguientes preguntas:

- ¿Qué son los datos?
- ¿Cómo se describen a sí mismos?
- ¿Cómo se utilizan?
- ¿Cómo se controlan?

2. ¿Qué son los datos?

Lo primero que hacemos instintivamente es abrir el navegador e ir a Wikipedia.

A continuación, se muestra la definición de datos:

> ***Dato** (en plural **datos**) es cualquier secuencia de uno o más símbolos a los que se les da significado mediante actos específicos de interpretación.*

Los datos son un tipo de hecho, una observación, algo concreto. Pero también suele ser un hecho en bruto. Hay una diferencia entre datos e información. Los datos son un punto de partida, mientras que la información suele ser lo que esperamos obtener de ellos, es decir, un resultado que se puede utilizar de alguna manera. Utilizando una metáfora, los datos son carbón y la información es un diamante.

Por desgracia, pasar de los datos a la información requiere trabajo. Este libro explica cómo conseguirlo.

Por tanto, los datos se pueden organizar, formatear, teclear o simplemente percibir de diversas maneras en función de su estado o contexto y, por qué no, también de la forma en que se recuperan. Si se examinan más de cerca, realmente hay muchos calificativos que pueden definir las múltiples características de un dato.

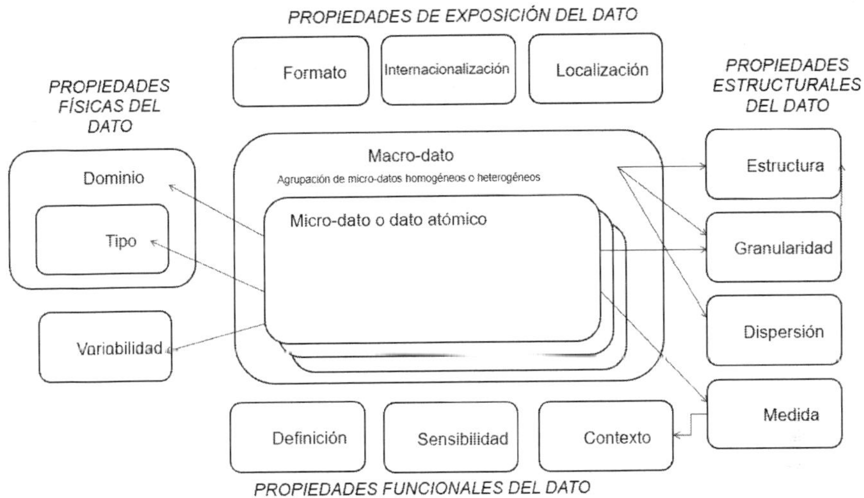

Cartografía de las características de los datos

Cuando se hace este ejercicio de mapeo en torno a las distintas características de los datos, lo que salta inmediatamente a la vista es que el campo semántico en torno a los datos es realmente muy amplio. Tanto que en muchos casos puede llevar a confusión. Hablaremos de formato, tipo, estructura, contexto, historia, granularidad, etc.

Todos estos conceptos o características definen los datos. En cierto modo, constituyen su carné de identidad, pero a veces se solapan porque los matices son muy finos. Sin duda, esta es la razón por la que la gestión de datos sigue siendo un campo complejo, a pesar de las apariencias.

En este primer capítulo, en primer lugar haremos balance de estos famosos calificativos y, sobre todo, los categorizaremos para organizarlos. El objetivo es proporcionar una base sólida para el debate posterior sobre el campo léxico de los datos.

Para ello, dividiremos las distintas características en grupos o propiedades:

- Las propiedades de visualización utilizadas para mostrar o presentar datos.
- Las propiedades físicas de los datos que permiten describir su soporte físico.
- Las propiedades estructurales que definen la organización de estos datos o la organización en la que se encuentran.
- Las propiedades funcionales que describen su significado y su valor empresarial.

Pero, sobre todo, es importante tener en cuenta que los datos de cualquier tipo pueden:

- no incluir otros: se trata entonces de microdatos o datos atómicos. En cierto modo, es el nivel más bajo en términos de profundidad;
- incluir otros datos. En este caso, lo primero que hay que ver es si los datos incluidos son, a su vez, compuestos o no. Si incluye otros datos (puede ser en forma de cascada, como en un árbol) se dice que es compuesto (es un macrodato) y sin duda, requerirá un análisis detallado de su nivel de profundidad.

Observación

También hay que tener en cuenta la homogeneidad de los macrodatos. Si los datos incluidos son todos de la misma naturaleza (homogéneos) o no (heterogéneos).

3. Propiedades físicas

3.1 El tipo

Probablemente sea lo primero en lo que uno piensa cuando recupera datos. De hecho, si se hiciera una encuesta entre desarrolladores, es casi seguro que sería lo primero que se les vendría a la cabeza. ¿Qué es un tipo de datos? La definición de Wikipedia es bastante general:

> *En programación informática, un tipo de datos, o simplemente un tipo, define la naturaleza de los valores que pueden tomar los datos, así como los operadores que se les pueden aplicar.*

Un tipo se puede considerar una categoría estructural de datos. A continuación, se muestran algunos ejemplos de tipos, pero la lista no es exhaustiva: numérico, texto, fecha, monetario, booleano, etc. serían los más conocidos. Por supuesto, si nos fijamos en los soportes que almacenan los datos (como las bases de datos o incluso los lenguajes de programación), encontraremos aún más variaciones de estos tipos básicos. El tipo de datos también define el espacio de almacenamiento necesario para los datos.

3.1.1 Bits y bytes

La realidad es que puede crear tantos tipos de datos como quiera, sencillamente porque todos los tipos de datos no son más que extensiones de un único tipo básico: binario.

La información binaria tiene dos únicas posibilidades o valores: cero (0) o uno (1).

[0,1] -> 2 posibilidades (0 o 1)

Si le añadimos otro dígito binario al lado (visualización de 2 bits):

[0,1][0,1] -> entonces tenemos 22 o 4 posibilidades (00, 01, 11, 10)

Si le añadimos otro dígito binario al lado (visualización de 3 bits):

[0,1][0,1][0,1] -> entonces tenemos 23, es decir, 8 posibilidades (000, 010, 011, etc.)

Y así sucesivamente. Así que podemos almacenar cualquier dato en forma de secuencia de dígitos binarios, y así es exactamente como funcionan nuestros ordenadores.

En informática, también se habla de datos booleanos (en referencia al álgebra de Boole). En general, estos datos tienen la forma 0 o 1, pero también se pueden encontrar en otra forma (categórica), como por ejemplo Sí o No.

3.1.2 Números enteros

Nada más sencillo que almacenar números enteros: basta con disponer de espacio suficiente (bits) para prever el mayor número entero que se vaya a gestionar.

De hecho, aquí vamos a hablar de bytes. Un byte se corresponde con un almacenamiento de 8 bits. Así que podemos almacenar 28 bits en 1 byte: un número del 1 al 256.

Si tomamos el número 242, se almacenará de esta forma:

1	1	1	1	0	0	1	0

La representación hexadecimal (sistema de numeración en base 16) también es bastante común y resulta muy práctica en informática, porque ofrece un puente interesante entre el lenguaje binario y la codificación utilizada habitualmente (un dígito hexadecimal se corresponde con 4 bits). Por ejemplo, la codificación hexadecimal se utiliza habitualmente para definir los colores (RGB).

En nuestro ejemplo anterior, 242 se representará con el valor hexadecimal F2.

3.1.3 Números decimales

Un número decimal es un número que puede tener varias cifras después de la coma. Los ordenadores disponen de varias técnicas o trucos para almacenar números que tienen esta molesta coma decimal. La más sencilla e intuitiva es la coma flotante. El principio es bastante sencillo y consiste en escribir el número con la coma decimal como una potencia de 10 (es casi la notación científica oficial).

Al descomponer el número, se puede desplazar la coma decimal (de ahí el término "coma flotante") para obtener dos números enteros: la mantisa (es decir, el número anterior a la potencia) y la potencia.

Por ejemplo, 12,546 también se puede escribir como 12546 x 10-3.

Desde un "punto de vista simplista", para almacenar este número necesitaría almacenar dos enteros 12546 y 3 (con el signo que no debe olvidar).

Por supuesto, existen otras estrategias para almacenar números u optimizaciones/variaciones de esta técnica de codificación (ver el formato binario de doble precisión del estándar IEEE 754, etc.), pero la idea aquí era mostrar que un número no es un tipo tan simple como parece.

3.1.4 Los textos

Hemos visto cómo podemos almacenar números (enteros y decimales), pero ¿qué ocurre con la información textual? Por último, aunque la técnica para codificar información binaria en texto es bastante sencilla vamos a ver que, desde un punto de vista práctico, no siempre es tan fácil de manejar.

ASCII

El texto se codifica mediante tablas de correspondencia. La más conocida es la tabla ASCII (*American Standard Code for Information Interchange*). Pero veremos que existen muchas otras tablas de este tipo, ya que hay muchos juegos de caracteres, y cada idioma tiene sus propios signos o caracteres. Esto puede parecer obvio si comparamos el chino con el español, pero también ocurre entre el español y el francés (con la tilde, por ejemplo).

Decimal	Hexadecimal	Binary	Octal	Char
0	0	0	0	[NULL]
1	1	1	1	[START OF HEADING]
2	2	10	2	[START OF TEXT]
3	3	11	3	[END OF TEXT]
4	4	100	4	[END OF TRANSMISSION]
5	5	101	5	[ENQUIRY]
6	6	110	6	[ACKNOWLEDGE]
7	7	111	7	[BELL]
8	8	1000	10	[BACKSPACE]
9	9	1001	11	[HORIZONTAL TAB]
10	A	1010	12	[LINE FEED]
11	B	1011	13	[VERTICAL TAB]
12	C	1100	14	[FORM FEED]
13	D	1101	15	[CARRIAGE RETURN]
14	E	1110	16	[SHIFT OUT]
15	F	1111	17	[SHIFT IN]
16	10	10000	20	[DATA LINK ESCAPE]
17	11	10001	21	[DEVICE CONTROL 1]
18	12	10010	22	[DEVICE CONTROL 2]
19	13	10011	23	[DEVICE CONTROL 3]
20	14	10100	24	[DEVICE CONTROL 4]
21	15	10101	25	[NEGATIVE ACKNOWLEDGE]
22	16	10110	26	[SYNCHRONOUS IDLE]
23	17	10111	27	[ENG OF TRANS. BLOCK]
24	18	11000	30	[CANCEL]
25	19	11001	31	[END OF MEDIUM]
26	1A	11010	32	[SUBSTITUTE]
27	1B	11011	33	[ESCAPE]
28	1C	11100	34	[FILE SEPARATOR]
29	1D	11101	35	[GROUP SEPARATOR]
30	1E	11110	36	[RECORD SEPARATOR]
31	1F	11111	37	[UNIT SEPARATOR]
32	20	100000	40	[SPACE]
33	21	100001	41	!
34	22	100010	42	"
35	23	100011	43	#
36	24	100100	44	$
37	25	100101	45	%
38	26	100110	46	&
39	27	100111	47	'
40	28	101000	50	(
41	29	101001	51	)
42	2A	101010	52	*
43	2B	101011	53	+
44	2C	101100	54	,
45	2D	101101	55	-
46	2E	101110	56	.
47	2F	101111	57	/

Decimal	Hexadecimal	Binary	Octal	Char
48	30	110000	60	0
49	31	110001	61	1
50	32	110010	62	2
51	33	110011	63	3
52	34	110100	64	4
53	35	110101	65	5
54	36	110110	66	6
55	37	110111	67	7
56	38	111000	70	8
57	39	111001	71	9
58	3A	111010	72	:
59	3B	111011	73	;
60	3C	111100	74	<
61	3D	111101	75	=
62	3E	111110	76	>
63	3F	111111	77	?
64	40	1000000	100	@
65	41	1000001	101	A
66	42	1000010	102	B
67	43	1000011	103	C
68	44	1000100	104	D
69	45	1000101	105	E
70	46	1000110	106	F
71	47	1000111	107	G
72	48	1001000	110	H
73	49	1001001	111	I
74	4A	1001010	112	J
75	4B	1001011	113	K
76	4C	1001100	114	L
77	4D	1001101	115	M
78	4E	1001110	116	N
79	4F	1001111	117	O
80	50	1010000	120	P
81	51	1010001	121	Q
82	52	1010010	122	R
83	53	1010011	123	S
84	54	1010100	124	T
85	55	1010101	125	U
86	56	1010110	126	V
87	57	1010111	127	W
88	58	1011000	130	X
89	59	1011001	131	Y
90	5A	1011010	132	Z
91	5B	1011011	133	[
92	5C	1011100	134	\
93	5D	1011101	135	]
94	5E	1011110	136	^
95	5F	1011111	137	_

Decimal	Hexadecimal	Binary	Octal	Char
96	60	1100000	140	`
97	61	1100001	141	a
98	62	1100010	142	b
99	63	1100011	143	c
100	64	1100100	144	d
101	65	1100101	145	e
102	66	1100110	146	f
103	67	1100111	147	g
104	68	1101000	150	h
105	69	1101001	151	i
106	6A	1101010	152	j
107	6B	1101011	153	k
108	6C	1101100	154	l
109	6D	1101101	155	m
110	6E	1101110	156	n
111	6F	1101111	157	o
112	70	1110000	160	p
113	71	1110001	161	q
114	72	1110010	162	r
115	73	1110011	163	s
116	74	1110100	164	t
117	75	1110101	165	u
118	76	1110110	166	v
119	77	1110111	167	w
120	78	1111000	170	x
121	79	1111001	171	y
122	7A	1111010	172	z
123	7B	1111011	173	{
124	7C	1111100	174	|
125	7D	1111101	175	}
126	7E	1111110	176	~
127	7F	1111111	177	[DEL]

Tabla ASCII

La idea que subyace a la tabla de codificación (ASCII, por ejemplo) es muy sencilla: a cada letra se le asigna una secuencia de dígitos binarios. A título informativo, la tabla de codificación ASCII se basa en 7 bits.

Por ejemplo: -> 1000001, B -> 1000010, ..., Z -> 1011010

La norma ISO 8859

La norma ISO 8859 apareció un poco más tarde que ASCII. Basada en el mismo principio (tabla de correspondencias), añade 1 bit y, por tanto, utiliza 8 bits en total. Esto significa que ahora se pueden codificar 256 caracteres en esta tabla. Esta nueva norma se diseñó principalmente para las lenguas latinas de Europa.

Utilizando diez partes (x, denominadas ISO 8859-x) de esta norma, que se pueden encontrar bajo los nombres Latin-1, Latin-2, etc., es posible codificar todos los caracteres de la tabla.

Por ejemplo, la norma ISO 8859-15 (Latin-9) de 1998 añadió el carácter euro (€) al conjunto de caracteres.

La UTF

Hoy en día, el estándar de almacenamiento de caracteres avanza hacia la codificación UTF-8 (*Universal Character Set Transformation Format* - 8 bits), o incluso UTF-16, que permite un mayor rango de codificación en 8 y 16 bits respectivamente y, sobre todo, soporta UNICODE.

Caracteres especiales Unix vs Windows vs Mac

Es imposible hablar de datos de texto sin mencionar la codificación de texto en Unix/Linux en comparación con Windows. ¿Quién no ha oído hablar de CRLF (CR + LF)?

- CR: *Carriage Return* -> Retorno de carro
- LF: *Line Feed* -> Salto de línea

Cada uno está codificado con su propio carácter ASCII (CR -> carácter 13 (0x0D), LF -> carácter 10 (0x0A)).

El problema es que la codificación del salto de línea entre dos líneas puede ser diferente según el sistema:

- Windows -> CR+LF
- Unix -> LF
- Mac (antes de la versión 10) -> CR

Aunque los programas recientes admiten cada vez más conversiones automáticas, hay que tener en cuenta este problema, sobre todo si, por ejemplo, solo se ve una línea muy larga en la pantalla.

3.1.5 Las fechas

Para quienes se dedican a la integración o el análisis de datos, las fechas pueden convertirse rápidamente en una auténtica pesadilla, ya que el tratamiento de este tipo de datos requiere a veces un gran trabajo previo, antes de poder utilizarlos. El problema es que las fechas se pueden almacenar utilizando múltiples formatos, dependiendo de los sistemas e incluso de las aplicaciones que las utilicen.

Aquí estamos mencionando la fecha, pero a menudo también tenemos que gestionar la hora.

Observación

Es difícil no mencionar el "fallo del año 2000" cuando se habla de fechas (aunque no sea un fallo). Este problema, que causó gran preocupación unos años antes y sobre todo el 1 de enero de 2000, se debe a una economía de almacenamiento de datos en las fechas. Hace unas décadas, almacenar unos pocos bits de más podía suponer un verdadero reto. Tampoco imaginábamos que los programas durarían más allá del año 2000. La mayoría de los programas creados veinte años antes del año 2000 (o más) almacenaban las fechas, o más exactamente el año, utilizando dos dígitos en lugar de cuatro. Así, 1976 se almacenaba en el disco como 76, y 19 estaba "codificado" en la pantalla o en los cálculos. Puede comprender rápidamente el problema el 1 de enero de 2000, cuando estas fechas corrían el riesgo de gestionarse con un siglo de retraso.

En realidad, hay muchas formas de representar (almacenar) una fecha. Aquí veremos la representación de tiempo POSIX. Para almacenar una fecha, este método simplemente cuenta el número de segundos que han transcurrido (excluyendo los segundos intercalares) desde el 1 de enero de 1970 00:00:00 (tiempo universal).

Todo lo que tiene que hacer es almacenar este número entero (contando).

Observación

Ya se habla del "bug de 2038" para estos sistemas, que han almacenado sus fechas en 32 bits. La capacidad de almacenamiento de fechas en este formato es de: 231 – 1 o 2.147.483.647 segundos.

Por desgracia, la capacidad máxima se alcanzará el 19 de enero de 2038 a las 3 h 14 min 7 s (tiempo universal). Afortunadamente, nuestros sistemas de 64 bits más modernos están protegidos contra este tipo de problemas.

Otro ejemplo de codificación: NTP (*Network Time Protocol*), que utiliza el mismo principio, pero a partir del 1 de enero de 1900 y utilizando 64 bits (de los que 32 bits representan los segundos). Es cierto que no estará sujeto al error del año 2038, pero sí al del 2036.

3.1.6 Las imágenes

La imagen es un formato denominado no estructurado, que veremos más adelante. Por supuesto, como cualquier dato, hay que almacenarlo y este almacenamiento debe cumplir ciertas reglas. Esto es en parte cierto en la medida en que, aunque una imagen no es una matriz, así es al menos como se representa y manipula en la era digital. En definitiva, una imagen se representa como una matriz de píxeles. Cada píxel muestra un detalle de la imagen.

¿Qué es un píxel?

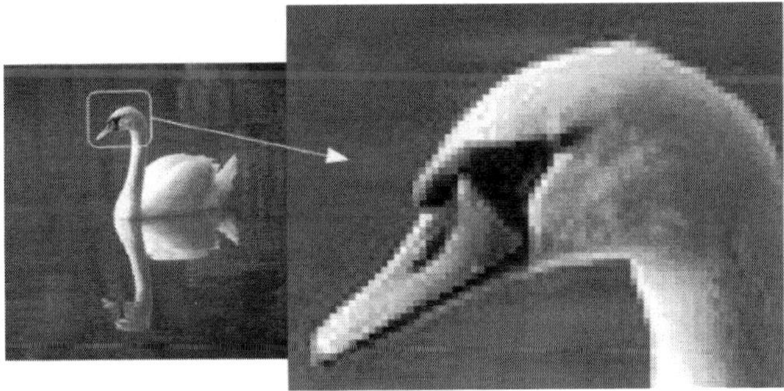

Pixelar una imagen

Un píxel es simplemente un punto de una imagen. Por tanto, una imagen es un conjunto de puntos (o píxeles) dispuestos en dos dimensiones (una matriz bidimensional). Bastante lógico hasta aquí, ¿no cree? Fíjese bien o, mejor dicho, haga zoom en una de sus fotos digitales y verá que, en algún momento, la calidad de la imagen se deteriora para revelar un conjunto de pequeños cuadrados de colores, es decir, los píxeles.

En realidad, almacenar una imagen es un poco más complicado: si cada píxel tiene su lugar lógico en una matriz bidimensional (como las coordenadas en un mapa), ¿cómo codificar el color y la intensidad de los píxeles? Hay tres tipos de imagen:

- Imágenes en blanco y negro.
- Imágenes en escala de grises.
- Imágenes en color.

La imagen en blanco y negro

El blanco y negro es el formato más sencillo para entender cómo se almacenan nuestras imágenes. Blanco y negro significa binario, es decir, 0 o 1. En el caso de una imagen en blanco y negro, el valor del píxel es un valor binario (0 o 1).

- Un valor de 0 representará un cuadrado (píxel) negro.
- Un valor de 1 (o > 0) representará un cuadrado blanco (píxel).

Por tanto, una imagen en blanco y negro no es ni más ni menos que una especie de tablero de ajedrez no regular, y su matriz es una matriz bidimensional con solo valores 0 o 1:

A continuación, se detalla un fragmento de imágenes:

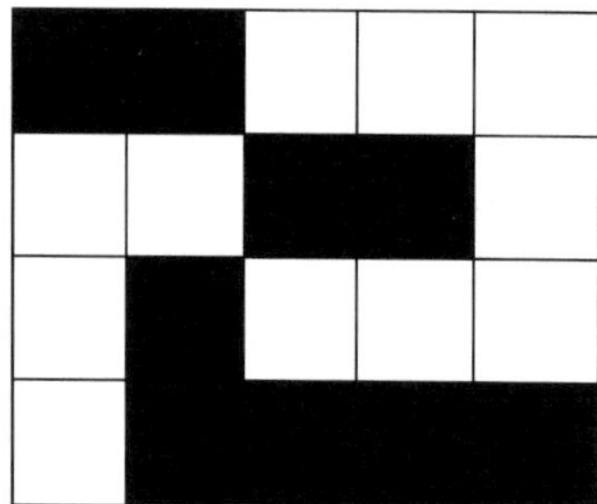

se codificará simplemente así:

1	1	0	0	0
0	0	1	1	0
0	1	0	0	0
0	1	1	1	1

La imagen en escala de grises

Por supuesto, las imágenes en escala de grises añadirán matices al renderizado. Este matiz vendrá dado por el valor (o intensidad) de los píxeles, que ya no será binario sino que evolucionará dentro de un rango (por ejemplo, de 0 a 255). Cuanto más se acerque el valor del píxel a cero, más oscuro será el píxel, y a la inversa, cuanto más se acerque este valor a 255, más claro será.

Por tanto, la matriz que representa este tipo de imagen es siempre una matriz bidimensional, pero con valores oscilantes (entre 0 y 255, por ejemplo).

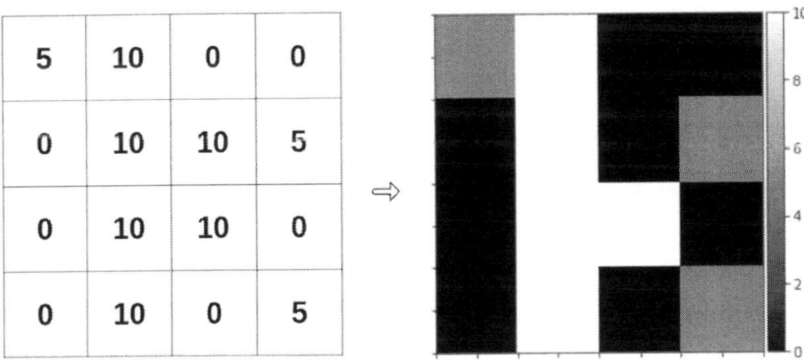

5	10	0	0
0	10	10	5
0	10	10	0
0	10	0	5

Representación de imágenes en forma de matriz

Por supuesto, desde el punto de vista del almacenamiento hay un impacto, ya que en lugar de almacenar un binario (bit) tenemos que almacenar un byte (si la carta de colores llega a 256 valores).

La imagen en color

La gestión de los colores requiere obviamente más información que la gestión de las escalas de grises. Un color se define por la combinación de sus tres colores primarios. Con estos tres colores básicos, es posible definir casi cualquier color. En el tratamiento de imágenes, no se habla de colores primarios, sino que se describe un color mediante la superposición de tres canales (generalmente rojo, verde y azul).

Por tanto, un píxel se define por una combinación de rojo, verde y azul (RGB). Esto significa que se necesita una tupla RGB para cada píxel:

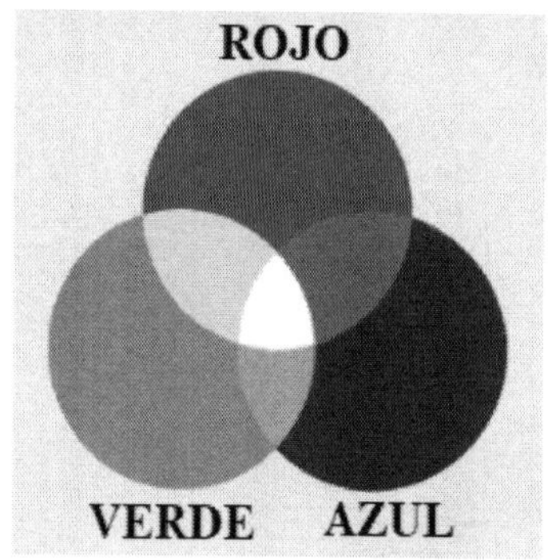

Colores RGB

A continuación, se muestran algunos ejemplos de colores:

- Azul (0, 0, 255)
- Rojo (255, 0, 0)
- Verde (0, 255, 0)
- Amarillo (255, 255, 0)
- Blanco (255, 255, 255)
- Negro (0, 0, 0)

Muy a menudo, en los programas de edición de imágenes u otro tipo de software (como web/html), estos canales se representan en formato hexadecimal.

Por ejemplo, el azul (0,0,255) se convierte en #0000FF.

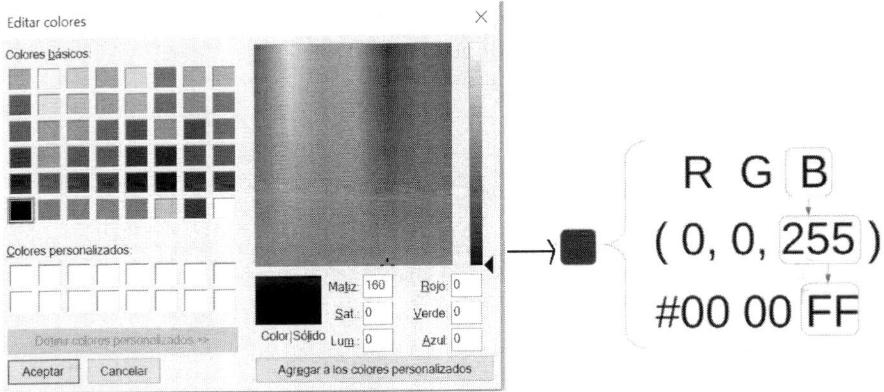

Representación hexadecimal de un color

Dicho esto, ahora tenemos que colocar cada píxel en la matriz de la imagen (que, como hemos visto, se corresponde con una matriz bidimensional). Es como añadir una nueva dimensión a nuestra matriz base (nuestra foto):

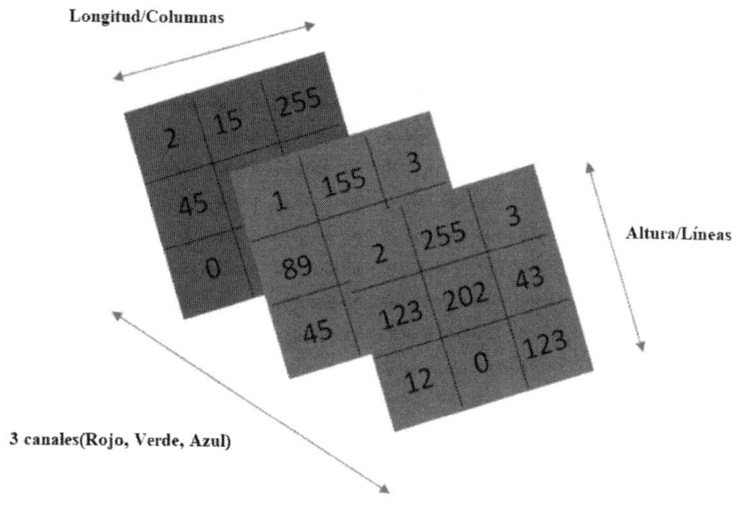

Canales de color RGB

Por tanto, una imagen en color se representa en forma de matriz tridimensional:

– Abscisa (coordenada x).
– Ordenada (coordenada y).
– Intensidad del píxel en cada canal de color (3 canales R, G, B).

Observación

En cuanto a la tercera dimensión, existen numerosas variantes. Hemos visto el modelo RGB, que es el más común, pero también hay otras formas de superponer canales (BGR en OpenCV, por ejemplo, HSV/TSV, etc.). También es posible jugar con la resolución de los píxeles, etc.

3.1.7 El vídeo

El vídeo no es ni más ni menos que una acumulación de imágenes a lo largo del tiempo. También se conoce como streaming, lo que ilustra bastante bien la naturaleza de los datos de vídeo.

En cuanto al vídeo digital (no entraremos aquí en el vídeo analógico), existen varios formatos que también incluyen audio: AVI, MOV, WMV, DivX, MKV, H264, FLV, RealVideo y muchos otros.

Pero sin entrar en la encapsulación de vídeo + audio, veamos más de cerca la cinta de vídeo (sin el sonido). Como se ha dicho en la introducción, un vídeo no es más que una secuencia de imágenes. La única variable (aunque importante) aparte de la resolución de las imágenes, es la frecuencia de imagen. Esto se conoce como *Frame Rate* en inglés (FPS o número de imágenes por segundo). Por supuesto, cuanto mayor sea la velocidad, mejor será la calidad y, por tanto, la fluidez del vídeo. A veces (como en los televisores), esta frecuencia de visualización se expresa en hercios.

A título informativo, la frecuencia de imagen actual para el cine es de 24 fotogramas por segundo. Algunos canales de televisión estadounidenses pueden tener velocidades de entre 30 y 60+ fotogramas por segundo.

La siguiente imagen muestra el número de fotogramas en 1 segundo de vídeo a diferentes FPS:

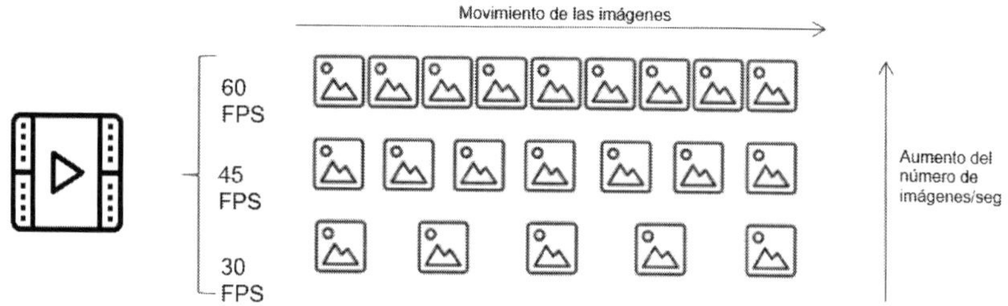

Vídeo y frecuencia de imagen

3.1.8 El sonido

El sonido lo codifica una máquina a través de lo que se conoce como CODEC. Un CODEC es un programa informático que transforma la señal sonora (música, voz, etc.) en un archivo (que, como su nombre indica, codifica y descodifica la señal).

Por desgracia, la señal de audio es más compleja que la de vídeo, por lo que hay que tener en cuenta estas características:

- El número de canales de sonido: mono, estéreo, multi. En el cine, por ejemplo, hay entre dos y ocho canales.
- Frecuencia de muestreo: es el número de muestras de sonido por segundo utilizadas para describir digitalmente la señal. Esta información es muy similar a los FPS que comentamos en los datos de vídeo.
- La resolución (calidad) de cada muestra (expresada en número de bits).
- Otra información, como la compresión. El oído humano no percibe todas las frecuencias, por lo que no es necesario almacenar datos sonoros inaudibles. Del mismo modo, cuando comprimimos la banda sonora eliminamos primero las frecuencias extremas (apenas percibidas por el ser humano).

Hasta aquí las características de una banda sonora. Tenga en cuenta que habrá que utilizar distintos formatos y CODEC en función de las necesidades: WAV, RIFF, CAF, RAW, etc.

Datos de localización

Los datos también se pueden geolocalizar. De hecho, se trata de una necesidad creciente. Desde hace varios años, los sistemas informáticos (en particular algunas bases de datos, pero también librerías de aplicaciones), pueden gestionar de forma nativa esta localización espacial.

¿Qué son los datos geoespaciales? Sencillamente, coordenadas en un sistema geodésico. Estas coordenadas permiten situar un punto en un mapa con gran precisión. Y lo que es mejor, integrándolas de forma nativa se pueden facilitar mucho las operaciones posteriores, como el cálculo de distancias.

Pero la Tierra es redonda, por lo que nuestro sistema geodésico debe tenerlo en cuenta para evitar errores de cálculo. Solemos utilizar coordenadas en forma de latitud (horizontal), longitud (vertical) y altitud que, en realidad, son coordenadas geodésicas/geográficas:

- Valor angular en grados de la latitud elipsoidal (de 0° a 90° por encima del ecuador, de -90° a 90° por debajo del ecuador).
- Valor angular en grados de la longitud elipsoidal (de -180° a 180° / de oeste a este).
- Altura elipsoidal (altitud).

Aunque pueda parecer sencillo almacenar coordenadas espaciales (que en realidad son solo dos subelementos: longitud y latitud), la gestión de la propia cartografía a menudo es más compleja. Ya hemos abordado una de las primeras complicaciones, que es la naturaleza esférica de la Tierra, pero es igual de importante disponer de un mapa con elementos fáciles de encontrar y utilizar. Por ejemplo, cuando utiliza su GPS, por supuesto necesita poder localizar su vehículo, pero también poder encontrar una dirección (destino), un lugar, etcétera. Por eso es importante disponer de mapas precisos pero ante todo, de mapas enriquecidos con información como países, regiones, comunidades, ciudades, direcciones, etc. Sin este tipo de información adicional, será difícil utilizar correctamente la información sobre su ubicación.

Para ir un paso más allá, estos datos cartográficos o geográficos pueden utilizarse para localizar elementos mediante conjuntos de coordenadas como segmentos, polígonos, líneas discontinuas o incluso conjuntos de polígonos. A continuación, estas formas se referencian y cartografían para facilitar su consulta. Tenga en cuenta que los puntos pueden (en algunos mapas) incluir coordenadas, así como otra información, como la altitud.

De hecho, existen muchos tipos/formatos (o bases de datos) diferentes de información geográfica. A continuación, se muestran algunos ejemplos:

- MapInfo
- GeoJSON (formato de codificación JSON abierto, cumple la especificación RFC 7946)
- TopoJSON (extensión de GeoJSON que incluye información topológica)
- KML (*Keyhole Markup Language*)
- shapefile/ESRI

3.2 El dominio

El dominio es un concepto que se utiliza a menudo para definir o más bien agrupar, datos desde un punto de vista operativo. En 2003, M. Olson describió el dominio como un concepto genérico independiente del almacenamiento técnico, que agrupa "*valores aceptables para codificar un hecho específico*".

Originalmente, el dominio no era más que un medio de agrupar datos por naturaleza y tipo. Las bases de datos han retomado este concepto para permitir a los DBA crear sus propios tipos de datos, facilitando así la gestión y el mantenimiento de un modelo. Por lo tanto, el dominio se puede considerar una prolongación lógica del tipo.

Ejemplo: la temperatura es un dato numérico (decimal) y se sitúa siempre en un intervalo y una unidad. El dominio permitirá enmarcar esta información creando un nuevo tipo de temperatura. Así, cuando tengamos datos del tipo temperatura, estos van a heredar de forma natural estas características.

Observe que hoy en día la noción de dominio tiende a utilizarse para otras consideraciones que son muy diferentes. Estas consideraciones son mucho más globales, así como organizativas y funcionales por otro. Por ejemplo, consideremos los repositorios multidominio (o MDM) o Data Mesh, que utilizan la noción de dominio para definir un verdadero ámbito funcional, como RRHH, finanzas, etc.

3.3 Variabilidad

Es importante poner los datos en perspectiva en relación con su contexto o entorno general. Cuando se trata de comparar datos consigo mismos, a menudo (aunque no siempre) observamos los mismos datos (o variables) desde un ángulo temporal o espacial. Por ejemplo, si analizamos las cifras de ventas, es más significativo ver cómo han cambiado a lo largo del tiempo (año a año y/o mes a mes). ¿Y por qué no analizar las ventas por regiones? Por tanto, el valor de un dato es a menudo subjetivo y puede depender de su evolución en relación con una dimensión (en este caso el tiempo o el espacio).

Es cierto que la noción de tiempo o espacio induce nuevos datos, pero si bien estas dos dimensiones son las más corrientes, distan mucho de ser las únicas que se pueden utilizar para poner en perspectiva un dato concreto (en nuestro ejemplo, las ventas). Por todo esto, en mi opinión, es interesante ir más allá y examinar la posible variabilidad de estos datos a través de su uso. Para ello, vamos a adentrarnos poco a poco en el lenguaje de la estadística. Pero no se preocupe, no iremos demasiado lejos, solo mencionaremos los principales conceptos que afectan al mundo de los datos. El objetivo es adquirir el vocabulario y los conceptos básicos necesarios, para entender los datos en un contexto global.

Empecemos por el principio, por la p

ropia definición de datos:

En el mundo de la estadística, es importante recordar que un dato (o variable) corresponde a una observación.

En primer lugar, es fundamental distinguir entre los dos tipos de variable con los que va a tener que trabajar:

- Variables **cuantitativas**.
- Variables **categóricas** (o cualitativas).

3.3.1 Variable cuantitativa

Una variable cuantitativa es un dato al que se aplica un número, por lo que su magnitud viene definida por un valor. Los datos cuantitativos se suelen definir en unidades.

Por ejemplo: 12 kg o 20,2 mA.

Una característica clave de este tipo de variable es que se puede utilizar para realizar operaciones (suma, agregación, etc.).

Vayamos un paso más allá: los datos cuantitativos pueden ser de dos tipos:

- Datos **cuantitativos continuos**: hablamos de un valor continuo cuando las posibilidades son infinitas (por ejemplo: el conjunto de valores decimales de 0 a 1).
- Datos **cuantitativos discretos**: una variable discreta tiene un valor finito, es decir, es posible enumerar sus valores (por ejemplo, valores enteros de 1 a 100). Por tanto, las variables discretas entre dos valores distintos se pueden contar.

3.3.2 Variable categórica

Una variable categórica es una variable que no se define por un valor, sino por un elemento de una lista, un rango o niveles de valores. En este sentido, las variables son muy similares a los valores cuantitativos discretos, salvo que no son numéricas. Al menos, pueden tener forma numérica, pero no se puede hacer aritmética con sus valores ni asignarles un orden lógico.

Por ejemplo:

- Masculino o Femenino;
- De 10 a 20 años, de 21 a 31 años, etc.;
- Bajo, Medio o Alto;
- Nivel 1, 2, ...,15;
- etc.

Observación

Tenga cuidado, porque a veces ciertos datos categóricos pueden parecer valores cuantitativos. Por ejemplo, consideremos el código postal: muy a menudo se representa como un número y, sin embargo, se trata de datos categóricos que se suelen almacenar en un campo de texto.

La pregunta correcta cuando se quiere determinar si una variable es cuantitativa o categórica es "¿se puede realizar una operación con dos variables de este tipo? En efecto, no es posible realizar operaciones con variables categóricas. Veremos que en algunos casos esto causará problemas y que necesitaremos encontrar una forma de transformar esta variable categórica en datos cuantitativos.

También podemos distinguir dos tipos de variables categóricas:

Variables ordinales

Se trata del caso en que es posible definir un orden para las categorías. Ejemplo (una lista de la compra):

Producto	Cantidad
Leche	6
Agua	12
Cacao	1

El orden de los productos no es importante aquí, por lo que los productos son datos categóricos ordinales.

Variables nominales

Es el caso en que no hay orden entre las categorías.

Ejemplo (encuesta):

Clasificación	Votos
Bien	12 000
Medio	5465
Mal	890

La notación implica un orden. Normalmente, cuando mostramos los resultados de una encuesta, preferimos mostrarlos en un orden determinado. Sin embargo, este orden no es obvio desde un punto de vista informático (la ordenación alfabética, por ejemplo, no tiene sentido en este caso).

4. Propiedades de exposición

4.1 El formato

En las secciones anteriores hemos examinado los tipos de datos, y a veces incluso hemos tenido que hablar de la noción de formato, porque estas dos nociones pueden estar estrechamente vinculadas. Veamos ahora cómo, para un mismo tipo de datos, podemos distinguir entre varios formatos. Aquí es importante señalar que un mismo dato puede tener varios formatos o disposiciones posibles (es el caso típico de la fecha). Incluso es posible que la manera de dar formato a un dato influya en el valor del propio dato (como veremos en breve con las fechas, por ejemplo). En cierto modo, es importante recordar que hay varias formas de presentar los datos. Todas ellas pueden ser correctas desde el punto de vista sintáctico, pero quizá no desde el punto de vista del significado de los propios datos. Por lo tanto, es importante conocer el formato o formatos correctos que hay que utilizar para poder explotar correctamente estos datos. El formato o formatos son, por tanto, información importante (metadatos) sobre los datos.

4.1.1 Fecha

El ejemplo más frecuente de confusión entre tipo y formato es cuando hay que gestionar datos relativos a fechas.

Imagine que recupera datos de fecha como los siguientes: 12/01/2021

- ¿Es el 12 de enero de 2021? (formato europeo)
- ¿O el 1 de diciembre de 2021? (formato americano)

No todos los países muestran (y, por tanto, eventualmente almacenan) los datos de fecha de la misma manera. En algunos casos, se invertirán el día y el mes (como en nuestro ejemplo), en otros se utilizarán guiones en lugar de barras, también habrá formatos en los que el mes se abrevie utilizando tres caracteres (2 ene 2021), etc.

Aparte del almacenamiento de datos, otro problema es el formato de la fecha. No vamos a entrar aquí a tratar todos los métodos de codificación, pero es imposible no mencionar la norma ISO 8601. Esta norma exige que la fecha y la hora se representen utilizando el calendario gregoriano y el sistema horario de 24 horas.

Ejemplo: 1979-02-03T13:00:00-08:00 corresponde al 3 de febrero a las 13:00 horas.

Por ello, esta norma utiliza el formato de fecha AAAA-MM-DD (con guiones), que resulta especialmente interesante y práctico cuando este tipo de datos se recupera en formato de texto para facilitar su clasificación.

4.1.2 Los números

Otro problema con el que tenemos que lidiar, sobre todo cuando intercambiamos datos en formato de texto entre anglosajones y españoles (por ejemplo, pero puede ser el caso también en otros países) es el formato de los números.

Los anglosajones (por ejemplo) escriben los números:

- con un separador de miles (la coma);
- con un separador decimal (el punto).

Por desgracia, en España se utilizan puntos y comas respectivamente. Esto significa que (incluso hoy en día) podemos confundirnos con esta famosa coma, que a veces es un separador de miles y otras un separador decimal. Algunos programas incluso requieren la instalación en un sistema que admita un sistema regional concreto.

4.1.3 Formatos de moneda

Cada vez es más frecuente disponer del formato de moneda. Este formato permite almacenar o mostrar un número con su moneda. Resulta especialmente útil para aplicaciones que utilizan este formato para facilitar la gestión de divisas, como conversiones y otras operaciones.

4.1.4 Expresiones regulares

No solo las fechas y los números pueden tener un formato determinado. Cualquier dato o información se puede asociar a un formato. A menudo, estos formatos están asociados a una codificación particular (numérica y/o alfanumérica). En cierto modo, estos códigos o datos formateados también suelen ser datos semiestructurados, que veremos en la sección Propiedades estructurales - La estructura - Datos semiestructurados de este capítulo.

A continuación, se muestran algunos ejemplos:

- Código IBAN (*International Bank Account Number*): este código se compone de veintisiete caracteres que se agrupan de la siguiente manera:
  - El código de país de dos letras.
  - Una clave de control de dos dígitos.
  - Cinco caracteres para el código bancario.
  - Un código de sucursal bancaria de cinco dígitos.
  - Un código de once dígitos para el número de cuenta bancaria.
  - Un código de dos cifras para el código nacional.
- Importe (con moneda): 12,20 €, o 21,2 £.
  - Códigos APE y NAF.
  - Dirección IP, correo electrónico.

Por otro lado, es interesante poder detectar estas codificaciones e incluso extraer ciertas partes de ellas. Esta es la función de las expresiones regulares (o RegEx).

Las expresiones regulares se pueden considerar un pseudolenguaje para describir datos compuestos. Esta forma de describir datos se creó en la década de los años 1940 y ahora el famoso RegEx se encuentra prácticamente en todas partes, quizá también porque es un lenguaje eficiente, accesible y portátil que complementa a lenguajes de programación como Python, Java, Ruby, etc.

Incluso podríamos establecer un paralelismo con SQL:

Las Regex son a la descripción de datos lo que SQL es a la accesibilidad de los datos.

Aunque se trata de una forma eficaz de describir los datos, lo cierto es que este lenguaje no es fácil de leer para quién no tiene experiencia.

Ejemplo

Esta es la Regex utilizada para describir una dirección IP:

```
\b\d{1,3}\.\d{1,3}\.\d{1,3}\.\d{1,3}\b
```

En cierto modo, una Regex describe todas las posibilidades y restricciones para escribir información. En realidad, las Regex pueden ir mucho más allá y, por ejemplo, pueden extraer automáticamente todos los subgrupos de datos de un conjunto de datos.

Cada Regex puede utilizarse para enlazar diferentes patrones para describir los datos: las clases de caracteres se pueden utilizar para definir todas las sustituciones posibles:

- [A-Z]: todas las letras de la A a la Z.
- d{1,3}: un dígito de 1 a 3.
- [a-zA-Z]: de la a a la z y de la A a la Z.
- Y así sucesivamente.

También hay caracteres especiales (^ . [ ] $ ( ) * + ? | { } \):

- El punto representa cualquier carácter (pero solo una vez).
- El ^ especifica que este es el inicio obligatorio de los datos.
- El $ especifica que el patrón que lo precede marca el final de la cadena, de forma opuesta al ^ (por ejemplo, bye$ requiere que la cadena termine con bye).
- Etc.

Los caracteres + o * se denominan cuantificadores y se utilizan para especificar si el patrón que los precede se puede repetir una o más veces. El + tiene el mismo comportamiento que el *, salvo que especifica que al menos una aparición del patrón debe estar presente.

En el siguiente ejemplo de Python, utilizamos una RegEx para detectar un formato en una cadena y extraer sus subgrupos:

```
import re
regex = r"([A-Z])([0-9]*)"
matches = re.finditer(regex, "A122 Z3")
formatchNum, match in enumerate(matches, start=1):
        print("N° de grupo: {matchNum} | {start}-{end}: cadena
{match}".format(matchNum = matchNum, start = match.start(),
end = match.end(), match = match.group()))
    for groupNum in range(0, len(match.groups())):
        groupNum = groupNum + 1
        print ("Elemento {groupNum} encontrado: {start}-{end}:
{group}".format(groupNum = groupNum, start = match.start(groupNum),
end = match.end(groupNum), group = match.group(groupNum)))
```

N° de grupo: 1 | 0-4: cadena A122

Elemento 1 encontrado: 0-1: A

Elemento 2 encontrado: 1-4: 122

N° de grupo: 2 | 5-7: cadena Z3

Elemento 1 encontrado: 5-6: Z

Elemento 2 encontrado: 6-7: 3

4.2 Localización e internacionalización

Se tiende a confundir estos dos conceptos, pero es importante distinguirlos claramente. Mientras que el idioma se utiliza en un dato, la localización también puede definirlos y complementarlos.

Tomemos un ejemplo sencillo e imaginemos un sitio web de comercio electrónico que vende productos en España y Argentina. Es muy probable que, por diversas razones (marketing, culturales, etc.), esta empresa prefiera mostrar una descripción diferente dependiendo de si la persona conectada esté en un país u otro. Este es el caso incluso si las descripciones se proporcionan en el mismo idioma: cada producto tendrá por tanto dos descripciones en castellano (una para cada país).

También hay que tener en cuenta que es casi seguro que este sitio ofrezca descripciones en catalán y euskera, gallego y otras lenguas para cubrir toda España.

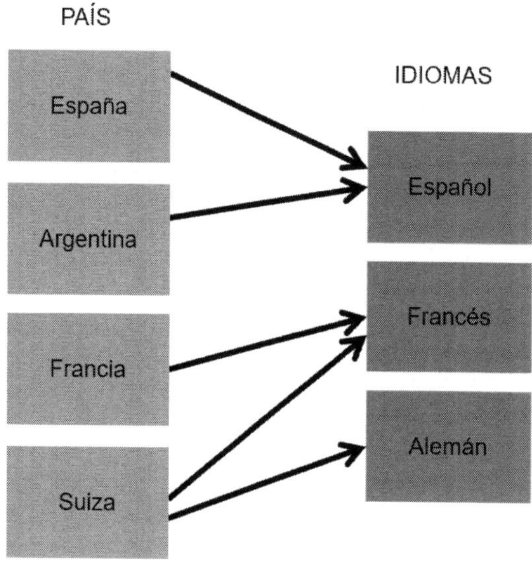

Países e idiomas

En resumen, cuando hablamos de localización e internacionalización de datos, hay que ver dos facetas distintas que no se deben confundir: idioma y país.

Cada dato se define mediante una tupla (País, Idioma).

Por tanto, gestionar la localización y la internacionalización implica gestionar tantas tuplas (Países, Idiomas) como sean necesarias. Imaginemos una película: se trata de gestionar tantos idiomas como combinaciones (País, idioma) existan. Si la película se va a emitir en todo el mundo, habrá que crear un gran número de tantos idiomas. Pero cuidado, porque esta gestión no solo afecta a los datos textuales o numéricos. Las imágenes también se pueden internacionalizar (en el caso sencillo de que se incluya en la imagen información vinculada al idioma hablado, como la descripción de un producto) y localizar (para gestionar las características específicas de un país, por ejemplo, por razones culturales o de marketing).

Aunque la gestión del idioma pueda parecer bastante sencilla, a pesar de que por supuesto requiera mucho trabajo, la gestión de la internacionalización puede tener otras repercusiones, como la gestión de los formatos de datos.

A continuación, se muestra una lista no exhaustiva de impactos:

Internacionalización (Idioma)	Ubicación (País)
Codificación de caracteres (cirílico, árabe, japonés, etc.) + reglas de puntuación	Números decimales
Dirección de escritura (horizontal y vertical)	Fechas
Diseño de caracteres	Locale
Mayúsculas/Minúsculas	

5. Propiedades estructurales

5.1 Granularidad

¿Qué nivel de granularidad tienen los datos? Un documento (como una factura), una lista de productos, un simple importe (IVA incluido) o una pila de documentos son datos. Pero para clasificar los datos, primero tenemos que conocer su profundidad y alcance.

Cuando se quiere trabajar con datos, ya sea para analizarlos o procesarlos (validación de facturas, lanzamiento de formularios de pedido, anulación, creación de cuentas, etc.), es vital disponer de los datos con la profundidad que se necesite. Tomando el ejemplo de una factura, es importante saber si el importe comunicado es el importe de la factura o el importe de uno de sus artículos. Por lo tanto, el primer paso es determinar la granularidad de los datos, al menos para saber qué pasos de transformación serán necesarios más adelante para lograr el resultado deseado (si es necesario, por supuesto).

En términos de granularidad, encontramos el concepto de contenedor-contenido, de "macrodatos" o "microdatos" en el sentido de que los datos pueden encapsular otros datos más finos.

Por desgracia, no siempre conocemos la granularidad de nuestros datos, y a veces incluso tenemos que averiguarla por nosotros mismos mediante un análisis estructural profundo de los datos (también conocido como Data Profiling). En todos los casos, es importante, incluso vital, hacerse preguntas sobre la granularidad de los datos que estamos tratando.

Imaginemos, por ejemplo, que tenemos este tipo de conjunto de datos:

	Columna 1	**Columna 2**	**Columna 3**
Línea 1	120,2	BC 1	Validado
Línea 2	78	BC 1	En espera
Línea 3	458,04	BC 2	No validado

¿Cuál es la granularidad de este conjunto de datos?

- Lista de facturas por mes, año, etc.
- Formularios de pedido por región, país, ciudad, etc.
- Pongamos un ejemplo mucho más sencillo. Imaginemos por un momento que trabaja en un departamento de facturación. Es obvio que no va a gestionar igual la factura del proveedor XXX que todas las facturas del 12 de enero de 2023 (que incluyen todas las facturas de todos los proveedores de ese día).

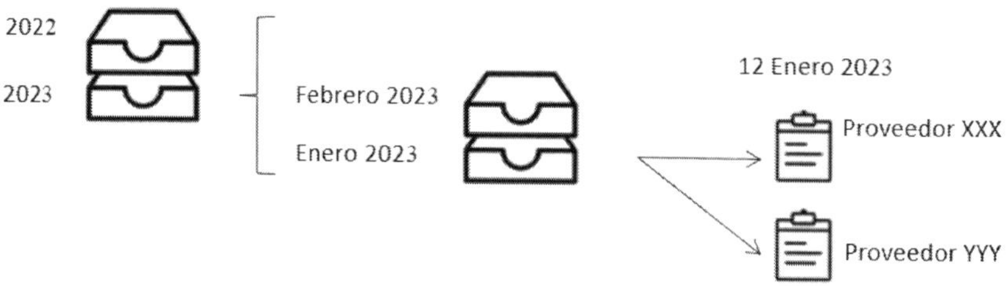

Granularidad de la factura

La verdadera pregunta que hay que hacerse aquí es en qué nivel se encuentran los datos que tenemos. También es interesante determinar si nuestros datos contienen otros (datos compuestos o información). La granularidad de estos datos significa que tenemos que determinar el nivel de granularidad que podemos alcanzar.

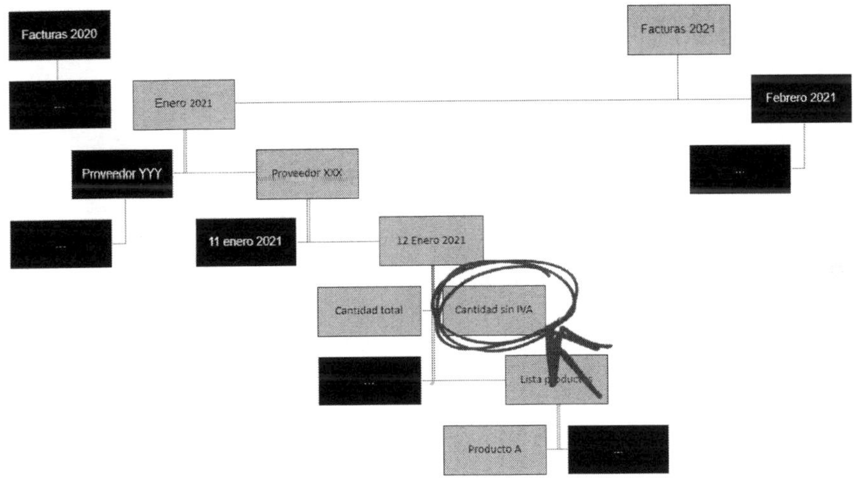

Cursor sobre la granularidad del dato

5.2 La estructura

Abordar la granularidad de los datos, como hemos visto, puede llevarnos a plantearnos cuestiones sobre la composición de los propios datos. En el ejemplo anterior, podemos hablar de conjuntos o grupos de datos (nuestro conjunto de facturas de 2023) o de datos unitarios (el importe IVA incluido de la factura XXX).

Hablamos de granularidad de alto nivel (que engloba otros subconjuntos de datos) o de granularidad de bajo nivel, cuando nos situamos en la parte más baja del árbol descriptivo de nuestros datos. Desde un punto de vista conceptual, esto es por supuesto totalmente relativo a lo que queremos procesar, pero en términos concretos nuestros datos tendrán efectivamente (o no) una estructura que deberemos tener en cuenta.

Hablamos sobre todo de datos:

- estructurados;
- no estructurados;
- semiestructurados.

5.2.1 Datos estructurados

Cuando hablamos de datos, a menudo pensamos inmediatamente en datos estructurados porque son muy fáciles de utilizar.

Los datos estructurados son microdatos mapeados en una matriz para que un programa o software los pueda utilizar directamente.

El ejemplo más sencillo y habitual es un conjunto de datos presentado en forma de tabla (por ejemplo, una tabla de base de datos o un archivo en formato CSV o Excel).

A continuación, se muestra un ejemplo sencillo de representación tabular:

	Columna 1	**Columna 2**	**Columna 3**
Línea 1	1,9090	Hola	12/12/2001
Línea 2	2,89	Adiós	21/01/1909
Línea 3	899,9	Hola	18/08/2000

Los datos están perfectamente estructurados en dos dimensiones: filas y columnas (que también pueden denominarse campos, variables o features).

Este tipo de estructura bidimensional facilita enormemente la navegación por un conjunto de datos (a través de sus coordenadas de fila y columna). Esto es lo que la hace tan interesante, y por lo que se ha convertido en la forma universal de procesar datos. Tanto es así que el objetivo, sea cual sea el conjunto de datos, será llegar a una estructura tabular de datos:

Observación

En cierto modo, el formato tabular (o matricial) de presentación de datos es el formato universal para utilizar conjuntos de datos.

5.2.2 Datos semiestructurados

Por desgracia, los datos no siempre están disponibles en un formato tan manejable como el estructurado. A veces, incluso podemos decir que los datos están en un formato casi inutilizable. Este puede ser el caso de los datos no estructurados. Otras veces, los datos se encuentran en un estado estructurado pero requerirán una serie de transformaciones o reformateos, antes de que puedan ser plenamente explotados por un software o un programa. En definitiva, los datos son relativamente comprensibles, pero se pueden explotar poco o nada en su estado actual (como logs o trazas de auditoría, por ejemplo). Es el caso de los llamados datos semiestructurados.

Los datos semiestructurados son datos con una estructura que no es utilizable como tal (o lo es solo ligeramente) y que, a menudo, requiere operaciones para llegar a serlo.

Un ejemplo de datos semiestructurados son los datos jerárquicos en formato XML o JSON, por ejemplo. En su estado actual, y debido a su naturaleza jerárquica, este tipo de datos es difícil de utilizar, ya que los programas y el software son más capaces de procesar datos "planos". Por lo tanto, muy a menudo será necesario tomar parte de los datos de la representación jerárquica y ponerlos en forma de datos tabulares.

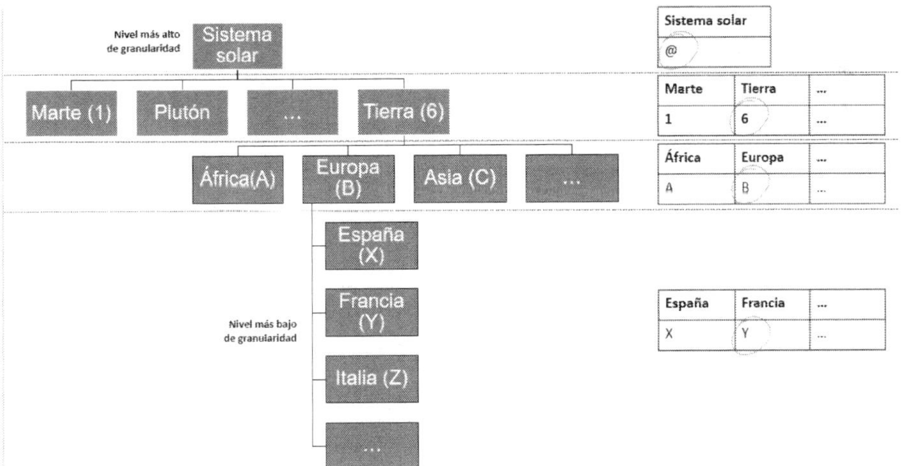

Conversión Datos jerárquicos -> Tabulares

En el ejemplo anterior, hemos realizado una transformación de datos semiestructurados para conservar únicamente los datos que nos interesan (en formato tabular). En este ejemplo, solo nos interesan las propiedades (X, Y, etc.) de cada país. Mediante una operación de extracción, solo se conservarán estos datos. Por supuesto, este tipo de transformación tiene un gran inconveniente: deja fuera otra información que podría haber sido útil. Muy a menudo, para un mismo conjunto de datos semiestructurados, necesitamos realizar varias transformaciones y generar varias vistas tabulares (véase el diagrama anterior) para que este tipo de fuente de datos sea totalmente utilizable.

Estos serían otros ejemplos de datos semiestructurados:

- Correos electrónicos.
- Archivos XML, JSON, etc.
- Bases Graph.

5.2.3 Datos no estructurados

Como su propio nombre indica, los datos no estructurados son difíciles o imposibles de utilizar por sí mismos. Por supuesto, se pueden utilizar pero será difícil emplearlos para otra cosa diferente al fin para el que fueron creados. Cuando hablamos de datos no estructurados, lo primero que nos viene a la mente son imágenes, vídeo y sonido, pero también pueden incluir texto (como una novela, un contrato, etc.).

Observación

La trampa de los llamados datos estructurados es que a veces están realmente estructurados, pero la estructura no es obvia. Es el caso, por ejemplo, de una traza de auditoría cifrada o codificada.

Hasta la llegada del Big Data hace más de una década, en cierto modo estos datos eran los restos del tratamiento de la información (conocidos como Dark Data). Pero no se tenía en cuenta la mina de oro que representaban estos datos y, sobre todo, el hecho de que tres o cuatro años después, representarían al menos el 80% de los volúmenes de datos en el mundo. Basta con ver el número exponencial de fotos almacenadas en los distintos servidores de la nube desde que existe el smartphone, para darse cuenta de que esta mina de oro no para de crecer. Algunas empresas, como IDC, pronostican que el fenómeno no hará más que crecer, e incluso cifran en un 80% la cantidad de datos no estructurados en el año 2025, lo que demuestra la magnitud del fenómeno.

A continuación, se muestran algunos ejemplos de datos no estructurados:

- Imágenes: fotos, documentos escaneados, etc.
- Sonidos: grabaciones, música, etc.
- Vídeos.
- Textos "largos" como contratos, novelas, etc.
- Códigos de barras o códigos QR.

En términos generales, los Dark Data incluyen datos que no se han podido explotar, pero también, y sobre todo, datos que se han podido descuidar porque no se han etiquetado como esenciales.

Hoy en día, el reto de muchas empresas es explotar por fin los Dark Data acumulados a lo largo de los años (archivos, PDF, imágenes, vídeos, etc.). Pero para ello se necesitan herramientas, soluciones adecuadas y organizaciones consolidadas. Afortunadamente, la IA (sobre todo con tecnologías de Visión Artificial) y la capacidad de los ordenadores actuales, permiten abordar por fin este tipo de datos.

5.3 Mediciones y dispersión

Los datos rara vez se definen de forma aislada. Por supuesto, tienen ciertas características, algunas de las cuales se han tratado en capítulos anteriores, pero su valor real suele estar vinculado a otros datos o a sí mismos, pero en otro contexto.

Estos contextos pueden ser de varios tipos: espaciales, temporales o basados en eventos, ya que el contexto es una información vital para comprender nuestros datos, como veremos más adelante.

Echemos un vistazo a la temporalidad en el mundo de las finanzas. Por supuesto, el valor de una acción es importante, pero para los corredores de bolsa lo que es más importante es el movimiento de estas acciones (al alza o a la baja). En otras palabras, el valor de una acción en un momento dado tiene poca importancia, pero saber que ha subido un 5% tiene una importancia capital. Lo que nos interesa aquí es el valor pasado de la acción y no solo su valor actual.

En este capítulo veremos cómo medir nuestros datos, entendiendo por "medir" contextualizarlos o, al menos, situarlos en su propia evolución para analizarlos mejor.

5.3.1 Elementos de medición

La media

¿Sabe qué es la media? Probablemente sí, pero vamos a volver a echarle un vistazo rápido, sobre todo para ponerlo en perspectiva con el concepto de mediana, que veremos más adelante.

La media se define como la suma de los datos, dividida por el número de datos. Desde un punto de vista matemático:

$$\overline{x}=\frac{1}{n}\sum_{i=1}^{n} x_i$$

Tomemos un ejemplo sencillo de una distribución D:

D= [1, 7, 8, 9, 10]

Obviamente, la media es 7.

Escrito en Python utilizando el módulo numpy y su método mean(), el resultado es el siguiente:

```
import numpy as np
D= [1, 7, 8, 9, 10]
print(np.mean(D))
```

> 7.0

Desde un punto de vista gráfico, reduzcamos el eje y al valor medio para visualizarlo mejor. Es como si el área de los valores por encima y por debajo de esta media fuera igual.

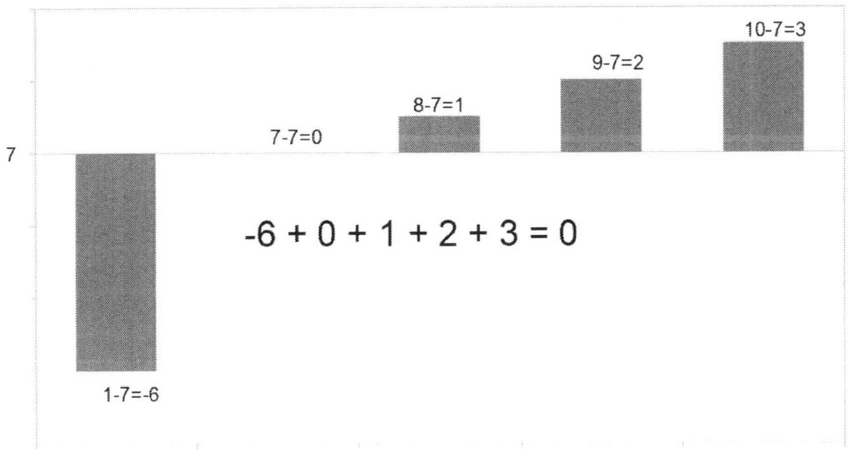

Ilustración gráfica de la media

La mediana

Cuidado con la confusión: mediana no significa en absoluto media (aunque estos dos valores puedan ser iguales).

Por definición, la mediana es el valor de una distribución que la divide en dos partes iguales.

Escrito en Python utilizando el módulo numpy y su método `median()`, el resultado es el siguiente:

```
import numpy as np
D= [1, 7, 8, 9, 10]
print(np.median(D))
```

> 8.0

Utilizando nuestra distribución anterior, el valor mediano es 8:

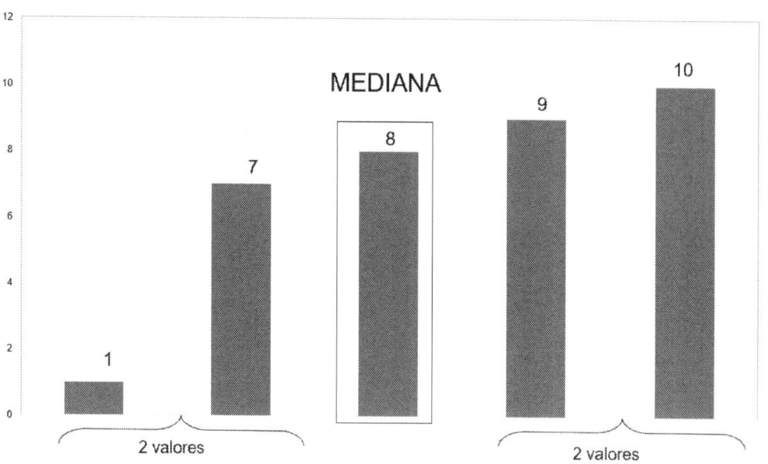

Ilustración gráfica de la mediana

El cálculo es bastante sencillo si tenemos un número impar de valores en nuestra distribución. Sin embargo, si tenemos un número par de valores, la mediana es la media de los dos valores medios.

La moda

La moda es simplemente el valor (variable) más observado (o más frecuente) en el conjunto de datos.

Desviación típica

La desviación típica (o *Standard Deviation* en inglés, comúnmente conocida como σ) es una medida común de la dispersión de una variable aleatoria o de un dato. La desviación típica se define como la raíz cuadrada de la varianza o, más sencillamente, como la media cuadrada de las desviaciones respecto a la media.

Esta medida se utiliza habitualmente en encuestas, física, biología y finanzas. La desviación típica se utiliza para medir la dispersión de un conjunto de datos en torno a la media. No siempre es fácil de interpretar porque no existe una escala real de comparación.

Observación

Observe que cuanto menor es la desviación típica, más valores se agrupan en torno a la media: la distribución está, por tanto, más concentrada.

Ejemplo de dos muestras con la misma media pero diferentes desviaciones típicas, que ilustra la desviación típica como medida de dispersión en torno a la media:

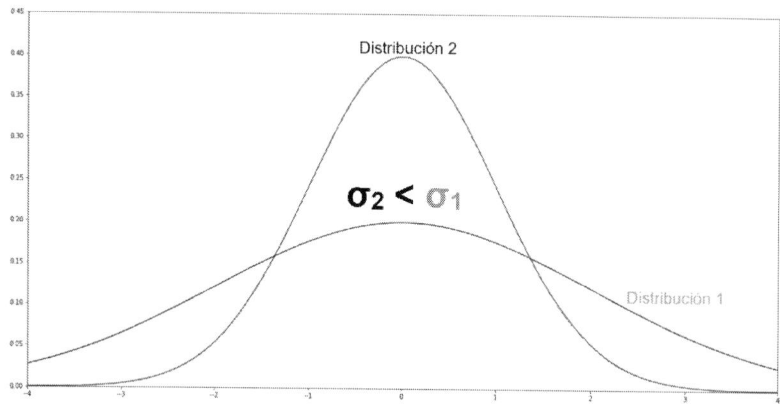

Ilustración de la desviación típica

Como ya se ha mencionado, esta medida de dispersión consiste en calcular la distancia de los puntos a la media.

Para entender mejor esta medida, vea cómo se calcula desde un punto de vista práctico en cinco sencillos pasos.

Tomemos la distribución de cinco valores [1, 7, 8, 9, 10]:

Pasos:

1. Calcular la media de la distribución (aquí la media es 7). A título informativo, el valor mediano (central) es 8.

2. Calcular la distancia entre la media y cada valor de la distribución (una simple resta).

1	7	8	9	10
1-7=**-6**	7-7=**0**	8-7=**1**	9-7=**2**	10-7=**3**

3. Elevar al cuadrado la distancia calculada anteriormente.

1	7	8	9	10
1-7=-6	7-7=0	8-7=1	9-7=2	10-7=3
(-6)2=**36**	(0)2=**0**	(1)2=**1**	(2)2=**4**	(3)2=**9**

4. Calcular la varianza: es la suma de las desviaciones al cuadrado calculadas anteriormente, dividida por el número de valores de la distribución (es decir, n).

$$S^2=\frac{36+0+1+4+9}{5}=\frac{50}{5}=10$$

5. Calcular la desviación típica: es simplemente la raíz cuadrada de la varianza.

$$\sigma=\sqrt{10}\simeq 3{,}16$$

Desde un punto de vista matemático, a continuación se muestra la fórmula de cálculo:

$$S^2=\frac{1}{n}\sum_{i=1}^{n}\left(x_i-\bar{x}\right)^2$$

$\bar{x}$ es el valor medio (aquí igual a 7)

xi son los valores de la distribución

n: es el número de valores de la distribución

Escrito en Python utilizando el módulo numpy y su método std(), el resultado es el siguiente:

```
import numpy as np
D= [1, 7, 8, 9, 10]
print(np.std(D))
```

> 3.1622776601683795

Varianza

La varianza es simplemente el cuadrado de la desviación típica. En nuestro ejemplo anterior: 10.

Escrito en Python utilizando el módulo numpy y su método `var()`, el resultado es el siguiente:

```
import numpy as np
D= [1, 7, 8, 9, 10]
print(np.var(D))
```

> 10.0

Cuantil

Hemos visto que la mediana se puede utilizar para dividir una distribución en dos partes iguales. Los cuantiles son simplemente una generalización de esta idea de dividir una distribución en partes. La idea subyacente es crear distribuciones con un número igual de valores en la distribución.

Observación

Los cuantiles, percentiles y deciles son cuantiles.

Cuartil

Los cuartiles son los tres cuantiles que dividen un conjunto de datos en cuatro grupos de igual tamaño (véase el diagrama siguiente). La mediana es el cuantil que divide el conjunto de datos en dos grupos de igual tamaño.

Desde un punto de vista de vocabulario:

- la mediana divide los valores en dos grupos de población iguales;
- los cuartiles los separan en cuatro grupos;
- y desde un punto de vista global: los cuantiles en n.

Cuartiles

En concreto (Q1 = 1er cuartil, Q3 = 3er cuartil):

- una cuarta parte de los valores son inferiores o iguales a Q1;
- tres cuartas partes de los valores son inferiores o iguales a Q3;
- la mitad de los valores están dentro del intervalo intercuartílico [Q1; Q3].

Escrito en Python, utilizando el módulo numpy y su método `quantile()`, lo único que hay que hacer es especificar el rango del cuantil deseado en porcentaje:

Para Q1 (25%):

```
import numpy as np
D=[1,7,8,9,10]
np.quantile(D, 0.25)
```

> 7.0

Para Q3 (75%):

```
import numpy as np
D=[1,7,8,9,10]
np.quantile(D, 0.75)
```

> 9.0

Rango intercuartílico

Lógicamente, el rango intercuartílico es simplemente el valor del intervalo entre cuartiles.

Amplitud

Este término es menos habitual, pero en algunos casos puede ser interesante calcularlo, ya que la amplitud puede dar una indicación no de la dispersión en sí, sino de su magnitud. También es muy sencillo de calcular, simplemente restando el valor más pequeño (min) del valor más grande (max).

Amplitud = Máx(Distribución) - Mín(Distribución)

Ejemplo: para la distribución = [1,2,3,1,9,1,50], la amplitud es 50-1 = 49.

Frecuencia de distribución de un valor

También es importante comprender el concepto de frecuencia, del que hablaremos regularmente. La frecuencia de distribución de un valor es simplemente el número de veces que aparece en los datos.

Ejemplo: en la distribución [1, 2, 1, 3, 1, 2, 3], la frecuencia de distribución del valor 1 es 3.

Muy a menudo, una tabla de frecuencias de valores se presenta así:

Valor	Frecuencia
1	3
2	2
3	2

Intervalos de clase

A veces, un dato puede tener muchos valores (suele ser el caso de los valores continuos, pero también puede ocurrir con los valores discretos). En este caso, puede ser conveniente dividir el conjunto de valores en segmentos conocidos como intervalos de clase. Los intervalos no son necesariamente regulares y se pueden adaptar en función de las necesidades.

Ejemplo: contar una población por edades. Cuando recuperamos este tipo de datos, obtenemos algo así:

Edad	Nº de personas
1	2.132
2	56.456
3	58.052
...	...
109	8

Si los agrupamos por rangos de edad, por ejemplo de 1 a 5, de 6 a 10, etc., obtenemos algo así:

Rango de edad	Nº de personas
1-5	12.132
6-10	256.456
...	...
80-110	1.222

Por supuesto, agrupar el nuevo intervalo de clases por rango de edad implica una serie de consecuencias:

Los datos que componen cada intervalo se deben agregar (para el intervalo de 1 a 5, se han sumado las edades de 1, 2, 3, 4 y 5).

La granularidad de los datos cambia porque nuestra nueva tabla ofrece menos datos.

Nuestros rangos de edad son datos categóricos.

Observación

Al definir las clases de intervalo, es obligatorio abarcar todo el conjunto de datos.

5.3.2 Distribución

Adentrarse en el concepto de distribución es un ejercicio un tanto peculiar (que incluso puede asustar), ya que el tema es muy amplio y, sobre todo, puede llegar a ser complejo. Nos adentramos claramente en el mundo de la estadística, que también está inevitablemente vinculada a los datos. Es imposible hablar de datos, y mucho menos de distribución, sin hablar de estadística. Pero no nos asustemos, porque no vamos a entrar aquí en todas las distribuciones, ni en los aspectos complejos de la estadística. La idea es que los lectores conozcan ciertas leyes estadísticas, sin confundirles con cálculos interminables.

Pero, ¿qué es la distribución?

En el caso de los datos, una distribución es la dispersión o reparto de los datos observados con una determinada frecuencia y en función de distintos criterios.

Observamos distribuciones sobre dos (o incluso tres) criterios que utilizamos como ejes (X e Y, o incluso Z), simplemente porque es difícil representar la distribución de un conjunto de datos sobre más de tres ejes. Sin embargo, es raro que nuestros datos se limiten a tres variantes; en ese caso, puede que necesitemos estudiar nuestros datos en varios pares/tuplas de ejes. En el resto de este capítulo, nos limitaremos a dos ejes para estudiar nuestras distribuciones.

¿Por qué hablamos aquí de distribución?

Sencillamente porque, sorprendentemente, la naturaleza funciona muy bien. Y porque muy a menudo nuestros datos se parecen a distribuciones conocidas que vamos a comentar. Es aún más interesante porque de hecho vamos a encontrar características comunes. Por supuesto, este es el trabajo del estadista, pero parece pertinente comprender estos conceptos antes de seguir adelante.

En primer lugar, existen dos familias principales de distribuciones: las distribuciones discretas y las distribuciones continuas, en función de si los datos subyacentes son discretos o continuos (véase la sección sobre la variabilidad de los datos).

A continuación, se muestran algunos ejemplos de distribuciones:

Dist. Discreta	Dist. continua
Uniforme	Normal
Poisson	Exponencial
Binomial	Beta

Representación

Muy a menudo, representamos una distribución utilizando probabilidades (densidad de probabilidad). Esto puede parecer extraño al principio, pero es sumamente práctico porque muchas de las propiedades de las distribuciones se derivan de las probabilidades.

Esta es la representación clásica de una distribución.

Si la palabra probabilidad puede asustar, veamos lo cerca que está de lo que hemos observado, y para ello empecemos por la frecuencia de distribución de nuestros valores, de la que hemos hablado antes.

Dada la siguiente distribución:

D = [1, 2, 3, 2, 1, 4, 5, 4, 2, 1].

Si nos fijamos en la frecuencia de distribución para cada valor, tenemos:

Valor	Frecuencia
1	3
2	3
3	1
4	2
5	1

Con Python, puede utilizar la librería matplotlib para dibujar un gráfico de barras y ver la distribución con mayor claridad:

```
import matplotlib.pyplot as plt
data = [1, 2, 3, 2, 1, 4, 5, 4, 2, 1]
x = [1, 2, 3, 4, 5]
y = [data.count(val) for val in x]
plt.bar(x, y)
plt.title('Distribución de los valores', fontsize=10)
plt.show()
```

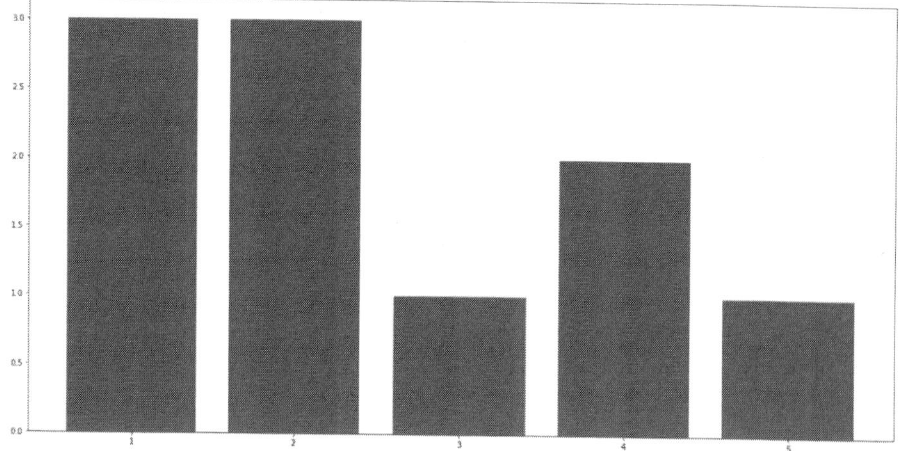

Ilustración de una distribución discreta

Ahora veamos cómo pasar de la frecuencia de distribución a la probabilidad asociada. En primer lugar, observe que en nuestro conjunto de datos tenemos cinco posibilidades (de 1 a 5) y tenemos diez elementos de datos (observaciones).

Para averiguar la probabilidad de que se produzca un número, basta con dividir la frecuencia de aparición (en el conjunto de datos) entre el número de observaciones:

$$Probabilidad = \frac{Frecuencia\ de\ aparición}{Número\ de\ observaciones}$$

Valor	Frecuencia	Probabilidad
1	3	310=0,3
2	3	310=0,3
3	1	110=0,1
4	2	210=0,2
5	1	110=0,1

Observe aquí que la suma de probabilidades es igual a 1.

Utilicemos Python para representar gráficamente esta densidad de probabilidad. Tenga en cuenta que utilizaremos barras (más apropiadas para valores discretos) y líneas (normalmente más apropiadas para datos continuos).

```
import matplotlib.pyplot as plt
data = [1, 2, 3, 2, 1, 4, 5, 4, 2, 1]
x = [1, 2, 3, 4, 5]
y = [0.3, 0.3, 0.1, 0.2, 0.1]
plt.bar(x, y)
plt.plot(x, y, color='red')
plt.title('Distribución de los valores', fontsize=10)
plt.show()
```

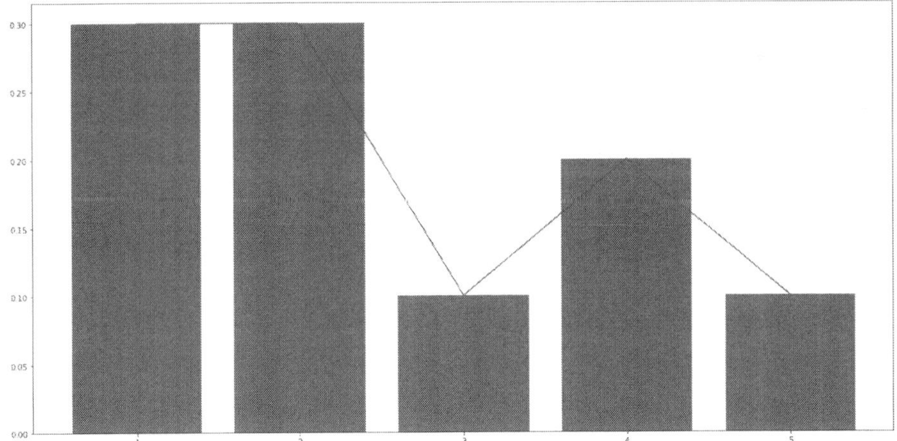

Densidad de probabilidad

Caso especial de las distribuciones continuas

Las distribuciones continuas, a diferencia de las distribuciones discretas, responden a una ley, una función matemática en lugar de a una lista finita de valores. Este tipo de función se conoce como función de densidad de probabilidad.

Debido a esta naturaleza continua, es inconcebible sumar la lista de valores para obtener una probabilidad de 1. Por lo tanto, para las distribuciones continuas tenemos en cuenta el área bajo la curva.

Distribución uniforme

Vamos a empezar poco a poco y veamos la distribución más sencilla: la distribución uniforme. Esta tiene la particularidad de ofrecer únicamente valores discretos idénticos.

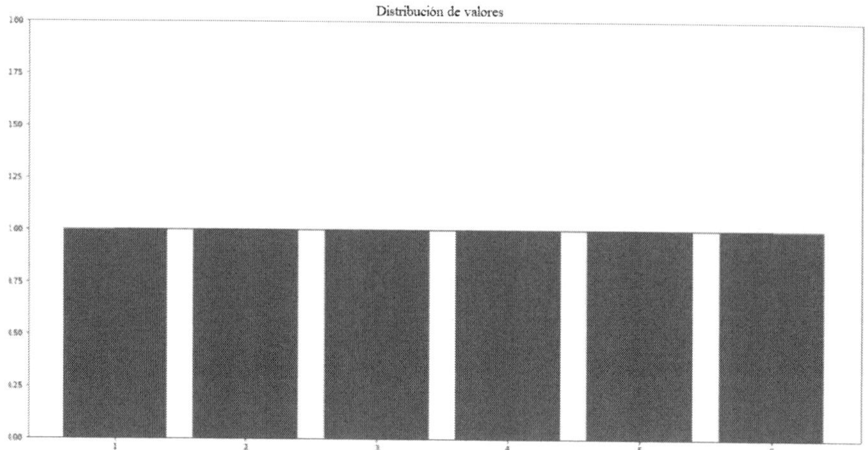

Distribución uniforme

Un ejemplo muy sencillo es un lanzamiento de dados. Puede lanzar un dado tantas veces como quiera, pero todas tendrán la misma probabilidad de obtener un resultado determinado. En el gráfico anterior, en el eje de abscisas están los resultados de los lanzamientos (del uno al seis) y en el eje de ordenadas está la probabilidad del resultado, que es exactamente la misma para todos.

Como la suma de las probabilidades es siempre igual a 1, para averiguar la probabilidad de un resultado basta con dividir 1 por el número de resultados posibles.

Distribución binomial

La distribución binomial discreta se corresponde con una sucesión de ensayos de Bernoulli (un experimento aleatorio e independiente en el que la respuesta es binaria y excluyente). El ejemplo clásico es lanzar una moneda al aire. Imagine que lanza la moneda al aire y observa el resultado, al menos setenta veces seguidas (acierto = cara, fallo = cruz).

Pruébelo si tiene paciencia y anote el resultado (cara = 1, cruz = 0).

A continuación, podrá trazar una función de masa:

- Ordenada: probabilidad de éxito/fallo.
- Abscisa: número de tirada.

Tendrá la forma que se indica a continuación, y se puede dibujar utilizando Python:

```
from scipy.stats import binom
plt.figure(figsize=(20,10))
n = 100
p = 0.4
r_values = list(range(n + 1))
dist = [binom.pmf(r, n, p) for r in r_values ]
plt.bar(r_values, dist)
plt.show()
```

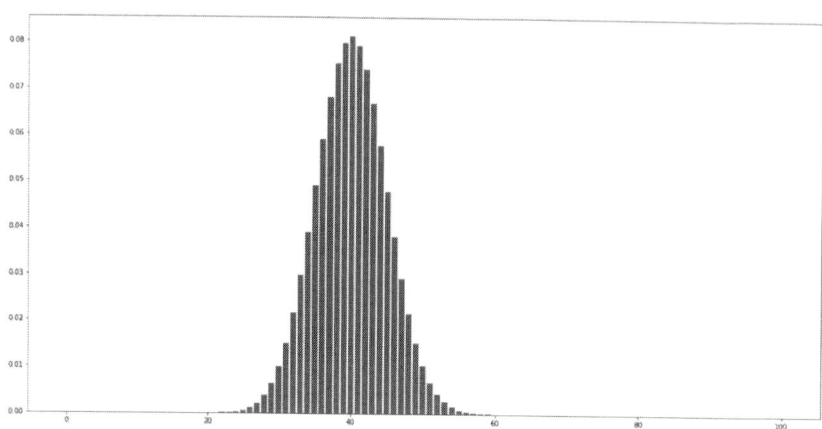

Ilustración de una distribución binomial

La llamada distribución Normal (ley de Laplace-Gauss)

Es la distribución más conocida, y también la que se encuentra habitualmente en física, comúnmente conocida como curva de campana por su forma característica. Es una distribución importante (de datos continuos) porque desempeña un papel especial en el teorema central límite y tiene algunas características interesantes.

A continuación, se muestra cómo trazarla con Python:

```
from scipy.integrate import quad
import matplotlib.pyplot as plt
import scipy.stats
import numpy as np

x_min, x_max = -6.0, 6.0
mean = 0.0
std = 1.0

x = np.linspace(x_min, x_max, 100)
y = scipy.stats.norm.pdf(x, mean, std)
plt.plot(x,y, color='red')

plt.xlim(x_min,x_max)
plt.ylim(0, 0.45)
```

```
plt.title('Ley normal estándar',fontsize=10)
plt.show()
```

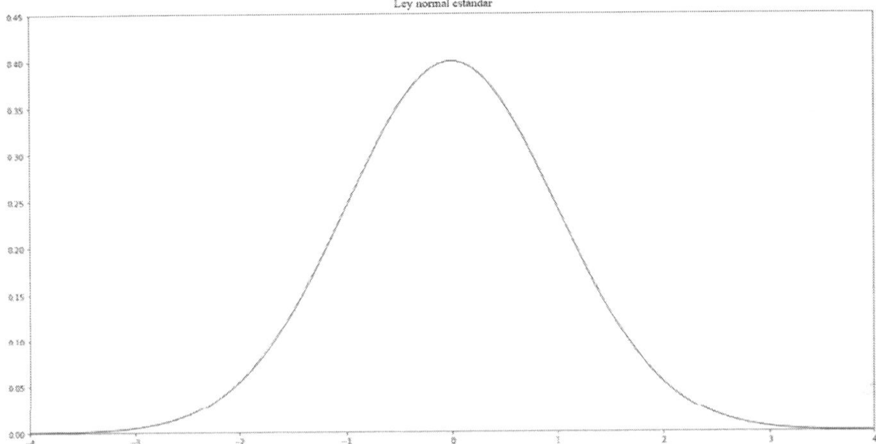

Ilustración de una distribución normal

He aquí algunas cosas que conviene recordar sobre esta distribución:

- La media es igual a la mediana, que también es igual a la moda.
- La forma de la campana es simétrica con respecto a la media/mediana/moda. Si no es así y la curva está distorsionada hacia la derecha o hacia la izquierda, decimos que hay un sesgo y, en ese caso, ya no se trata de una distribución normal.
- No podemos tener una probabilidad igual a 1, pero podemos tener esta probabilidad en un intervalo de valores.
- Si se aumenta la desviación típica, la curva se hunde. Está claro que la desviación típica es una buena medida de la dispersión de la distribución de los datos.

Veamos qué aspecto tiene en Python, con desviaciones típicas de 1 (rojo), 2 (azul) y verde (3):

```
from scipy.integrate import quad
import matplotlib.pyplot as plt
import scipy.stats
```

```
import numpy as np

def TrazaLeyNormal(std, mean, color):
  x_min, x_max = -6.0, 6.0
  mean = mean
  std = std

  x = np.linspace(x_min, x_max, 100)
  y = scipy.stats.norm.pdf(x, mean, std)
  plt.plot(x,y, color=color)

  plt.xlim(x_min,x_max)
  plt.ylim(0, 0.45)
  plt.title('Ley normal estándar',fontsize=10)

TrazaLeyNormal(1.0, 0.0, 'red')
TrazaLeyNormal(2.0, 0.0, 'blue')
TrazaLeyNormal(3.0, 0.0, 'green')

plt.show()
```

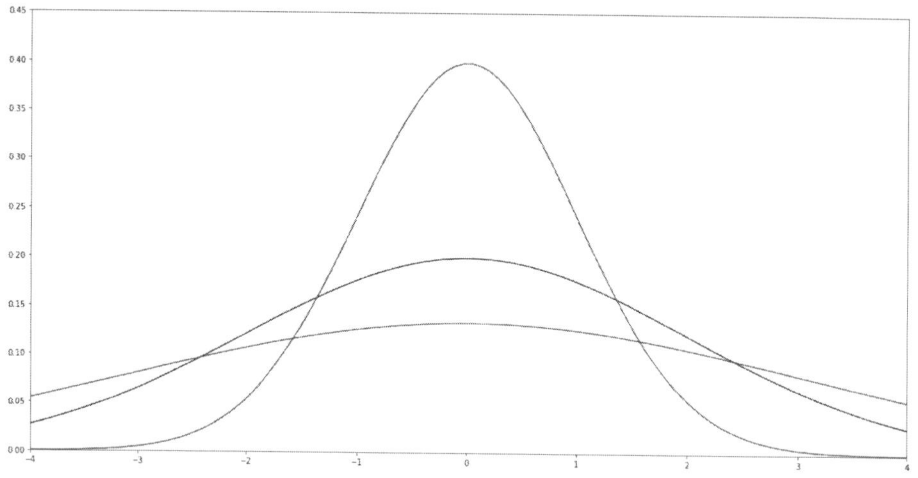

Ilustración de una distribución normal con diferentes desviaciones típicas. Observe cómo la curva más plana (desviación típica de 3) tiene valores mucho más dispersos alrededor de la media que la distribución normal estándar.

Observación

La curva menos plana se corresponde con la desviación típica más alta (aquí 3) y la curva más alta se corresponde con la desviación típica más baja (aquí 1).

Es posible averiguar el número de valores entre varios rangos de valores de desviación típica:

- El 68,27% de los valores están entre -σ y +σ.
- El 95,45% de los valores están entre -2σ y +2σ.
- El 99,73% de los valores están entre -3σ y +3σ.

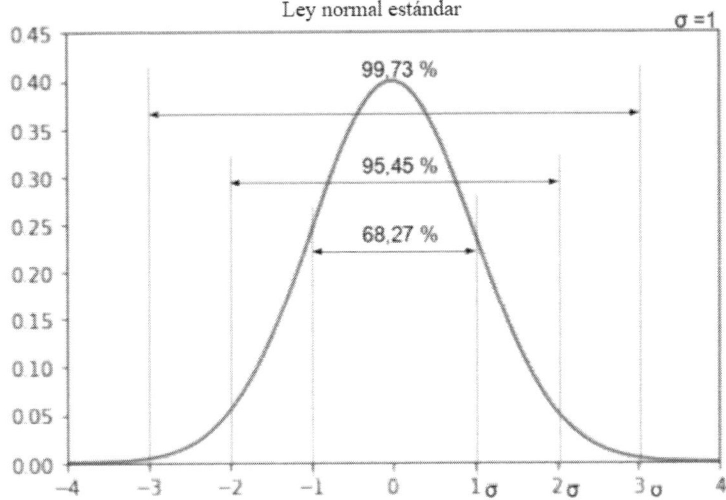

Número de valores/desviación típica

En cuanto vemos que una distribución se parece o se aproxima a una distribución normal, podemos sacar algunas conclusiones generales. Solo hay que recordar que estas características también son válidas para las distribuciones normales no estándar (ҫ diferente de 0 y la media diferente de 0).

6. Propiedades funcionales

6.1 El contexto

El contexto es quizá la característica más importante, ya que permite explicar y situar adecuadamente los datos en un marco funcional o de uso específico. Por desgracia, también suele ser la más compleja de definir. El valor de un dato, que es lo que lo hace utilizable, está inevitablemente ligado a su contexto. Y este contexto, por desgracia, no es cuantificable. A veces incluso es bastante abstracto, porque se puede explicar y entender en función de un entorno funcional específico. Forma parte integrante de la definición de los datos (o al menos del supuesto significado) y tiene una gran influencia en lo que representan de manera concreta.

Ejemplos

- Contexto espacial: ¿Cómo se puede utilizar correctamente un valor de una propiedad inmobiliaria sin la localidad?
- Contexto temporal: ¿qué se puede hacer con una cifra de negocio si no se sabe cuánto va a durar ni la fecha?

Esto implica que un dato tiene un valor según su contexto y, por tanto, puede no ser válido fuera de ese contexto. Por ejemplo, es el caso de una fecha de caducidad. Se habla entonces de la frescura de los datos en el contexto de los datos que se pueden alterar con el tiempo. En general, los datos se definen en relación con uno o varios contextos y es responsabilidad de los usuarios (productores y/o consumidores) definir la calidad de estos datos, en relación con el contexto en cuestión. El contexto de un dato también se puede definir por referencia a otros datos, como suele ser el caso de una descripción organizativa (cadena de responsabilidad, filiación, etc.).

Tenga en cuenta que el contexto puede ser de varios tipos, como en los ejemplos anteriores, pero también puede ser organizativo, empresarial, etc.

Dicho de otro modo, utilizar datos sin conocer su contexto es un poco como conducir con los ojos vendados.

Observación

Desde un punto de vista práctico, este contexto forma parte claramente de los metadatos empresariales o funcionales.

6.2 Sensibilidad

Se trata de un aspecto muy importante, pero desgraciadamente a veces es difícil de evaluar, ya que la sensibilidad de un dato no se puede medir. En algunos casos es totalmente subjetiva y, por tanto, susceptible de interpretación. Y lo que es peor, también puede depender (y de hecho depende muy a menudo) de un contexto concreto.

6.2.1 Datos personales

La AEPD (*Agencia española de protección de datos*) tiene su propia definición y su propia manera de definir y clasificar los datos sensibles. Para la AEPD, los datos sensibles son una subcategoría de los datos personales.

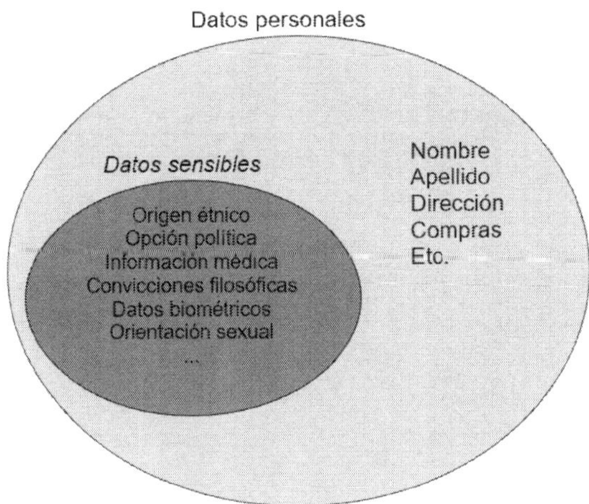

Sensibilidad de los datos

Observación

Los datos sensibles según el GDPR (General Data Protection Regulation) están sujetos a restricciones especiales. Para poder utilizar este tipo de datos, es necesario manejar los conceptos de consentimiento, derecho al olvido, etc.

Cuando se trata de datos personales, podemos encontrarnos rápidamente con PII y PHI.

Los datos personales, o **PII** (*Personally Identifiable Information*), son datos que permiten identificar a una persona.

La información sanitaria o **PHI** (*Protected Health Information*) se refiere a cualquier información sobre el estado de salud, la prestación de asistencia sanitaria o el pago de la misma que sea creada o recopilada por una entidad o un tercero y que pueda relacionarse con una persona concreta. También se trata de datos sensibles. De hecho, la terminología PHI procede de Estados Unidos, donde estos datos se rigen por la ley HIPAA (*Health Insurance Portability and Accountability Act*).

La HIPAA ha elaborado una lista de identificadores personales e información que se debe considerar sensible:

Nombre	Número de la seguridad social	URL
Información geográfica (más pequeña que el estado)	Historial médico	Direcciones IP
Fechas vinculadas a un usuario (fecha de nacimiento, hospitalización, etc.)	Información sobre los beneficiarios	Información biométrica
Número de teléfono	Números de licencia, diplomas, etc.	Fotografías de la cara
Número de fax	Identificador del vehículo	Números de cuenta bancaria

Correo electrónico	Identificador de productos sanitarios	Cualquier otro identificador que permita codificar los datos personales

Por supuesto, la información de pago también es un dato sensible. Tanto es así que, en diciembre de 2004, los principales agentes de pago (Visa, MasterCard, American Express, Discovery Card y JCB) acordaron una serie de normas: **PCI DSS** (*Payment Card Industry Data Security Standard*) que describen el modo en que se protegen los datos de pago, de extremo a extremo de la cadena de procesamiento de pagos electrónicos.

6.2.2 Otros datos sensibles

Por supuesto, la IIP y la IPS y en general determinados datos personales, no son los únicos tipos de datos que se pueden clasificar como sensibles. Desde un punto de vista más amplio, los datos sensibles son todos aquellos datos confidenciales que se deben conservar o almacenar de forma segura. Está fuera de cualquier discusión que personas no autorizadas accedan a este tipo de datos.

Además de los datos personales, los datos sensibles también incluyen:

- información de clientes;
- información clasificada (defensa u otros);
- datos científicos (que se deben proteger de la competencia).

6.2.3 Medición de la sensibilidad

Como hemos comentado antes, no es posible medir eficazmente la sensibilidad de nuestros datos. De hecho, no existe una solución mágica que se pueda utilizar para dar un grado de sensibilidad aunque, por supuesto, como veremos más adelante, el análisis de datos puede ayudar mucho en esta categorización.

Para determinar hasta qué punto es sensible esta información y cómo se debe clasificar, los datos se deben evaluar en función de tres criterios:

- Confidencialidad
- Integridad
- Disponibilidad

Pregúntese cómo se p sus datos con estas tres perspectivas e imagine el impacto que tendrían en su organización o en sus clientes, si quedaran expuestos. No es raro encontrar métricas asociadas a estos tres criterios, ya que también son un marco proporcionado en los estándares federales de procesamiento de información (FIPS) del National Institute of Standards and Technology (NIST).

7. Vocabulario de datos

Nuestros datos se definen sobre todo por la manera en que los utilizamos. En los capítulos siguientes veremos que estos datos son una mina de oro y que podemos hacer con ellos casi todo lo que queramos. Pero antes de abordar estos diferentes usos, y para cerrar este capítulo, es importante precisar algunos elementos del lenguaje que se encuentran cada vez más en la literatura.

Estas terminologías son muy relativas y dependen totalmente del contexto en el que se utilicen los datos.

Datos calientes	Esta imagen de datos calientes se refiere a los datos que se acaban de recuperar de un sistema y que van a utilizarse muy rápidamente por otro u otros sistemas. Se trata de datos que, de hecho, se utilizan mucho en el sistema de información, pero que tienen el inconveniente de ser muy volátiles. Ejemplo: información sobre existencias de productos en un sistema ERP.

Datos de intención	Los datos de intención son datos calientes que se deben utilizar muy rápidamente, ya que de lo contrario quedarán obsoletos o desfasados (e incluso darán un resultado falso). Ejemplo: datos sobre el comportamiento de un comprador que navega por Internet -> intención de compra.
Datos fríos	Los datos fríos son datos estables (es decir, que no cambiarán o apenas lo harán). A diferencia de los datos calientes, los datos fríos siguen siendo válidos de manera permanente. Ejemplo: la lista de países/regiones, por regla general son datos fríos.
Datos tibios	Los datos tibios están, como su nombre indica, entre calientes y fríos. No son totalmente estables, pero seguirán siéndolo durante algún tiempo después de su recuperación. Ejemplo: archivo temporal en espera de validación.
Datos muertos	Este término se refiere a los datos obsoletos almacenados en el sistema de información. Siguen estando presentes, pero son falsos y su mera presencia supone un problema para la coherencia del resto de datos (por no hablar del riesgo de que un usuario o un sistema pueden recuperarlos).
Dark Data	Los Dark Data son datos almacenados por las empresas pero que ni se catalogan ni se utilizan. Por desgracia, es una de las consecuencias directas de la caída del precio del almacenamiento de datos (sobre todo en la nube). Como resultado, las empresas se están convirtiendo (a veces de manera inconsciente) en consumidoras de datos, almacenándolos sin clasificarlos. Las consecuencias inmediatas son una acumulación de datos de todo tipo, forma y a veces valor, que persisten en los sistemas sin que se les preste atención. Algunos estudios estiman incluso que la cantidad de datos oscuros alcanza la mitad del capital de datos de algunas empresas.

Capítulo 2
Persistencia

1. Introducción

No es raro ver en los artículos de prensa la metáfora que compara los datos con combustible. Sin duda, es una metáfora interesante, pero se centra en la necesidad de transformar la energía bruta (como el petróleo) en energía utilizable, como el combustible de los coches. Hay otra característica de los datos que es igual de importante. Está relacionada con la volatilidad de la mayoría de nuestros datos: el almacenamiento. En este sentido, la metáfora de la electricidad es probablemente más apropiada. De hecho, la volatilidad y también las limitaciones (como las que conlleva el Big Data) que impone el almacenamiento de nuestros datos en determinadas condiciones, nos obligan a diseñar soluciones que se puedan adaptar constantemente a cualquier tipo de necesidad.

Por tanto, el almacenamiento (o persistencia) de datos es un componente importante, incluso vital, de la gestión de datos. Sea cual sea el perfil (experto, analista o simple consumidor de información), poder acceder a los datos es esencial. Pero el acceso a los datos también implica conocer el método de almacenamiento subyacente. Este capítulo examina los distintos métodos de almacenamiento y cómo afectan al modo en que se accede a los datos y se utilizan.

Por supuesto, el primer tipo de soporte en el que pensamos es el archivo o, al menos, un conjunto de archivos. Pero en cuanto se hicieron patentes los aspectos de compartición, rendimiento, interrogación y complejidad de almacenamiento, hubo que pensar en otros métodos de almacenamiento. Como consecuencia, y gracias a la normalización del disco duro de gran capacidad, nacieron las bases de datos en los años 50 y 60. Concebidas inicialmente para almacenar datos estructurados, evolucionaron rápidamente para gestionar varios terabytes de datos estructurados, semiestructurados y no estructurados.

Con la diversidad de necesidades y tipos de datos almacenados y unos volúmenes cada vez mayores, las bases de datos están mostrando sus limitaciones en determinados ámbitos. Esto invita inexorablemente a los arquitectos de datos a replantearse por completo la forma de almacenarlos y suministrarlos.

2. Archivos

Del mismo modo que el bit es la unidad primaria para codificar datos, el archivo es en cierto modo la unidad primaria para almacenar un conjunto de datos en un soporte. Las bases de datos, los almacenes de datos (Data Warehouse) y los lagos de datos (Data Lake), funcionan con archivos. Pero cerremos el paréntesis y hablemos de un archivo como unidad de almacenamiento en un soporte.

¿Qué es un archivo?

Un archivo es un conjunto de datos almacenados y codificados de forma estructurada en un soporte (físico si es un disco duro). Un archivo se identifica por un nombre y, por convención (porque es opcional), puede tener una extensión.

Los archivos los gestiona y organiza el sistema operativo a través del sistema de archivos, que también puede ser de varios tipos (NTFS, FAT, FAT32, ext2fs, ext3fs, ext4fs, zfs, etc.). En definitiva, no son más que un conjunto de datos vinculados de forma lógica, que se pueden almacenar físicamente en un soporte.

También merece la pena destacar que:

- Se pueden almacenar varios archivos en uno solo utilizando formatos de almacenamiento como Zip, Tar, etc.
- Si no almacenan datos como tales, es posible ejecutar archivos (ejecutables) directamente en el sistema operativo.
- Un archivo está asociado a un tipo de formato (estructura) que identifica su naturaleza. Por ejemplo, sabemos que los archivos de imagen son del tipo jpg, png, etc.

Veamos con más detalle algunos de los tipos de archivo, cuya finalidad es almacenar información.

2.1 El archivo CSV

Los archivos CSV (*Comma Separated Values*) son, sin duda, los que encontramos con más frecuencia, porque son muy sencillos y, sobre todo, comprensibles y accesibles por todos los sistemas operativos. También se conocen como archivos planos con separadores por comas. El formato de estos archivos es estructurado porque el formato de los datos (ASCII, UTF-x) es tabular. Por tanto, estos archivos se organizan en filas y columnas y se pueden abrir con un sencillo editor de texto (como Notepad, emacs o vi). También son muy populares porque otras herramientas informáticas como Excel, Calc, etc. pueden abrirlos directamente.

Un punto importante es la forma en que se estructuran los datos en este tipo de archivos. Estos archivos tienen lo que se conoce como delimitadores, para separar columnas y filas. La mayoría de los archivos CSV tienen:

- Líneas: retorno de carro (caracteres especiales)
- Columnas: la coma

A continuación, se muestra un ejemplo de archivo CSV con un tabulador como separador de columnas.

```
moore.csv
Intel 4004	2,300	1971	Intel	10,000 nm	12 mm²
Intel 8008	3,500	1972	Intel	10,000 nm	14 mm²
Intel 8080	4,500	1974	Intel	6,000 nm	20 mm²
Motorola 6800	4,100	1974	Motorola	6,000 nm	16 mm²
RCA 1802	5,000	1974	RCA 5,000 nm	27 mm²
TMS 1000	8,000	1974[7]	Texas Instruments	8,000 nm
MOS Technology 6502	3,510[8]	1975	MOS Technology	8,000 nm	21 mm²
Intel 8085	6,500	1976	Intel	3,000 nm	20 mm²
Zilog Z80	8,500	1976	Zilog	4,000 nm	18 mm²
Intel 8086	29,000	1978	Intel	3,000 nm	33 mm²
Motorola 6809	9,000	1978	Motorola	5,000 nm	21 mm²
Intel 8088	29,000	1979	Intel	3,000 nm	33 mm²
Motorola 68000	68,000	1979	Motorola	3,500 nm	44 mm²
WDC 65C02	11,500[9]	1981	WDC 3,000 nm	6 mm²
Intel 80186	55,000	1982	Intel	3,000 nm	60 mm²
Intel 80286	134,000	1982	Intel	1,500 nm	49 mm²
WDC 65C816	22,000[10]	1983	WDC	9 mm²
```

Ejemplo de archivo CSV

Observamos que:

- En muchos casos, existen variaciones de este separador (en lugar de la coma, por ejemplo, es frecuente encontrar el punto y coma, el tabulador, un pipe, etc.).
- Puede haber un desplazamiento si un elemento de datos (columna/fila) también tiene un separador. En este caso, preferimos un formato en el que haya un separador, pero en el que cada elemento de datos vaya entre comillas dobles.

También es posible tener como primera línea las cabeceras de las columnas, en lugar de los datos. En este caso, la primera línea no contiene los datos como tales, sino los metadatos del archivo que nos permitirán comprender mejor los datos en sí.

Leer un archivo CSV con Python no puede ser más fácil: basta con utilizar la librería Pandas:

```
import pandas as pd
data = pd.read_csv('/content/sample_data/california_housing_test.csv')
data.head()
```

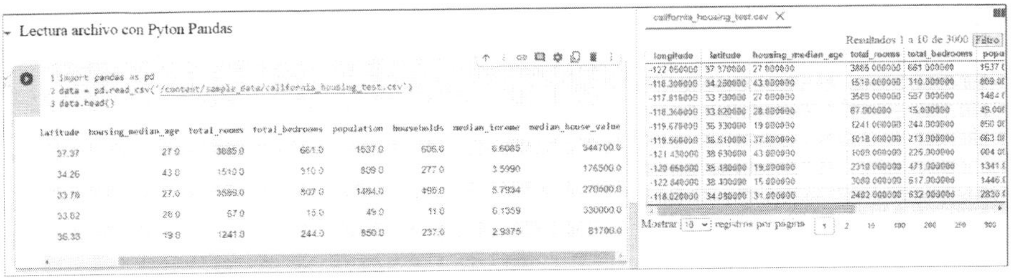

Lectura archivo con Pyton Pandas

```
1 import pandas as pd
2 data = pd.read_csv('/content/sample_data/california_housing_test.csv')
3 data.head()
```

latitude	housing_median_age	total_rooms	total_bedrooms	population	households	median_income	median_house_value
37.37	27.0	3885.0	661.0	1537.0	606.0	6.6085	344700.0
34.26	43.0	1510.0	310.0	809.0	277.0	3.5990	176500.0
33.78	27.0	3589.0	507.0	1484.0	495.0	5.7934	270500.0
33.82	28.0	67.0	15.0	49.0	11.0	6.1359	330000.0
36.33	19.0	1241.0	244.0	850.0	237.0	2.9375	81700.0

california_housing_test.csv

Resultados 1 a 10 de 3000 Filtro

longitude	latitude	housing_median_age	total_rooms	total_bedrooms	popu
-122.050000	37.370000	27.000000	3885.000000	661.000000	1537
-118.300000	34.260000	43.000000	1510.000000	310.000000	809.0
-117.810000	33.780000	27.000000	3589.000000	507.000000	1484
-118.360000	33.820000	28.000000	67.000000	15.000000	49.00
-119.670000	36.330000	19.000000	1241.000000	244.000000	850.0
-119.560000	36.510000	37.000000	1018.000000	213.000000	663.0
-121.430000	38.630000	43.000000	1009.000000	225.000000	604.0
-120.650000	35.480000	19.000000	2310.000000	471.000000	1341
-122.840000	38.400000	15.000000	3080.000000	617.000000	1446
-118.020000	34.080000	31.000000	2402.000000	632.000000	2830

Mostrar 10 registros por página 1 2 10 100 200 250 300

Lectura de archivos con Python

Observación

El archivo CSV es solo el uso más popular de los archivos planos. No es raro encontrar también archivos planos sin separadores. En este caso hablamos de un delimitador fijo. Cada campo o columna está indexado por una posición fija en el archivo. Hay que tener cuidado con que la longitud real de las columnas no supere la columna prevista, ya que de lo contrario se producirá una separación de caracteres al leer.

2.2 El archivo XML

Ya hemos visto cómo almacenar datos tabulares utilizando separadores simples, así que veamos ahora cómo almacenar en un archivo datos jerárquicos (es decir, en forma de árbol). En este caso, en lugar de utilizar un separador de filas y otro de columnas, este tipo de archivo utilizará etiquetas para encerrar los datos. XML (por *eXtensible Markup Language*) nació en los años 90 y propone describir los datos mediante etiquetas que se encierran entre ángulos c(< y >). El principio es muy sencillo: cada etiqueta <ETIQUETA> que encierre datos, debe terminar con su equivalente de cierre (con una barra /) </ETIQUETA>.

Por lo tanto, es posible encapsular etiquetas sin fin, y también es posible crear atributos para cada etiqueta (véase más abajo cómo la etiqueta <familia> tiene un atributo nombre con el valor "mi familia").

```
<?xml version="1.0" encoding="UTF-8"?>
<familia nombre="mi familia">
    <persona>
```

```
        <apellido>Cayla</apellido>
        <nombre>Pedro</nombre>
        <telefono>+34 623 ...</telefono>
        <telefono>+34 647 ...</telefono>
        <telefono>+34 728 ...</telefono>
    </persona>
    <persona>
        <apellido>Cayla</apellido>
        <nombre>Flor</nombre>
    </persona>
</familia>
```

Cada etiqueta se denomina nodo y cada nodo puede tener otros nodos y atributos, lo que ofrece infinitas posibilidades para almacenar información.

Dado que la estructura de los archivos puede variar completamente de unos a otros, es especialmente importante poder describir su gramática. Esta era la función original de los archivos **DTD** (*Document Type Definition*), pero desde 2001 (W3C) utilizamos su sucesor, XML Schema (extensión **XSD**). Estos archivos describen la estructura del árbol de almacenamiento.

He aquí un ejemplo de archivo XSD para el archivo XML anterior:

```
<?xml version="1.0" encoding="utf-8"?>
<xs:schema attributeFormDefault="unqualified"
elementFormDefault="qualified"
xmlns:xs="http://www.w3.org/2001/XMLSchema">
  <xs:element name="familia">
    <xs:complexType>
      <xs:sequence>
        <xs:element maxOccurs="unbounded" name="persona">
          <xs:complexType mixed="true">
            <xs:sequence>
              <xs:element name="apellido" type="xs:string" />
              <xs:element name="nombre" type="xs:string" />
              <xs:element minOccurs="0" maxOccurs="unbounded"
name="telefono" type="xs:string" />
            </xs:sequence>
          </xs:complexType>
        </xs:element>
      </xs:sequence>
      <xs:attribute name="nombre" type="xs:string" use="required" />
    </xs:complexType>
  </xs:element>
</xs:schema>
```

También puede resultar muy práctico procesar los datos directamente en el archivo (o flujo) XML. Para hacer esto, puede utilizar un pseudolenguaje o más bien una gramática (con XSL) o incluso realizar consultas directamente mediante XQuery.

También es importante entender la noción de **Parser** con XML. Si un archivo XML se puede ver como un árbol más o menos complejo, navegar por este árbol puede ser muy complicado dependiendo de la profundidad y cantidad de información. Por tanto, un parser o analizador XML es una especie de herramienta de navegación que el ordenador o el programa utilizará para navegar por el árbol XML.

Hay dos escuelas principales de analizadores sintácticos:

- El **DOM** (*Document Object Model*): cuando un programa o API utiliza este método estático, lee todo el archivo XML y lo almacena en memoria. La navegación es rápida, pero por desgracia la eficacia del método es inversamente proporcional al tamaño del archivo XML, lo que puede causar grandes problemas si se leen archivos muy grandes.
- El **SAX** (*Simple API for XML*): en lugar de cargar todo el documento XML en memoria, SAX permite capturar eventos una vez inicializado, por lo que es un método dinámico. Por ejemplo, cuando el programa necesita abrir y cerrar una etiqueta para recuperar datos específicos.

2.3 El archivo JSON

El formato JSON (*JavaScript Object Notation*) es un formato de almacenamiento e intercambio en auge en los últimos años. Sin duda debe su creciente éxito a su integración nativa en JavaScript, evitando la necesidad de un analizador externo. Pero también es muy interesante porque, al igual que sucede con XML, permite almacenar datos jerárquicos limitando drásticamente el tamaño del archivo gracias a un modo de marcado más ligero.

Por ejemplo, aquí tenemos los mismos datos que en nuestro archivo XML anterior, pero en formato JSON:

```
{
  "familia": {
    "nombre": "mi familia",
    "persona": [
      {
        "apellido": "Cayla",
        "nombre": "Pedro",
        "telefono": [ "+34 623 ...", "+34 647 ...", "+34 728 ..." ]
      },
      {
        "apellido": "Cayla",
        "nombre": "Flor"
      }
    ]
  }
}
```

Esto significa que cada nodo está encerrado entre llaves. Como en XML, un nodo puede contener otros nodos. También se puede utilizar una matriz (una sucesión de datos entre corchetes [ ]) para almacenar datos del mismo tipo. En el ejemplo anterior, el dato múltiple telefono, es una matriz. Por convención, los nombres de los nodos y los datos (excepto las matrices) van entre comillas dobles.

El formato JSON se utiliza cada vez más porque, como acabamos de ver, es muy sencillo y ligero, y porque se integra de forma nativa con JavaScript.

3. Bases de datos

¿Cómo podríamos escribir un libro sobre datos sin hablar de las bases de datos? Una base de datos sirve para almacenar y organizar un conjunto de datos o información en una única ubicación (no necesariamente física).

Hoy en día existen muchas bases de datos. Por supuesto, cuando hablamos de ellas, pensamos inmediatamente en Oracle, Microsoft SQL Server, IBM DB2, etc. Para simplificar, las primeras que nos vienen a la cabeza son las bases de datos relacionales "históricas" conocidas como **SGBD-R** (*Relational Database Management Systems* o Sistema de Gestión de Bases de Datos Relacionales).

En los últimos años, con la creciente cantidad de datos que hay que almacenar (Big Data) y la diversidad de usos, es obligatorio replantearse la forma de gestionar los datos. Han surgido nuevas formas de bases de datos para llenar los vacíos que han dejado las antiguas bases de datos relacionales. Este capítulo examina en particular las bases de datos **NoSQL**, que ofrecen nuevas formas de almacenar datos no estructurados.

En primer lugar, es importante examinar las principales familias de bases de datos.

3.1 Familias de bases de datos

Existen varias familias principales de bases de datos:

- Bases de datos ***relacionales*** (**SGBD-R**). Son las más utilizadas, y volveremos a ellas con más detalle en la siguiente sección.
- Bases de datos **jerárquicas**. Como su nombre indica, en este tipo de base de datos la información se almacena en un árbol (por tanto jerárquico), formado por nodos (cada dato) y ramas (enlaces entre dos nodos).

Este tipo de sistema impone una serie de limitaciones:

- La existencia de un nodo raíz (padre).
- Un nodo (hijo) solo puede tener un nodo padre.

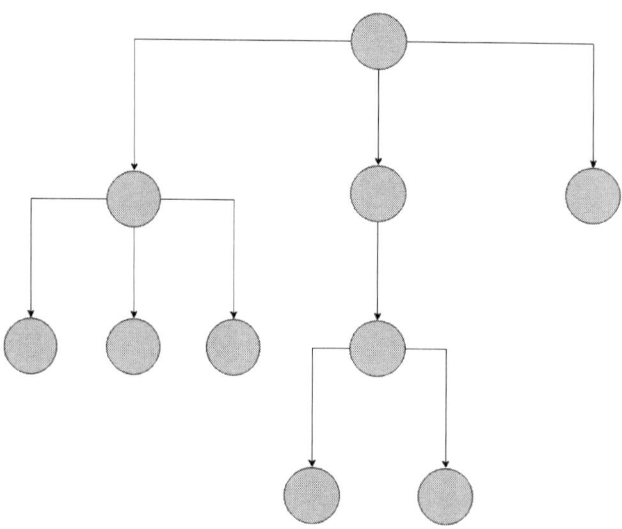

Ilustración de un modelo de datos jerárquico

- Bases de datos de **grafos** (o redes): las bases de datos de grafos superan una limitación bastante molesta de las bases de datos jerárquicas, al permitir que un nodo tenga varios hijos además de varios padres.

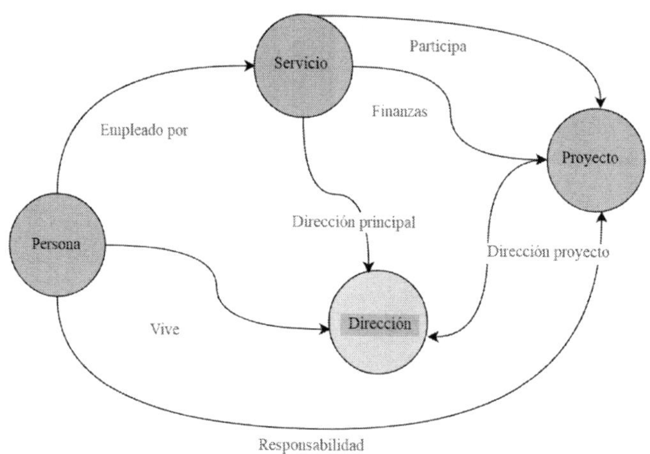

Modelo de datos de tipo grafo

Esto significa que no hay límites en las relaciones entre nodos, por lo que ya no se habla de árbol sino de grafo. El principal uso de este tipo de base de datos es para todo lo relacionado con las recomendaciones.

- Bases de datos de **objetos**. Los modelos de bases de datos orientadas a objetos, agrupan conjuntos de datos de naturaleza similar. Por tanto, cada conjunto de datos es persistente y se agrupa con todos sus atributos para formar un objeto y los objetos se vuelven a agrupar en clases. Por supuesto, cada objeto debe cumplir las tres características principales de los lenguajes orientados a objetos: polimorfismo, encapsulación y herencia.

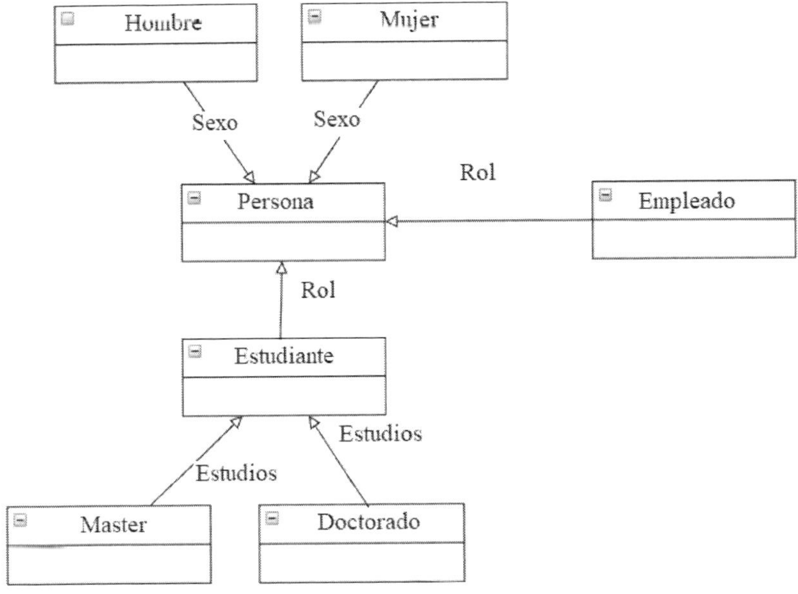

Modelo de datos de objetos

En la actualidad, el mercado sigue dominado en gran medida por los SGBD-R, pero otras familias, como las bases de datos jerárquicas, empiezan a hacerse un hueco en determinadas aplicaciones (normalmente para modelizar los datos de nomenclatura o datos organizativos).

3.2 Modelización

Una base de datos relacional impone la noción fundamental de modelización. La modelización es la forma de organizar los datos, que luego permitirá acceder a los contenidos en la base de datos. Es la estructura física que permitirá organizar la información almacenada.

Esto se conoce como modelo de datos.

3.2.1 Enfoque de modelización

Por lo que respecta al enfoque de modelización, el método MERISE (Método de Estudio y Realización Informática para los Sistemas Empresariales) es un método francés que hoy en día se sigue utilizando especialmente en la industria. Permite traducir en una descripción física las distintas entidades y relaciones que componen el sistema de datos que se va a modelizar.

Este método consta de varias etapas, que parten de una especificación funcional y conducen a la creación de una base de datos. Existen varios modelos, pero aquí solo presentaremos los tres más utilizados, que dividen la metodología en tres niveles (conceptual, lógico y físico). Cada uno de estos modelos se deriva del anterior en la metodología:

1. El **MCD** (Modelo Conceptual de Datos): es una representación gráfica que describe las distintas entidades y sus relaciones. Generalmente, los usuarios proporcionan el MCD para describir sus necesidades de almacenamiento de datos. Se trata, por tanto, de una especificación funcional de los datos que la base de datos no puede utilizar tal cual.

2. El **MLD** (Modelo Lógico de Datos) es el vínculo entre el MCD y el MPD. También es independiente del hardware y el software y de alguna forma es una representación textual del MCD.

3. El **MPD** (Modelo Físico de Datos) es la traducción técnica del MCD. Describe cómo se almacenan técnicamente los datos en el sistema. Este modelo se puede obtener en su totalidad utilizando las reglas definidas en MERISE, basadas en el MCD.

3.2.2 Tipos de modelización

Existen varios tipos de modelos, los principales de los cuales son:

- Modelos **relacionales** (los más comunes): formados por tablas vinculadas. Los datos se organizan en estas tablas en forma de registros (filas) y campos (columnas). En cada tabla es posible definir elementos/campos clave que garanticen la unicidad de una fila (todos los campos) de información. Esto se conoce como clave primaria (PK o *Primary Key*), y puede estar formada por uno o varios campos de la tabla. También es posible definir claves externas (FK o *Foreign Key*) que se utilizan para enlazar una tabla con otra.

  La modelización suele ir acompañada de reglas conocidas como **formas normales** (o FN), que garantizan la normalización del almacenamiento.

  Estas formas normales se pueden considerar leyes de modelización acumulativas en el mundo relacional:
  - **1FN**: una tabla tiene campos con valores atómicos (es decir, no son campos compuestos).
  - **2FN**: un atributo (que no forma parte de la clave) no debe depender de una parte de la clave, sino de toda ella.
  - **3FN**: todos los atributos que no son clave dependen de ella.

En realidad, hay más formas normales (hasta 6), pero en la práctica solo se exige el cumplimiento hasta la tercera.

También existen otros modelos como:

- Modelos **entidad-relación**: es una forma de describir un modelo lógico de datos con entidades (sujetos) y enlaces. Este tipo de modelización forma parte integrante de la metodología Merise y sigue siendo el más común hoy en día.
- Modelos de **objetos**: en este tipo de modelos, basados en los principios de la programación de objetos, los datos o la información se organizan en clases (con atributos y métodos).
- Modelos **jerárquicos**: como su nombre indica, un modelo jerárquico organiza sus datos en una estructura de árbol en la que cada nodo (o dato) solo tiene un padre.

- Modelos de **red**: este tipo de modelo es una extensión de los modelos jerárquicos, ya que permite que un nodo tenga varios padres.
- Modelos de **grafos**: es otra extensión de los modelos de redes, en los que todos los nodos pueden estar interconectados.
- Modelos **en estrella**: los esquemas en estrella (o *Star Schemas*) se utilizan ampliamente en el mundo decisional (en los Data Marts) para proporcionar amplias capacidades de navegación multidimensional al recuperar datos. Este tipo de modelización es otra forma de utilizar las capacidades relacionales obviando ciertas reglas (como las formas normales), para ofrecer un mejor rendimiento. De manera clásica, se utiliza una tabla central, denominada tabla de hechos, a la que se vincula un determinado número de dimensiones. Estas dimensiones son los ejes de análisis (a menudo datos categóricos) y la tabla de hechos que contiene los datos continuos.

3.3 Integridad referencial

La noción de restricción de integridad referencial es un concepto con el que nos encontramos muy a menudo, porque está muy arraigado en los mecanismos subyacentes de las bases de datos relacionales. Dicho de otro modo, las restricciones de integridad referencial son mecanismos internos que permiten a los SGBR-R proteger las relaciones en una base de datos: en otras palabras, garantizar que los vínculos entre tablas sean coherentes y válidos. Se trata de una característica muy importante, sobre todo cuando se quieren eliminar datos vinculados por varias tablas. La cuestión aquí es: ¿se deben borrar todos los datos dependientes, o simplemente se debe prohibir el borrado? En cualquier caso, las restricciones de integridad referencial prohíben el borrado parcial de datos, evitando así la existencia de datos huérfanos y, por tanto, incoherentes.

Estas restricciones las añade la persona que modela la base de datos pero, por supuesto, en cuanto se añaden claves extranjeras, lógicamente este tipo de restricciones se añaden automáticamente. En realidad, las restricciones de integridad referencial comprueban la existencia de claves primarias adyacentes cada vez que se hace una referencia (supresión, adición, modificación) a una clave extranjera.

Imagine que tiene dos tablas, Factura y Proveedor, vinculadas entre sí por una clave externa (ID_PROVEEDOR en la tabla Factura, que hace referencia al proveedor). ¿Qué ocurre si desea eliminar un proveedor (ID_PROVEEDOR = X)? La restricción de integridad referencial le impedirá hacerlo porque hay facturas que hacen referencia a él. Antes de eliminar el proveedor, deberá eliminar o reasignar todas las facturas correspondientes.

La mayoría de las bases de datos relacionales ofrecen técnicas de actualización en cascada. En nuestro ejemplo, esto permite actualizar las tablas dependientes (siguiendo el hilo de las restricciones de integridad referencial). En el ejemplo anterior, borrar al proveedor significa borrar primero todas sus facturas. Esto puede parecer práctico, pero también es peligroso y se debe evitar.

3.4 Indexación de datos

Por su propia naturaleza, la indexación es un tema que no se limita a las bases de datos. Sin embargo, es sin duda en ellas donde este concepto se utiliza más a menudo para mejorar el rendimiento de los accesos. El principio de la indexación es simple, pero no por ello deja de ser fundamental, ya que la existencia de índices acelera la búsqueda de datos. Los índices también están relacionados con el volumen de datos. Como en un libro, un índice permite ir directamente a un lugar concreto (un capítulo del libro) sin tener que leerlo entero. De hecho, no hay necesidad de índices si los volúmenes son bajos.

Un índice permite marcar las ubicaciones de los datos para poder acceder a ellos más rápidamente.

3.4.1 Principio de funcionamiento

Un índice se puede ver como un vector (una tabla de una sola columna) que almacena identificadores de datos en el orden requerido.

Tomemos un ejemplo sencillo, como una tabla que contenga planetas con alguna información, como su diámetro. Imaginemos que necesitamos hallar el diámetro del planeta Urano.

Sin un índice, la base de datos tendrá que recorrer todos los registros secuencialmente hasta encontrar el correcto:

Lectura de la tabla secuencialmente (5 lecturas de líneas)

ID	Nombre	Diámetro (km)
1	Venus	1200
2	Marte	6400
3	Mercurio	4800
4	Júpiter	142000
5	***Uranio***	***51300***
6	Neptuno	50000
7	Plutón	2800

Consulta secuencial de tablas sin índice (fullscan)

En este caso, la base de datos tendrá que leer exactamente cinco registros (filas) para poder devolver la respuesta (en este caso 51.300 km).

Suponiendo que el diseñador de la base de datos haya creado un índice sobre el nombre del planeta, la base de datos, en lugar de navegar por los registros de la tabla, navegará por la tabla del índice utilizando una búsqueda dicotómica. En nuestro ejemplo anterior, tenemos tres pasos:

1. Crear el índice (tabla o vector). Se ordena la columna Nombre del planeta y se recuperan sus identificadores para poder acceder posteriormente a la información en la tabla que contiene los datos.

2. Por dicotomía, cortamos la tabla de índices en dos partes iguales y nos fijamos en el valor mediano (en este caso Neptuno). Este no es el nombre del planeta que buscamos (Urano), y lo que es más interesante, Urano que empieza por U debe ir después de Neptuno (que empieza por N). Por tanto, podemos ignorar el primer bloque del índice (antes de Neptuno).

3. Cortamos el bloque índice restante por la mitad (y así sucesivamente), hasta encontrar los datos que buscamos. Justo a tiempo, aquí encontramos Urano. Ahora podemos utilizar la clave (ID=5) para encontrar el registro correcto en la tabla de datos.

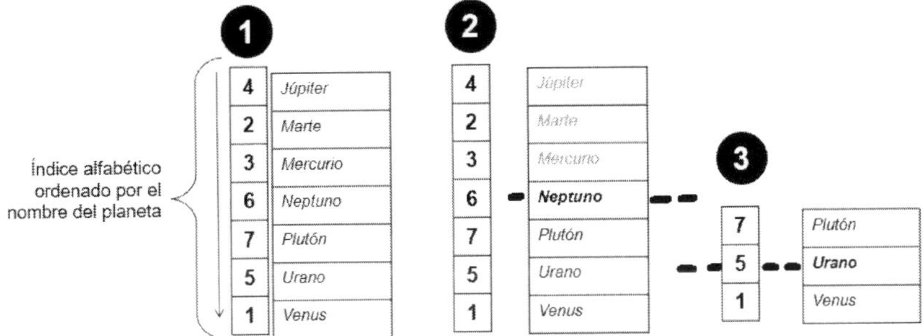

Principio de indexación

Evidentemente, gracias a la indexación, no ha sido necesario recorrer la tabla de datos. En su lugar, leyendo dos veces la tabla de índices, hemos podido encontrar y acceder a la información correcta. Así que es una muy buena idea crear índices en estas columnas para acelerar el acceso y evitar tener que escanear toda la tabla, antes de encontrar los datos correctos ("Tabla Full scan").

Los índices (bien situados) ofrecen una serie de ventajas:

- Naturalmente, agilizan el acceso a los datos, de forma totalmente transparente para el usuario.
- También pueden evitar la creación de duplicados.
- Son ligeros (solo son vectores).

Por otra parte, toda optimización tiene un coste. El principal de los índices es que hay que mantenerlos o incluso volver a crearlos. Y esto tiene obviamente un impacto significativo cuando se insertan, borran o modifican datos indexados. Por lo tanto, los índices tienen un impacto en términos de rendimiento de actualización, lo que significa que es importante crearlos correctamente y evitar, por ejemplo, colocarlos en campos sujetos a actualizaciones frecuentes.

Otro coste importante: un índice, aunque es más ligero que una tabla, ocupa espacio en la base de datos. Así que este es otro criterio a tener en cuenta.

3.4.2 Creación de índices

Los índices se pueden crear mediante un comando SQL estándar:

```
CREATE INDEX nombre_índice
ON nombre_de_tabla ( lista_campos )
```

Observación

Tenga en cuenta que es posible crear índices vinculados a varias columnas o campos (lista_campos).

Ejemplo:

```
CREATE INDEX NOMBRE_INDICE
ON PLANETAS (NOMBRE, DIAMETRO)
```

Observación

Tenga en cuenta que las claves primarias (PK) están indexadas por defecto.

3.4.3 Tipos de índices

La estructura más habitual para almacenar índices es la estructura en árbol (**B-tree**). Dispuesta de esta forma, la navegación por los índices es mucho más rápida.

Sin embargo, hay otras formas de organizarlos:

- Estructura en **bitmaps**: el índice es una simple tabla que indica, para cada posible valor de campo, la lista de registros con ese valor.
- Mediante tablas **hash**.

4. Bases de datos relacionales (SGBD-R)

4.1 Lenguaje SQL

El lenguaje **SQL** (*Structured Query Language*) es el lenguaje normalizado para consultar y actualizar datos en una base de datos relacional. Su primera versión data de 1970 (IBM), y es justo decir que este lenguaje se ha convertido en la referencia para el acceso a los datos. Tanto es así que incluso otros tipos de bases de datos (NoSQL, por ejemplo) se inspiran en él y, sobre todo, tratan de ofrecer un modo de consulta lo más parecido posible a SQL.

Por desgracia, es imposible hablar de SQL sin repasar los principales conceptos de conjunto inherentes a este lenguaje de consulta de datos. SQL se basa en lo que se conoce como consultas. Una consulta es un tipo de instrucción enviada a la base de datos que permite al usuario preguntarle o comunicarse con ella.

Observación

Tenga cuidado, porque el lenguaje SQL ha evolucionado y cambiado mucho desde su creación. Algunas veces estos cambios afectan a pequeños detalles y otras incluso difieren en función del SGBR-R. Debe saber que, oficialmente, se han introducido varios estándares (SQL-1, SQL-2, etc.), que también presentan diferencias significativas.

El lenguaje SQL tiene tres tipos principales de sentencias:

- **LMD** (Lenguaje de Manipulación de Datos), que se utiliza para consultar datos. Este lenguaje permite actuar directamente sobre los datos almacenados.
- El **LDD** o **DDL** (Lenguaje de Definición de Datos) se utiliza para controlar los datos y crear/modificar/eliminar las estructuras físicas de la base de datos, como índices/tablas, etc.
- Y **LCD** (Lenguaje de Control de Datos) para gestionar usuarios/grupos y permisos.

4.2 LMD / SQL

El objetivo aquí no es examinar en detalle todas las facetas de SQL. No obstante, LMD es realmente un lenguaje fundamental para la consulta de datos. Resulta especialmente interesante porque permite abordar los datos de una forma basada en conjuntos, en lugar de atómica. Por supuesto, este lenguaje se basa en el MPD (Modelo Físico de Datos) y le permitirá consultar los datos de una o varias tablas describiendo los vínculos funcionales.

En este capítulo, echaremos un vistazo rápido a este lenguaje, sin pretender ofrecer un curso sobre SQL, pero sí lo suficiente para ofrecer una guía de referencia rápida sobre los fundamentos de este lenguaje esencial en el mundo de los datos. Cada elemento de este lenguaje se basa en comandos y cada comando se basa a su vez en lo que se conoce como álgebra relacional.

Estas son las cuatro operaciones básicas de manipulación de datos: SELECT, INSERT, UPDATE y DELETE. Estas operaciones fundamentales se agrupan bajo el acrónimo **CRUD** de *Create* (crear), *Read* (leer), *Update* (actualizar) y *Delete* (eliminar).

4.2.1 El comando SELECT

El comando SELECT realiza operaciones de selección (lectura) de datos de una o varias tablas relacionales por proyección.

Esta es su sintaxis:

```
SELECT [ALL] | [DISTINCT] <lista de nombres de columnas> | *
FROM <lista de tablas>
 WHERE <condición lógica 1> ]
 [ AND <condición lógica 2, 3, ...>
 [ GROUP BY <lista de nombres de columnas> ]
 [ HAVING <lista de nombres de columnas> ]
 [ ORDER BY <lista de nombres de columnas> ];
```

Este comando ofrece varias opciones:

- [ALL] (opción por defecto) selecciona todas las líneas que cumplen la condición lógica.
- La opción [DISTINCT] (a diferencia de la opción ALL) se utiliza para eliminar los duplicados y conservar solo las líneas distintas.
- La <lista de nombres de columnas> indica la lista de columnas que se deben recuperar. Están separadas por comas. También puede utilizar el carácter * para seleccionar todas las columnas.
- La lista de tablas indica todas las tablas (separadas por comas) sobre las que se realiza la operación. Se les puede asignar un alias en la cláusula FROM para evitar volver a introducir los nombres de las tablas cuando sean demasiado grandes, por ejemplo.
- La condición lógica WHERE se utiliza para expresar filtros en las líneas utilizando operadores lógicos y comparadores aritméticos. Cuando hay varios filtros, se utiliza WHERE para la primera cláusula, seguida de la palabra clave AND.
- La condición GROUP BY se utiliza para crear subgrupos dentro de la selección.
- La cláusula HAVING se utiliza para agregar subgrupos (GROUP BY).
- La cláusula ORDER BY se utiliza para ordenar por columna(s).

Pongamos un ejemplo concreto. Imaginemos que tenemos un MDP en el que dos tablas, PEDIDO y CLIENTE, están vinculadas a través de la clave CLIENTE_ID. Estas dos tablas nos permiten almacenar todos los pedidos con su referencia de cliente sin tener información duplicada (un pedido solo está vinculado a un cliente).

Para recuperar todos los pedidos con toda la información del cliente, pero solo para Madrid, introduzca la siguiente consulta:

```
SELECT PEDIDO.*, A.*
FROM PEDIDO, CLIENTE A
WHERE PEDIDO.CLIENTE_ID = A.CLIENTE_ID
AND A.Ciudad = 'Madrid'
```

Observación

Observe en la sintaxis que hemos utilizado el alias A para la tabla de clientes.

4.2.2 La cláusula UPDATE

La cláusula UPDATE se utiliza para actualizar un conjunto de filas (registros) de una tabla.

```
UPDATE <Tabla>
SET <columna1> = valor1, <columna2> = valor2...., <columnaN> = valorN
[WHERE <condición lógica 1>, ... ];
```

La condición de filtro (where) se utiliza para seleccionar solo las filas/registros que se van a actualizar.

4.2.3 La cláusula INSERT

La cláusula Insert se utiliza para crear un nuevo registro en una tabla.

```
INSERT INTO <Tabla> (columna1, columna2, columna3,...columnaN)
VALUES (valor1, valor2, valor3,...valorN);
```

Tenga cuidado con el orden de las columnas y valores en las directivas: deben coincidir exactamente y en el orden correcto. En pocas palabras, los pares columna1/valor1 deben ir en parejas.

4.2.4 La cláusula DELETE

Por último, en las cláusulas que actualizan o seleccionan datos, se utiliza la cláusula DELETE para eliminar registros:

```
DELETE FROM <Tabla>
[WHERE <condición lógica 1>, ... ];
```

4.2.5 Operaciones con conjuntos: uniones

Un punto importante que hay que entender cuando se realizan operaciones de conjunto con datos, es la noción de unión o join. Una unión es la forma de enlazar dos conjuntos de datos (en el contexto de SQL, por supuesto, hablamos de tablas).

Existen varios tipos de uniones o joins, los más importantes de los cuales están cubiertos por la norma SQL 92 o SQL-2.

Observación

La norma SQL-2 (ISO/CEI 9075:1992) define el estándar del lenguaje SQL y, aunque le han seguido otras actualizaciones (SQL-3, SQL2008, etc.), esta versión sigue siendo la más respetada por los fabricantes de software del mercado.

Descripción	Ilustración	Ejemplo / SQL
La unión estricta	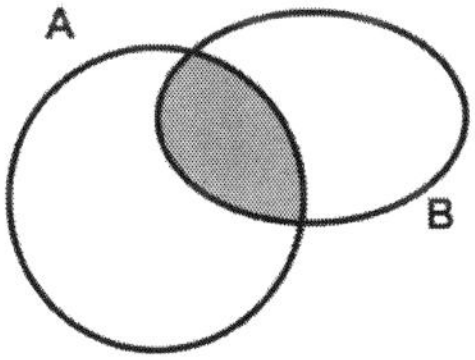 A B	SELECT <Columnas> FROM A INNER JOIN B ON A.Clave = B.Clave
El right join	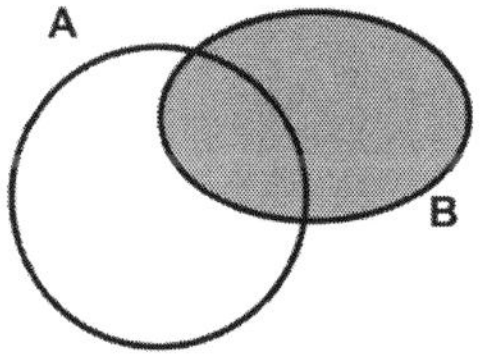 A B	SELECT <Columnas> FROM A RIGHT JOIN B ON A.Clave = B.Clave
El left join	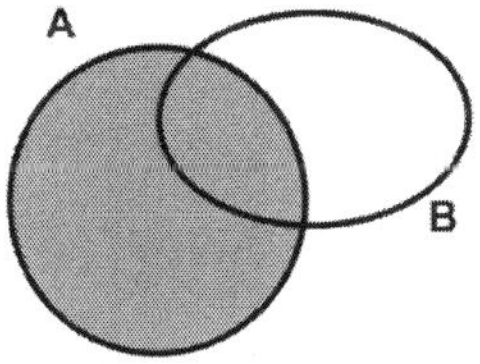 A B	SELECT <Columnas> FROM A LEFT JOIN B ON A.Clave = B.Clave
La unión externa completa	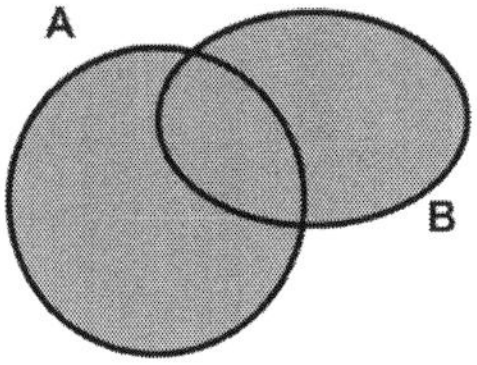 A B	SELECT <Columnas> FROM A FULL OUTER JOIN B ON A.Clave = B.Clave

4.2.6 Operaciones con conjuntos: unión

La operación UNION permite unir dos conjuntos de datos (dos tablas o consultas) con estructuras idénticas. Por eso es importante que tengan exactamente el mismo número de columnas, con los mismos nombres y del mismo tipo.

La sintaxis es bastante sencilla:

```
SELECT <nombre_columna(s)> FROM <tabla1>
UNION
SELECT <nombre_columna(s)> FROM <tabla2>;
```

¿Cuál es la diferencia entre una unión externa completa y una operación UNION?

Si se observa más de cerca, la diferencia es bastante llamativa. Las uniones externas se utilizan para combinar columnas (no tienen por qué tener la misma estructura) y aumentar así la amplitud de los datos, mientras que las uniones se utilizan para combinar filas y aumentar la cantidad de los datos (más filas/registros).

4.3 Transacciones

Las transacciones son un componente vital de las bases de datos, ya que garantizan que un conjunto de operaciones solo se pueda ejecutar y validar como un todo y nunca por separado.

Por tanto, una transacción es una unidad lógica y atómica (véase Criterios ACID) de ejecución que contiene un conjunto de instrucciones unitarias (SQL).

Los resultados del conjunto de instrucciones de una transacción pueden ser:

- todo validado (aplicado a la base de datos) -> **COMMIT**
- todo cancelado (cancelado por la base de datos) **-> ROLLBACK**

Por supuesto, las transacciones se utilizan mucho porque no es habitual que una sola ejecución SQL pueda realizar todas las operaciones necesarias para cubrir un caso de negocio. Por desgracia, la gestión de (múltiples) transacciones conlleva otros problemas, como es natural. El tiempo de ejecución con todas estas instrucciones es inevitablemente más largo, pero sobre todo está la cuestión de ejecutar varias transacciones en paralelo. Entonces, ¿cómo gestionar los conflictos de lectura/escritura con otras transacciones que se estén ejecutando en ese momento?

Características de una transacción

La norma SQL resuelve el problema del paralelismo definiendo varias características para cada transacción, entre las que el usuario debe elegir:

- Modo de acceso
  - **READ ONLY**: las nuevas transacciones se definen en modo solo lectura.
  - **READ WRITE**: las nuevas transacciones se definen en modo lectura/escritura.
- El nivel de aislamiento
  - **READ UNCOMMITTED**: este es el nivel más bajo de aislamiento (casi inexistente). Una transacción puede recuperar modificaciones que aún no han sido confirmadas ("cometidas"). Esto permite lecturas incorrectas (en el sentido de que pueden no estar validadas).
  - **READ COMMITED**: cuando se ejecuta una transacción con este nivel de aislamiento, los datos que se recuperan son los que se han persistido antes del inicio de la consulta (SELECT). Esto significa que los datos que no se han persistido o los cambios que lo han sido durante la ejecución de la consulta por otras transacciones simultáneas, nunca se ven.
  - **REPEATABLE READ**: este nivel garantiza que las lecturas realizadas por una consulta SELECT no se modificarán, a menos que la SELECT contenga una cláusula WHERE que permita seleccionar un rango de datos.
  - **SERIALIZABLE**: es el nivel más estricto y seguro. Garantiza una independencia perfecta entre todas las transacciones.

– Un nivel de diagnóstico (esta opción limita el número de errores en la transacción).

```
SET [LOCAL] TRANSACTION [READ ONLY | READ WRITE]
[ISOLATION LEVEL {READ COMMITTED | READ UNCOMMITTED |
REPEATABLE READ | SERIALIZABLE} ]
[DIAGNOSTIC SIZE int]
```

Criterios A.C.I.D. para una transacción

Detrás del acrónimo **A.C.I.D.** (**Atomicity**, **Consistency**, **Isolation**, **Durability**), creado por Andreas Reuter y Theo Härder en 1983, se esconden unos criterios estrictos para determinar la calidad de la gestión de las transacciones sobre los datos gestionados por un sistema.

Atomicidad	Este criterio exige que una transacción consista en un conjunto de instrucciones con un resultado binario. Debe ejecutarse en su totalidad o no hacer nada (si una de las instrucciones no se ejecuta, el conjunto se debe cancelar y la transacción debe volver a su estado inicial).
Coherencia	El sistema de gestión de datos debe garantizar que cada transacción comienza y termina en un estado válido.
Aislamiento	Cada transacción del sistema se ejecuta como si fuera independiente, y no debe haber dependencias entre transacciones.
Durabilidad	Una vez validados, los resultados de las transacciones quedan registrados de forma permanente (incluso en caso de fallo).

5. Sistemas OLTP y OLAP

Es imposible no mencionar los sistemas **OLTP** (*OnLine Transaction Processing*). Este tipo de sistemas de gestión de datos es capaz de manejar aplicaciones orientadas a las transacciones (entrada de pedidos, transacciones financieras, gestión de relaciones con los clientes (CRM) y ventas al por menor).

Hablamos de sistemas operacionales.

Estos sistemas están diseñados para gestionar datos operativos a través de transacciones y suelen tener las siguientes características:

- Gestión de pequeños conjuntos de datos.
- Indexación en el acceso a los datos.
- Un gran número de usuarios/peticiones.
- Muchas peticiones (CRUD).
- Una exigencia en términos de tiempo de respuesta.
- Grandes volúmenes de datos.

Este tipo de sistemas se suele contraponer al tratamiento OLAP (*Decisional/ OnLine Analytical Processing*): este último, por ejemplo, consiste en consultar numerosos registros (a veces incluso todos) de una base de datos, con fines analíticos.

Además, aunque se puede utilizar la misma base de datos para ambos fines, la forma de modelarla debe ser diferente:

- **OLTP** -> Modelización relacional
- **OLAP** -> Modelización en estrella

6. Sistema distribuido y teorema CAP

Este teorema CAP se deriva de la observación empíricamente demostrada por Eric Brower de que, en un momento dado, es imposible que un sistema de gestión de datos que funcione como un clúster (funcionamiento distribuido), cumpla las tres restricciones siguientes:

Criterios CAP

- **Coherencia**: este criterio certifica que todos los componentes del sistema de gestión de datos contienen exactamente los mismos datos al mismo tiempo.
- **Disponibilidad**: se trata de un criterio sencillo que garantiza que todas las peticiones reciban una respuesta.
- **Tolerancia a la fragmentación**: en un sistema que funciona con varios nodos (cluster), este criterio exige que los datos, si están fragmentados (repartidos en varios nodos), se deben poder reconstituir en cualquier momento, incluso en caso de fallo de uno de los elementos/nodos.

Los estudios de Eric Bower también demostraron que es posible cumplir un máximo de dos restricciones (en un momento dado), pero nunca las tres. Esto impone ciertos compromisos.

CAP son las siglas deConsistency, Availability and Partition tolerance.

Este teorema repercutirá en los tipos de bases de datos orientadas a clusters, que estudiaremos a continuación. En concreto, este teorema influye en la arquitectura técnica y, en consecuencia, en el sistema de gestión de bases de datos subyacente.

Existen dos tipos principales de arquitectura distribuida:

- Arquitecturas **maestro-esclavo** (como HDFS), que hacen especial hincapié en la coherencia y la disponibilidad. En este tipo de arquitectura, el servidor maestro distribuye los datos a los demás servidores, conocidos como esclavos.
- Arquitecturas **sin maestro**. En este tipo de arquitectura, todos los servidores están al mismo nivel y distribuyen los datos según parámetros predefinidos. Por supuesto, esto implica mecanismos de distribución y replicación bastante complejos, pero permite centrarse en la disponibilidad y la resistencia a la fragmentación.

7. Bases de datos NoSQL

Durante la década de 2010, debido a una sobreabundancia ineludible de datos, y también a la diversidad de estructuras de datos por explotar, en algunos casos las bases de datos alcanzaron muy rápidamente sus límites. De esta desviación surgirá un nuevo paradigma que redistribuirá los criterios CAP al tiempo que aglutinará una serie de iniciativas en torno a los datos. Por tanto, hay que tomar ciertas decisiones y proponer soluciones que respondan a la demanda de disponibilidad, a costa de mantener la coherencia (véase Teorema CAP). En este momento, es cuando las llamadas bases de datos **NoSQL** (de Not Only SQL o no solo SQL) hacen su aparición.

Estos nuevos sistemas de gestión de datos ponen en entredicho algunos conceptos y principios bien asentados de las bases de datos tradicionales, como las propiedades ACID. Todo ello con un objetivo concreto: gestionar grandes (muy grandes) volúmenes de datos de todo tipo.

Contrariamente a ciertas ideas preconcebidas, esta tendencia NoSQL no se opone a las bases de datos relacionales. Al contrario, completa las lagunas dejadas por estas últimas en los otros dos aspectos del teorema CAP (tolerancia a la fragmentación y disponibilidad), en detrimento, claro está, de la coherencia.

He aquí algunos ejemplos de aplicaciones NoSQL:

- Apache Cassandra (Columna)
- MongoDB (Documento)
- AWS Dynamo, Azure Cosmos DB (Clave-valor)
- Apache HBase (Columna)
- Neo4J (Grafo)
- Etc.

A continuación, se resumen las principales diferencias entre SGBDR-R y SGBD NoSQL:

	SGBD-R	**SGBD NoSQL**
Estructura	Relacional	No relacional
Transacción	Sí	No
Volumen	De bajo a alto	Fuerte y extremo
Modelado	Merise/MPD	Sin modelado
Joins	Sí	No
Lenguaje	Lenguaje de consulta estructurado y normalizado (SQL) Modelo de datos predefinido	Esquemas dinámicos para datos no estructurados
Escalabilidad	Verticalmente	Horizontalmente (clúster de servidores)
Estructuras básicas	Estructuras/Tablas, diagrama	Sin estructurar Sin diagramas Almacenes de documentos, valores clave, grafos o columnas ampliadas

	SGBD-R	SGBD NoSQL
Área de uso	Transacciones multilínea	Gestión de datos no estructurados como documentos o JSON

Si echamos un vistazo pragmático a estos dos tipos de bases de datos, la mayor diferencia radica en el modelado o, más bien, en su existencia o no. La ausencia de modelado en las bases de datos NoSQL permitirá almacenar cualquier tipo de datos de forma mucho más sencilla y eficaz, pero debilitará la gestión de la coherencia de los datos.

Si tuviéramos que clasificar las bases de datos NoSQL, tendríamos cuatro familias principales:

Familias de bases de datos NoSQL

Clave - valor	Estas bases de datos indexan los datos mediante una clave y el valor puede ser de cualquier tipo/naturaleza (texto, numérico, documento, blob, etc.).
Documento	En este tipo de base de datos clave-valor, el valor es un documento semiestructurado (JSON, XML, etc.).

<table>
<tr><td>Columna</td><td>Los datos se almacenan en columnas, no en filas:

<table>
<tr><th>Col 1</th><th>Col2</th></tr>
<tr><td>A</td><td>1</td></tr>
<tr><td>B</td><td>2</td></tr>
<tr><td>C</td><td>3</td></tr>
</table>

Almacenamiento en línea
Almacenamiento en columna
A, 1 | B, 2 | C, 3
A, B, C | 1, 2, 3

Bases Columnas</td></tr>
<tr><td>Grafo</td><td>Véase el capítulo sobre familias de bases de datos.</td></tr>
</table>

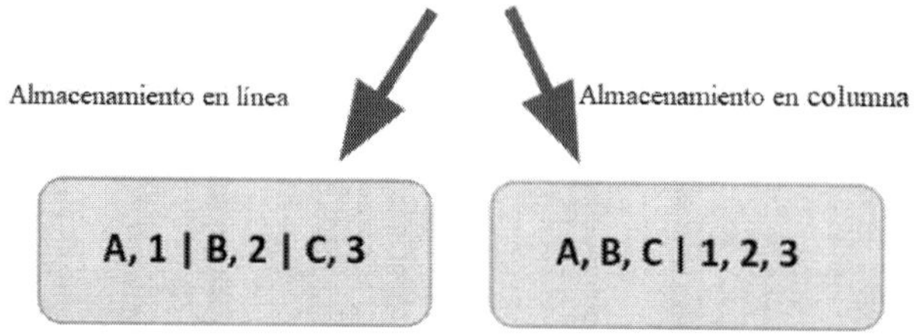

8. El Big Data

Sin duda, la verdadera limitación de las bases de datos tradicionales es la gestión de cantidades de datos muy grandes. Por ejemplo, algunos analistas se apresuran a señalar que cada día se generan alrededor de 2,5 billones de bytes de datos. Es una cantidad enorme y la cifra no deja de aumentar. Durante la década de los años 2000, empresas como Facebook y Google se tuvieron que enfrentar a este problema del Big Data para poder ofrecer más servicios con más datos que gestionar. Por lo tanto, fue necesario pensar en otras formas de gestionar los datos y proponer una alternativa a nuestras famosas bases de datos relacionales (SGBR-R). Pero, sobre todo, era importante establecer prioridades sobre lo que debía ofrecer el nuevo tipo de sistema de almacenamiento.

En la raíz de Big Data están las **3 V**.

8.1 Las 3 V

La noción de Big Data se basa en las **3 V** (un concepto introducido por Doug Laney en 2001): **volumen**, **variedad** y **velocidad**. Desde los inicios de Hadoop, esta regla ha sido la ley que deben seguir los llamados sistemas Big Data. Pero, ¿qué significan estas 3 V?

- V de **Volumen**. Esto puede parecer obvio cuando hablamos de Big Data pero, desde luego, la primera cualidad de un sistema de Big Data es ser capaz de gestionar una cantidad muy grande de datos. Esta cantidad de datos almacenados puede incluso (con toda probabilidad) seguir creciendo con el paso de los días/horas/segundos. En la actualidad, la cantidad de datos en el mundo se estima en varias decenas de zettabytes o, lo que es lo mismo, varios miles de millones de terabytes. Y, por supuesto, esto es solo el principio.
- V de **Variedad**. Esta es una de las características de los sistemas Big Data. Ya no nos limitamos a los datos estructurados. Cada vez es más importante ser capaz de procesar todo tipo de información, estructurada o no. Desgraciadamente, a menudo estos datos son difíciles de utilizar por sí mismos y, dado su enorme volumen, es habitual que no sea posible analizarlos manualmente.
- V de **Velocidad**. Al mismo tiempo que debemos ser capaces de gestionar multitud de formatos y tipos de datos, también debemos ser capaces de recibir y actualizar esta información en tiempo real, para poder analizarla con rapidez.

Aunque las 3V están en cierta medida en el origen de las especificaciones de esta nueva forma de gestionar datos de gran volumen (Big Data), se pueden añadir otras V para enriquecer y definir mejor los nuevos requisitos fundamentales.

Este es el caso de las V que se enumeran a continuación, que podemos encontrar regularmente:

- La V de Veracidad: este requisito indica claramente que los datos deben ser de buena calidad y confiables.

- La V de Valor: los datos almacenados deben ser de interés y, por tanto, aportar un valor real. Frente a la creciente sobreabundancia de los sistemas Big Data, ya no se trata de almacenar por almacenar.
- La V de Visualización: los datos deben estar disponibles para que se puedan visualizar.

8.2 Hadoop

Es imposible hablar de Big Data sin mencionar Hadoop (aunque sea brevemente en este libro).

Ante todo, Hadoop es un framework de software open source (que se integró en la Apache Software Foundation en 2008). Este framework completo y autónomo, desarrollado en Java, permite almacenar y gestionar datos. Pero Hadoop no se detiene ahí. También se puede utilizar para ejecutar procesos en clusters de máquinas. En este sentido, Hadoop se puede considerar un sistema operativo de datos.

Por tanto, los retos de Hadoop son ser capaz de gestionar volúmenes muy grandes de datos de forma distribuida y, al mismo tiempo, ser capaz de gestionar los fallos de los servidores y la pérdida de datos (en los discos duros) y, sobre todo, ser capaz de distribuir de forma inteligente el procesamiento y los datos de forma dinámica en otros servidores.

Hadoop ofrece tres servicios fundamentales:

- Espacio de almacenamiento masivo para todo tipo de datos (HDFS).
- Inmensa potencia de cálculo y procesamiento (Map Reduce).
- YARN para gestionar los recursos del clúster Hadoop.

Hadoop ya está en la versión 3. Desde su primera versión 0.1 en 2006, el ecosistema y la arquitectura de la solución no han dejado de evolucionar y crecer (algunas veces demasiado rápido).

Este capítulo mostrará brevemente algunos de los elementos fundamentales de Hadoop (al menos los más utilizados, ya que la lista no es en absoluto exhaustiva):

- Para almacenamiento y gestión de datos: Hive, Apache HBase, Cassandra, Sqoop, MongoDB, etc.
- Para programación: Apache Spark, Pig.
- Para la gestión de datos en modo streaming: Apache Kafka, Apache Storm, Flume, Flink, Spark Streaming.
- También necesita herramientas de gestión de clústeres Hadoop: Apache ZooKeeper, Tez, Apache Zeppelin, Oozie, Mesos.

Vamos a echar un vistazo rápido a estos elementos de la arquitectura Hadoop, empezando por aspectos fundacionales: HDFS.

8.2.1 HDFS

El servicio de almacenamiento **HDFS** no es ni más ni menos que un sistema de gestión de archivos distribuido en varias máquinas (o nodos). La enorme ventaja de HDFS es que es totalmente extensible y escalable por naturaleza.

En terminología HDFS, encontramos los **DataNodes**, que contienen los bloques de datos, y el **NameNode**, que actúa como una especie de director de orquesta para el sistema de archivos.

NameNode	DataNode
– Contiene metadatos del clúster – No contiene datos – Gestiona DataNodes – Gestiona la replicación y las ubicaciones de los datos en los DataNodes (por defecto, un bloque se replica tres veces en tres DataNodes distintos).	– Almacenamiento efectivo de datos de clúster por bloque (por defecto, un bloque es de 128 MB) – Un DataNode puede ser una máquina o solo un disco

El NameNode es la piedra angular del sistema de archivos y su unicidad es también su talón de Aquiles. Muy a menudo, la noción de redundancia y tolerancia a fallos se gestiona a través de un segundo NameNode replicado, pero afortunadamente existen otras formas de remediar esta "debilidad".

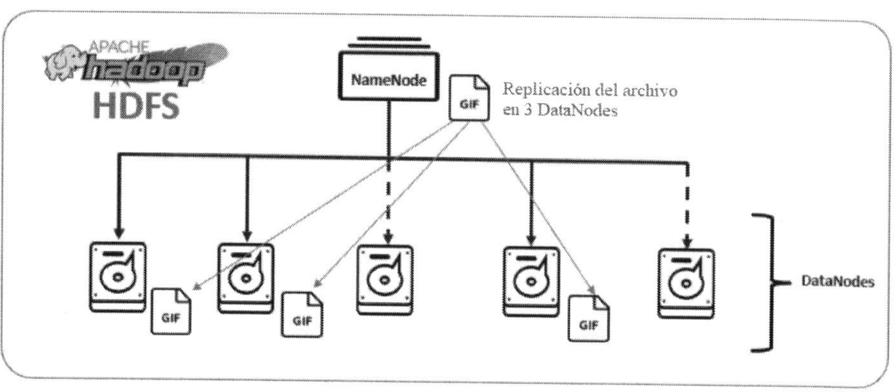

Arquitectura HDFS

Por ejemplo, en el diagrama anterior podemos ver dos limitaciones importantes debidas a la forma en que funciona HDFS:

1. Un archivo, sea cual sea su tamaño, se debe almacenar en bloques (que, por defecto, son de 128 MB). Esto significa que, por ejemplo, si un archivo tiene un tamaño de 129 MB, el NameNode pedirá que este archivo se almacene en 2 bloques (uno de 128 MB y otro de 1 MB). Puede observar rápidamente que el tamaño de los bloques tendrá un impacto directo en la cantidad de almacenamiento.

2. La replicación de datos (en 3 DataNodes por defecto) también tiene un impacto directo en el volumen de almacenamiento, ya que, si volvemos a nuestro ejemplo anterior, en realidad necesitaremos 128 x 2 x 3 MB, es decir, 768 MB de espacio disponible (en comparación con nuestro archivo inicial de 129 MB).

8.2.2 MapReduce

Además del servicio que permite el almacenamiento distribuido (HDFS), Hadoop también ofrece su contrapartida en términos de procesamiento de datos: **MapReduce**. El componente MapReduce, al igual que HDFS, existe desde los inicios de Hadoop, hasta el punto de que este servicio de paralelización del procesamiento hace un uso total de HDFS y no puede funcionar sin él.

MapReduce funciona en dos fases que, como su nombre indica, son Map y Reduce. La fase Map descompone/divide el procesamiento y lo ejecuta en nodos de clúster separados y de manera paralela. La fase Reduce agrega los datos para generar un único resultado.

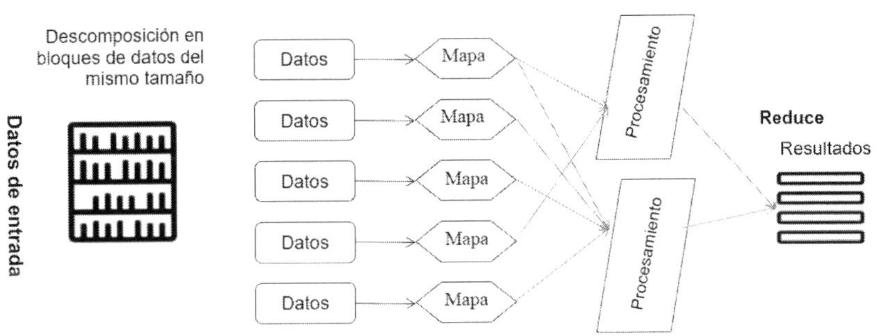

Principio de MapReduce

Como se puede ver en el diagrama anterior, además de este funcionamiento en dos fases, MapReduce también tiene otra restricción operativa: solo trabaja con datos en formato kv (k para clave y v para valor). En determinados escenarios, este modo alcanzará muy rápidamente sus límites, como es de esperar.

8.2.3 YARN

Hadoop ha recorrido un largo camino desde su creación, y ahora ofrece tres componentes principales (desde la versión 2.x): HDFS y MapReduce, que ya hemos visto, y la tecnología YARN (*Yet Another Resource Negotiator*).

Con esta versión 2 de Hadoop, YARN libera a MapReduce de su función de negociador de recursos. El impacto tiene un segundo efecto muy importante: ahora es posible utilizar una tecnología distinta de MapReduce para el procesamiento en el clúster (como Tez o Spark):

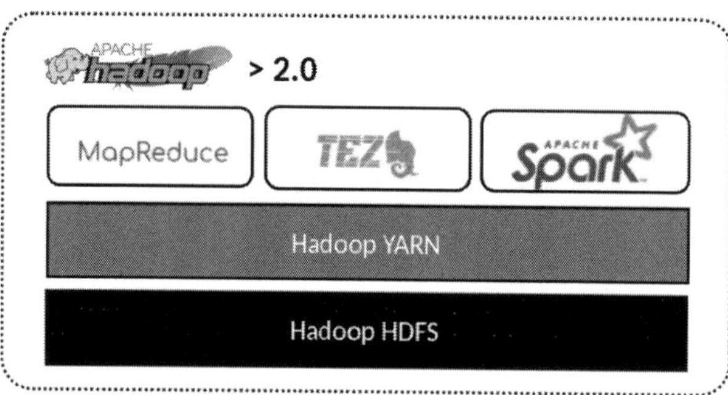

YARN

8.3 Gestión de datos con Hadoop

8.3.1 Hive

Hive es una tecnología de acceso al almacenamiento de datos HDFS con fines analíticos (Data Warehouse) en Hadoop. En cierto modo, Hive es una pasarela para acceder a los datos a través del lenguaje SQL. En otras palabras, esta tecnología hace que parezca una base de datos relacional (SGBR-R) en Hadoop/HDFS.

En realidad, Hive no almacena nada (aparte de metadatos), por lo que no es una base de datos. Facebook desarrolló Hive en su origen y hace pleno uso de HDFS para el acceso a los datos. Lo que hace que Hive sea tan popular es que ofrece un lenguaje de consulta bastante parecido a SQL (estándar ANSI-92): **HiveQL**. Uno de los puntos fuertes de HiveQL es que permite a los desarrolladores integrar funciones Map y Reduce directamente en sus consultas (UDF: User Defined Function).

8.3.2 HBase

HBase (Apache) es una base de datos NoSQL que almacena los datos en columnas en lugar de en filas, como sucede en las bases de datos relacionales.

Características:

- Base de datos NoSQL
- Almacenamiento en columnas
- Arquitectura maestro-esclavo

– Consulta: servicio REST, API Java, Shell/CLI, AVRO/THRIFT (Python, etc.)

8.3.3 Sqoop

Sqoop es una herramienta que permite gestionar transferencias de datos en Hadoop/HDFS (mediante importación/exportación) desde o hacia otra base de datos relacional.

Características:

– No es una base de datos, sino una herramienta de transporte de datos.
– Importación/exportación a bases de datos relacionales y Hadoop (HDFS/Hive/HBase).
– Permite crear Jobs de transporte y fusionar orígenes de datos.

8.3.4 Cassandra

Cassandra es una base de datos NoSQL diseñada para gestionar grandes volúmenes de datos y garantizar una alta disponibilidad.

Características:

– Base de datos NoSQL
– Almacenamiento en columnas
– Arquitectura sin maestro
– Lenguaje de consulta: CQL (*Cassandra Query Language*)

8.3.5 MongoDB

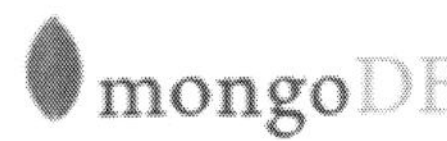

MongoDB es una base de datos diseñada para almacenar y gestionar documentos.

Características:

- Base de datos NoSQL
- Almacenamiento orientado a documentos (BSON: Binary JSON)/identificado por un UUID

8.4 Herramientas de programación

8.4.1 Pig

Apache Pig

Pig es un entorno interactivo que permite ejecutar comandos script: Pig Latin. **Pig Latin** es un lenguaje de programación declarativo de muy alto nivel (o lenguaje de abstracción) diseñado para ocultar la complejidad de MapReduce. En este sentido, es muy similar a Python, Ruby o Perl.

¿Por qué Pig? Porque necesitábamos un enfoque intermedio entre MapReduce y HiveQL/SQL para optimizar el trabajo de los analistas de datos (que no suelen ser desarrolladores). Todo ello ofreciendo el soporte necesario para realizar operaciones complejas de tipo MapReduce de manera transparente.

```
input_lines = LOAD '/tmp/my-copy-of-all-pages-on-internet' AS
(line:chararray);

-- Extract words from each line and put them into a pig bag
-- datatype, then flatten the bag to get one word on each row
words = FOREACH input_lines GENERATE FLATTEN(TOKENIZE(line)) AS
word;

-- filter out any words that are just white spaces
filtered_words = FILTER words BY word MATCHES '\\w+';

-- create a group for each word
word_groups = GROUP filtered_words BY word;

-- count the entries in each group
word_count = FOREACH word_groups GENERATE COUNT(filtered_words) AS
count, group AS word;

-- order the records by count
ordered_word_count = ORDER word_count BY count DESC;
STORE ordered_word_count INTO '/tmp/number-of-words-on-internet';
```

Wikipédia

Ejemplo de código Pig (fuente: Wikipedia)

Si situáramos el nivel de complejidad de los lenguajes en un eje, podríamos tener algo así:

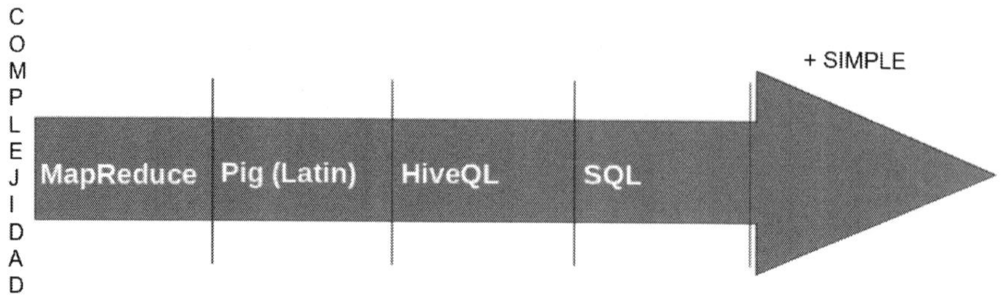

Complejidad de las consultas por lenguaje

8.4.2 Spark

Hoy en día es imposible hablar de Big Data sin hablar de **Spark**. Spark es, ante todo, un motor ultrarrápido especialmente fácil de implementar gracias a sus API. Rápido porque, a diferencia de su antecesor MapReduce, que escribe sin parar en discos distribuidos, Spark trabaja en memoria (RAM). Por tanto, Spark es un motor en memoria, lo que aumenta considerablemente el rendimiento, sobre todo cuando los volúmenes de datos no son colosales.

El proyecto Apache Spark (lanzado en 2009) es un proyecto particularmente activo, que actualmente ofrece varios módulos principales:

- Spark Core: es el componente central de Spark (planificación de tareas, ejecución, gestión de fallos, API, etc.).
- Spark Streaming: procesamiento de datos en modo streaming y en tiempo real.
- Spark SQL: ejecución de consultas SQL.
- Spark graphX: procesamiento de datos de bases de datos Graphes.
- Spark MLlib: librería de algoritmos de aprendizaje automático (de la que hablaremos más adelante).

Para operar en memoria, Spark (Core) utiliza lo que se conoce como RDDs (*Resilient Distributed Datasets*), para almacenar en caché (RAM) los datos que se procesan. Estos RDD se gestionan de forma distribuida mediante particiones lógicas que, a su vez, pueden ser enviadas para su procesamiento por los nodos de un clúster.

Observación

Para ejecutarse en un entorno Hadoop, Spark necesita YARN. Spark también se puede ejecutar en Mesos, Kubernetes y Docker.

Spark puede existir sin Hadoop, aunque todavía se utiliza mucho en este contexto. A menudo se contrapone Spark a Hadoop, lo que no tiene sentido porque, en realidad, se contrapone más bien a MapReduce.

9. Tendencias actuales

9.1 Bases de datos en la nube (Database as a Service: DBaaS)

Hoy en día es posible utilizar bases de datos a través de proveedores externos mediante servicios en la nube. Es lo que se conoce como **DBaaS** (*DataBase as a Service*).

Evidentemente, las ventajas de este tipo de uso están estrechamente ligadas a la forma de utilizar la solución:

- No requiere instalación ni mantenimiento de software/hardware (On-Premise).
- La gestión de recursos (necesidades de espacio, potencia) es más flexible y adaptable. La ganancia en flexibilidad es significativa porque el servicio lo prestan centros de datos de alto rendimiento.
- El proveedor automatiza la supervisión, administración y vigilancia de la base de datos.
- Los expertos del proveedor garantizan la seguridad.
- Los informes son automáticos y exhaustivos.

Posibles desventajas:

- Los datos se almacenan fuera de la empresa.
- En el caso de los datos confidenciales o personales (RGPD), esto puede plantear dudas e incluso problemas en función de la ubicación del centro de datos.
- En función de los contratos de servicios ofrecidos, los centros de datos pueden no estar disponibles temporalmente (por mantenimiento, etc.).

Hoy en día, existe una gran cantidad de proveedores de DbaaS, entre los que se incluyen varios tipos de actores:

- Los propios editores de soluciones de bases de datos, que ofrecen sus servicios a través de la nube (Snowflake).
- Las principales plataformas en la nube (Google, AWS, Azure, etc.).
- Actores de la nube como OVH, IONOS, etc.
- Empresas de servicios.

9.2 El MDS (Modern Data Stack)

Los servicios en la Nube (incluido DbaaS) han cambiado por completo en los últimos años el panorama arquitectónico de las empresas. No bastaba con ofrecer una base de datos en la nube, sino que había que ir más allá y ofrecer una serie de servicios para poder utilizarla casi sin problemas. Esta idea dio lugar al Modern Data Stack (o MDS). El MDS ofrece un conjunto flexible de tecnologías para almacenar, gestionar y acceder a los datos. Por supuesto, la MDS se puede contraponer con el TDS. Un TDS (*Traditional Data Stack*) suele consistir en un ecosistema Hadoop local. A continuación, es necesario acoplar los almacenes SQL, lo que los hace complejos de gestionar y utilizar.

Debido a esta complejidad, el concepto de MDS está experimentando actualmente un desarrollo impresionante. Mientras que grandes actores como Microsoft (en particular con Azure Synapse), Google (Big Query) y Amazon (Redshift) ofrecen ya muchos elementos de la pila de datos (Data Stack), asistimos a la aparición de cada vez más aspirantes como DataBricks y SnowFlake, cuyo objetivo es ofrecer una solución más sencilla y completa.

Estas soluciones ofrecen ahora los distintos componentes (Stack) necesarios para el MDS:

- Ingesta de datos
- Integración de datos (transformación)
- Almacenamiento de datos
- Gestión de datos
- El catálogo de metadatos
- Soluciones de análisis de datos

Por tanto, el objetivo de un MDS es ofrecer una solución que ayude a las empresas a ahorrar tiempo, esfuerzo y dinero. Las enormes ventajas de un MDS son la velocidad, la escalabilidad y la accesibilidad.

Capítulo 3
Integración de datos

1. Introducción

Transportar o intercambiar datos requiere la implantación de servicios y, muy a menudo, de una infraestructura específica. Pero esta última también debe responder a necesidades específicas que, a menudo, van más allá de las interconexiones. Por tanto, la fase de puesta en marcha de un proyecto de integración de datos debe ser objeto de un estudio previo en profundidad, con el fin de conocer a fondo todos los métodos de conexión y transformación que serán necesarios. En función de las necesidades de consumo y distribución de datos, así como de las limitaciones impuestas por los sistemas anteriores y posteriores, será necesario elegir el modelo de integración adecuado, o incluso varios. También será necesario manipular y transformar esta información para cambiar su forma o estado. Esta elección de solución es, por supuesto, un elemento fundamental en cualquier proyecto de datos, de ahí el propósito de este capítulo.

2. Características

Cuando se habla de integración de datos, es fácil imaginar los datos pasando por un canal que va de los emisores a los receptores. En cierto modo, este canal es la tubería que permite que los datos viajen desde sus orígenes hasta sus destinos. Y, por supuesto, como cualquier tubería, tendrá sus propias propiedades que habrá que elegir en función de la necesidad a la que se dirija. Es obvio que una necesidad de adquisición de datos en tiempo real no tendrá las mismas propiedades que un batch para nutrir un Data Warehouse.

Estas son las propiedades clave que hay que tener en cuenta:

- Sus propias características (velocidad de transmisión de datos, número de emisores, receptores, etc.)
- Arquitectura/Estructura
- Su(s) dirección(es) de uso (enlace)
- El tipo de conexión requerida (síncrona o asíncrona)
- Cómo se utiliza (lote o flujo)

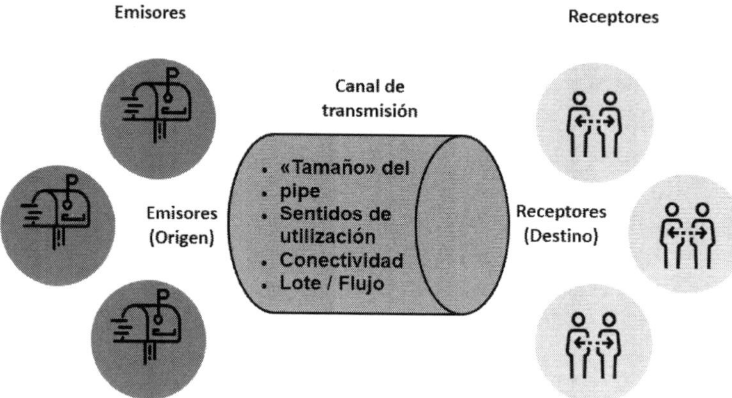

Características del canal de transmisión

También hay que tener en cuenta las limitaciones específicas del entorno. Los emisores y receptores de datos también tienen sus propias características y, por tanto, sus propias limitaciones, que se deben tener en cuenta desde el principio del proyecto de integración de datos.

También podríamos añadir nociones de nivel de servicio como el tiempo de respuesta, los requisitos de escalabilidad, la tolerancia a fallos y la gestión de la recuperación, etc. Pero centrémonos en las características clave que desempeñan un papel fundamental en la elección de la solución a implantar.

Hoy en día también oímos hablar mucho del pipeline de datos (o Data Pipeline). La imagen de un pipeline es bastante acertada y, a primera vista, se asemeja a la noción de canal que hemos visto anteriormente. Sin embargo, aunque la noción de Data Pipeline engloba efectivamente la descripción del canal de transmisión de datos, también puede incluir un cierto número de transformaciones necesarias para que los datos sean utilizables. Por tanto, el Data Pipeline se debe considerar como un medio de interconexión de datos enriquecido, que permite ingerirlos, procesarlos, prepararlos, transformarlos y gestionarlos de forma controlada y administrada.

Empecemos por examinar los fundamentos de una solución de integración de datos.

2.1 Arquitectura para la integración de datos

Al menos, existen dos tipos principales de arquitectura de integración de datos. Se distinguen principalmente por la forma en que se habilitan los intercambios entre emisores (o fuentes u orígenes) y receptores (o consumidores):

Arquitectura punto a punto (o peer to peer)

En este tipo de arquitectura de intercambio, cada emisor puede conectarse directamente para intercambiar datos con cada receptor. Por tanto, cada intercambio requiere una nueva conexión y la seguridad del intercambio se gestiona en cada una de estas conexiones. Si bien este modo no requiere a primera vista una solución específica, permite la construcción iterativa de una solución que, a menudo, será muy heterogénea. Por tanto, este tipo de arquitectura es muy sencilla de configurar, pero puede volverse rápidamente totalmente inmanejable si hay demasiados emisores-receptores. Coloquialmente esto se conoce como "Spaghetti-ware".

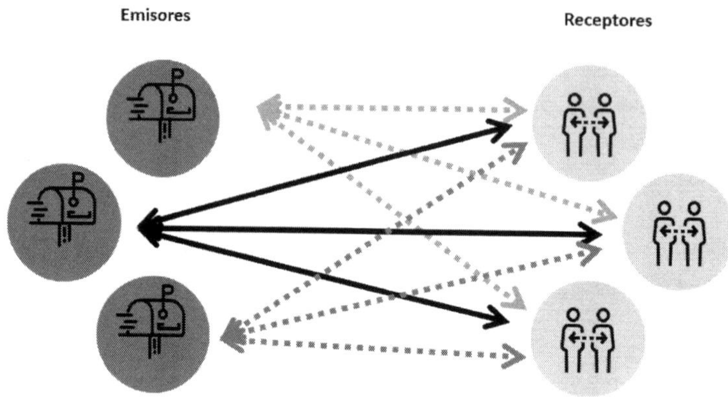

Arquitectura punto a punto

Arquitectura centralizada

Este tipo de arquitectura incorpora un elemento central, un servidor (a menudo denominado concentrador o Hub), que actuará como concentrador de los datos procedentes de los emisores y distribuidor para los receptores. Es fácil ver las ventajas de este tipo de enfoque en términos de escalabilidad y gestión. Por supuesto, estas cualidades intrínsecas tienen un precio: una implantación mucho más compleja, que requiere una solución adecuada (alojada en el servidor central: el concentrador). Afortunadamente, muchas soluciones llave en mano ofrecen ahora este tipo de enfoque.

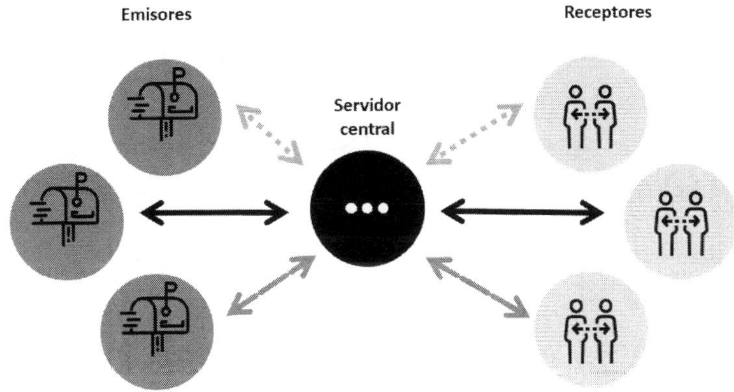

Arquitectura centralizada

Este tipo de arquitectura es tan flexible que permite ir más allá del mero intercambio de datos. Además de consolidar y racionalizar los datos, estos concentradores suelen ofrecer otros servicios, como:

- incorporación de un sistema de control de calidad de los datos,
- trazabilidad de extremo a extremo,
- análisis completo de los datos,
- servicios de alerta automática,
- opciones de caché y persistencia para optimizar los intercambios.

Vamos a describir las dos principales posibilidades de infraestructuras de intercambio. Veamos rápidamente algunas de sus características y diferencias en este cuadro resumen:

Arquitectura punto a punto	Arquitectura centralizada
Aplicación rápida	Más compleja de implantar, ya que requiere una infraestructura específica.
Conectividad directa	Conectividad emisor/receptor - servidor central. Por lo tanto, el servidor debe ofrecer sus propios conectores.
Mantenimiento de cada nodo (emisor o receptor)	Mantenimiento centralizado (servidor)
Seguridad en todos los puntos	Seguridad centralizada
Cada conexión es auditada	Auditoría centralizada
Gestión corporativa compleja	Gestión centralizada
Baja escalabilidad (ideal cuando hay pocos nodos)	Gran escalabilidad (muchos nodos/tipos de intercambios)
Cada nuevo intercambio (E-R) requiere el desarrollo de un nuevo enlace punto a punto	Una vez declarados los emisores/receptores en el servidor, es mucho más fácil añadir enlaces.
Optimizaciones complejas por conexión (pero sin peligro para otros nodos)	Optimización mediante almacenamiento en caché, compartición de datos, etc.
Sin puntos débiles	El punto débil pasa a ser el servidor

Observación

Por supuesto, esta lista no es exhaustiva y también depende del entorno técnico así como, por supuesto, de las necesidades.

2.2 Los principales modelos de integración de datos

Aunque en realidad hay muchas formas de integrar datos en uno o varios sistemas, podemos clasificar estas formas en tres modelos (o patrones) principales:

- Distribución de datos
- Migración de datos
- Sincronización

Muy a menudo, y para una necesidad particular, será necesario combinar varios modelos para, por ejemplo, garantizar la coherencia de la información o simplemente su accesibilidad. Por ejemplo, un MDM (*Master Data Management* o repositorio de datos) que funcione como hub, combinará como mínimo migración y sincronización. En algunos casos, además puede incluso ofrecer difusión y correlación.

2.2.1 Difusión de datos

El broadcasting o difusión de datos consiste en enviar datos (de un sistema fuente, por supuesto) a otra fuente de datos, en tiempo real o en modo streaming (Data Streaming). Por tanto, los datos enviados son poco voluminosos, pero se pueden enviar con mucha regularidad. También hay que señalar aquí que la comunicación es unidireccional y que en ningún caso el receptor se puede comunicar con el emisor.

2.2.2 Migración de datos

Cuando hablamos de migración de datos, pensamos inmediatamente en un cambio de sistema (como una base de datos o un ERP), pero debemos considerar el concepto de forma más genérica. La migración de datos consiste en trasladar datos de una o varias fuentes de datos a otra u otras fuentes de datos. La noción de mover datos es muy importante, por supuesto, porque implica una duplicación de datos en cada punto (origen y destino). Una de las características de la migración es el volumen de datos enviados. Generalmente hablamos de muchos, por lo que hay que dejar un cierto tiempo para que transiten (a menudo denominado ventana de batch).

Cabe señalar que, por definición, la migración tiene lugar en un entorno de destino en blanco, libre de datos (a diferencia de la sincronización).

2.2.3 Sincronización

La sincronización es bidireccional (a diferencia de la difusión de datos, que se limita a publicar información de un emisor a un receptor). Como es lógico, en el caso de la sincronización las cosas se complican, porque el resultado tiene que ser una copia exacta entre el emisor y el receptor. Entonces, ¿cómo se gestionan los conflictos? ¿Qué hacer cuando la información existe en ambos lados, pero no es idéntica? ¿Qué hacer si se borra un dato?

La sincronización plantea intrínsecamente una serie de problemas que hay que definir y prever de antemano. En general, las herramientas de sincronización disponen de un motor de reglas que permite definir los modos de sincronización y, sobre todo, las reglas de gestión de los conflictos que puedan surgir durante la ejecución.

2.3 Modos de transmisión

Los datos se intercambian a través del canal de transmisión. Este canal puede tener uno o varios emisores (fuentes de datos, aplicaciones, sistemas, etc.) pero también uno o varios receptores, que pueden ser de la misma naturaleza o completamente diferentes. En el caso de un almacén de datos, una o varias aplicaciones (CRM, ERP, etc.) pueden alimentar a varios Data Marts.

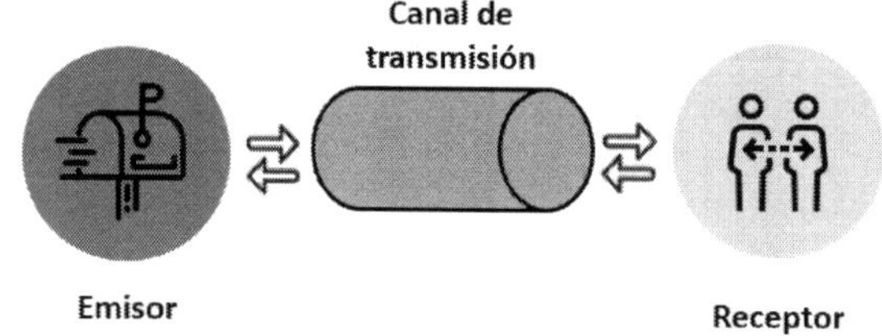

Canal de transmisión

El canal se puede utilizar en cuatro modos direccionales, cada uno de los cuales se denomina enlace:

- Enlace **Simplex**: el canal es unidireccional (por ejemplo, cuando se publican datos a otra aplicación).
- Enlace **Dúplex**: el canal es bidireccional (por ejemplo, una aplicación que solicita datos a una base de datos).
- Enlace **Semi-Dúplex**: el canal se puede utilizar en ambas direcciones, pero nunca al mismo tiempo (por ejemplo, en aplicaciones que funcionan en modo publicación-suscripción).
- Enlace **Total-Dúplex**: este modo de enlace permite intercambios bidireccionales simultáneos.

Esta noción de vínculo es realmente importante porque su definición tiene consecuencias para las demás características del modelo de integración que se pondrá en marcha.

2.4 Tipo de conexión

Cuando se quiere acceder a los datos, es posible necesitarlos inmediatamente (en lo que se conoce como modo en tiempo real) o en modo diferido. Pero también hay otra característica que hay que tener en cuenta, y es la noción de acuse de recibo. Sea cual sea el tipo de acceso a los datos, es importante que el receptor haga saber al emisor que su petición ha sido tenida en cuenta y que, si es necesario, puede enviársela directamente. Esta es una de las diferencias entre el modo de acceso síncrono, en el que el acuse de recibo es, de hecho, la respuesta a la solicitud del emisor y el modo asíncrono, en el que el receptor enviará al menos dos respuestas al emisor (el acuse de recibo y la respuesta a la solicitud).

2.4.1 Acceso síncrono

El modo de acceso síncrono es en el que se piensa inmediatamente. Este modo utiliza un enlace semidúplex. El principio es sencillo y se suele comparar con un intercambio en tiempo real. El recurso llamador hace una petición y espera una respuesta. El recurso llamador permanece en espera (y en cierto modo bloqueado) hasta que recibe la respuesta. En el caso del acceso síncrono a los datos, el sistema o la aplicación que necesita los datos los solicita y espera a que el sistema de gestión de datos se los devuelva. Por tanto, la conexión entre emisor y receptor se mantiene durante el intercambio.

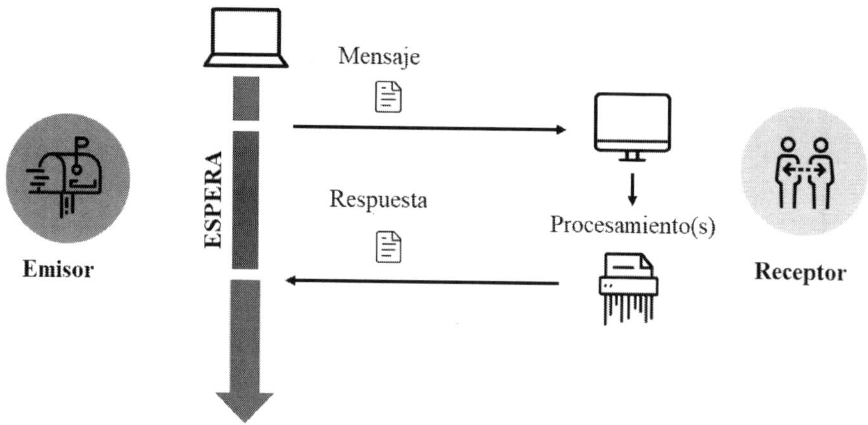

Intercambio sincrónico de datos

Beneficios

- Ideal para intercambios en tiempo real.
- Excelente fiabilidad de los intercambios.
- Gestión inmediata de excepciones.
- Mantiene la conexión entre el emisor y el receptor.
- Muy sencillo y natural de usar.

Desventajas

- Dificultades para gestionar tiempos de procesamiento largos (a menudo es necesario generar errores de comunicación de tipo Timeout, cuando la respuesta tarda demasiado en devolverse).
- Inadecuado para grandes volúmenes
- Este modo bloquea al emisor mientras espera la respuesta.

2.4.2 Acceso asíncrono

El modo de acceso asíncrono también utiliza un enlace semidúplex. A diferencia del modo síncrono, una vez que el emisor ha transmitido su solicitud, no espera una respuesta del receptor (o solo un acuse de recibo) y continúa su procesamiento. Es un modo de acceso muy práctico, pero requiere una gestión más compleja, sobre todo por parte del emisor. Por ejemplo, si un usuario realiza una solicitud a través de una aplicación, será necesario informarle de que no se le responderá inmediatamente.

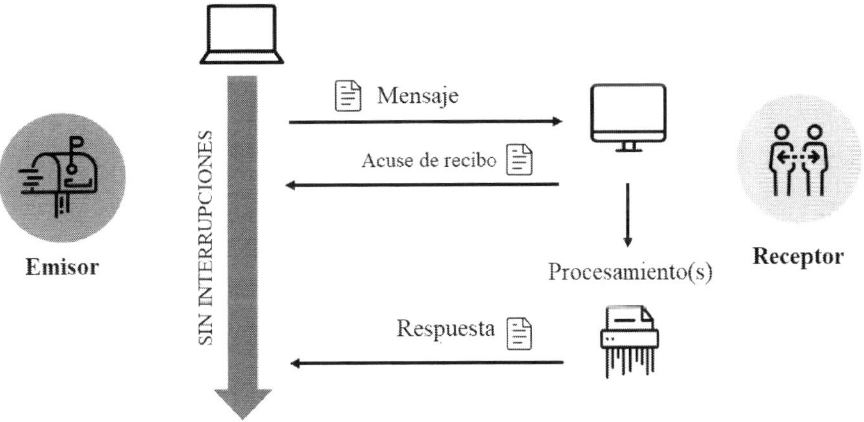

Intercambio de datos asíncrono

Beneficios

- No bloquea al emisor, que puede continuar sus procesamientos
- Solución robusta
- Admite fácilmente la gestión Fail Over
- Permite gestionar grandes volúmenes de datos en el lado del receptor, sin hacer esperar al emisor.

Desventajas

- Complejo de implementar porque requiere una arquitectura específica (por ejemplo, tipo Publicación-Suscripción o aplicación que gestiona Multi-Threading).
- Requiere mecanismos especiales de información y notificación de errores.

En general, la elección entre intercambios síncronos y asíncronos se basa en la latencia entre transmisiones. Si los intercambios son demasiado largos, es imprescindible optar por un intercambio asíncrono para no penalizar al emisor.

2.5 Métodos de tratamiento de datos

Cuando se trata de intercambiar o transportar datos, lo primero que hay que pensar es cómo se va a hacer.

Existen varios tipos principales de tránsito de datos:

- Modo segmentado (procesamiento por lotes o **Batch Processing**)
- Modo en **tiempo real**
- Modo **continuo** (flujo o **streaming**)

En muchos casos, incluso habrá un compromiso entre estos métodos, lo que dará lugar a un enfoque híbrido.

2.5.1 Tratamiento de los datos por lotes o Batch Processing

Este tipo de tratamiento se utiliza cuando los datos ya están almacenados en una fuente de datos (persistentes en origen) y los volúmenes a tratar son grandes. Por desgracia, no es posible enviar todos los datos a la vez al receptor o receptores. La solución más sencilla en este caso es segmentar el conjunto de datos en varios lotes. El emisor enviará entonces uno o varios lotes con una latencia controlada (pero no despreciable). El receptor tendrá que esperar a recibir un lote completo para poder procesarlo. Esto se debe a que el lote se debe diseñar de forma coherente y de tal manera que se pueda gestionar con total independencia de los demás lotes. Es fácil imaginar la complejidad que supone recuperar y procesar los datos (reensamblar los lotes, gestionar el orden, la coherencia, etc.). En casos extremos, solo existe un lote.

El modo de tránsito por lotes, normalmente llamado modo batch, a diferencia del modo streaming, es un modo de intercambio de datos cuando se trata de grandes volúmenes. Este modo de intercambio se utiliza en Business Intelligence, pero también se puede encontrar en los intercambios entre aplicaciones o en la gestión de datos de referencia, por ejemplo. Este modo es especialmente interesante para todos los intercambios de datos que no requieren una conexión permanente y en tiempo no real. La mayoría de los ERP o grandes paquetes de software aplicativos (operativas), utilizan este modo de intercambio para sincronizar sus datos en segundo plano, por ejemplo.

2.5.2 Tratamiento de datos en tiempo real

Este tipo de procesamiento garantiza sobre todo que los datos se procesarán en un plazo de tiempo determinado (normalmente entre unos milisegundos y un segundo). Un ejemplo concreto es la Bolsa de valores en la que las acciones se compran unos milisegundos después de que se publique el precio. El intercambio de datos en tiempo real es un intercambio puntual y síncrono.

2.5.3 Tratamiento de datos en flujos o Stream Processing

A diferencia de los intercambios en tiempo real, el streaming implica un intercambio continuo de datos entre un emisor y un receptor. En la práctica, en este tipo de modalidad, los datos transitan en forma de microlotes (con un tamaño del orden de KB). Este modo de tratamiento es realmente adecuado para la gestión de datos procedentes de sensores o redes sociales.

El principio general sigue siendo el mismo que el de la gestión por lotes, salvo que los lotes (o microlotes) son mucho más pequeños y la latencia entre lotes es muy baja para mantener un flujo continuo. La conexión entre el emisor y el receptor también se debe mantener hasta que uno u otro decida cortarla (parecido a una llamada telefónica). En cuanto a los microlotes, no necesitan llevar información coherente (al contrario de lo que sucede en el modo batch). En realidad, la coherencia o consolidación de los microlotes se realiza por separado durante la recepción de los datos. Hay que tener en cuenta que cuando se procesan flujos, no conocemos necesariamente la duración o el final del procesamiento (por ejemplo, cuando se recupera un flujo de vídeo de una cámara de vigilancia).

La gestión de datos en modo flujo está inexorablemente ligada al desarrollo de Internet, y aún más a los objetos conectados (IOT). Sin este tipo de tecnología, ¿cómo controlaría Tesla sus coches autónomos? ¿Cómo seguirían los bancos las tendencias del mercado? ¿Cómo se podrían analizar en tiempo real las trazas de los servidores web para detectar actividades sospechosas?

Por tanto, el streaming es un enfoque esencial para los sistemas que necesitan comunicarse e intercambiar datos de forma continua.

A continuación, se muestra una ilustración de un intercambio en modo Streaming:

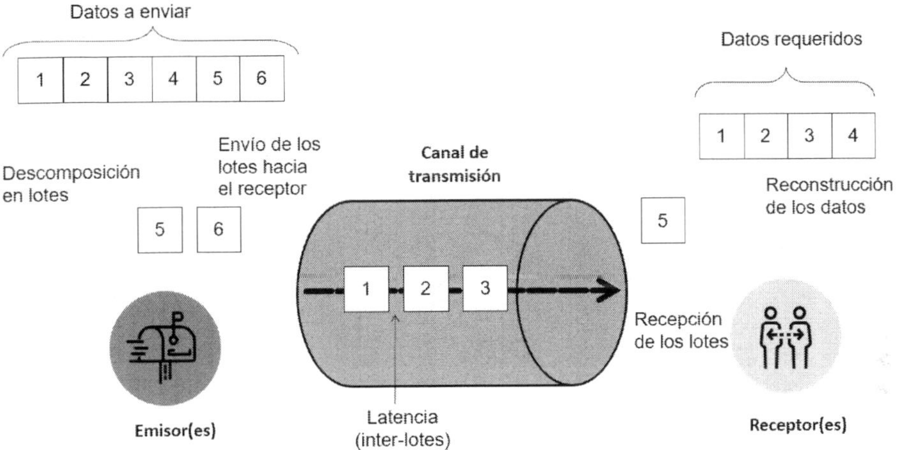

Ejemplo de tránsito de datos en modo Streaming

Kafka: una plataforma de gestión de flujos distribuida

Existen varias plataformas de flujo de datos en el mercado, pero una en particular está atrayendo mucha atención y pronto se podría convertir en un estándar. Kafka (escrita en Scala) nació en los laboratorios de LinkedIn en 2009. El proyecto pasó a ser de código abierto, antes de ser vendido a la Fundación Apache en 2012.

La idea original era proponer una plataforma de intercambio capaz de gestionar numerosos y voluminosos intercambios entre LinkedIn y su ecosistema (como la recopilación de datos relativos a actividades o el análisis de información relevante en el feed de noticias). La centralización de los intercambios y un modelo distribuido de gestión de grandes volúmenes de solicitudes, constituían el núcleo de las especificaciones. Kafka se convirtió rápidamente en un sistema centralizado de distribución de mensajes (datos) en modo Publish-Subscribe.

En la terminología de Kafka, los emisores son Productores. Cada productor puede enviar mensajes a un tema o Topic de la plataforma. Cada mensaje consta de una clave opcional y datos. Los mensajes almacenados en Kafka están en AVRO y/o JSON, y se pueden particionar en un clúster (persistencia).

2.5.4 Resumen

A continuación se muestra un cuadro recapitulativo de los distintos métodos de tratamiento:

Procesamiento por lotes (BP)	**Procesamiento en tiempo real (RT)**	**Procesamiento en modo flujo (SP)**
Grandes volúmenes	Volúmenes pequeños/ medianos	Pequeños volúmenes
Modo sin conexión	Modo conectado	Modo conectado
Modo por lotes	En tiempo real	Flujo continuo
Conexión temporal	Conexión temporal	Conexión permanente
Asíncrono	Sincrónico	-
Activación manual (o mediante un planificador, trigger, etc.)	Activación bajo demanda (a través de una aplicación, API, etc.)	Desencadenado durante/después de la apertura de la conexión
Rendimiento sobre la globalidad de los datos medidos	Rendimiento de los intercambios	Rendimiento del flujo de datos

Procesamiento por lotes (BP)	Procesamiento en tiempo real (RT)	Procesamiento en modo flujo (SP)
Latencia: minutos, horas	Latencia: segundos, milisegundos	Latencia: milisegundos
Gestión de datos complejos (procesamiento por lotes, datos, etc.)	Complejidad gestionada fuera del intercambio	La complejidad de los datos se gestiona a nivel del receptor
Tratamiento previo y posterior de todos los datos (agrupación coherente)		Necesidad de determinar el tamaño de los microlotes/latencia, en muchos casos mediante una ventana temporal.
Posible tratamiento (parcial o total) de cada lote		Requiere un control regular del flujo

Ejemplos:

- Modo streaming: streaming de vídeo de vigilancia, escuchar música en directo.
- Modo en tiempo real: crear una factura en el ERP, comprobar la validez de un contrato.
- Modo por lotes: carga del almacén de datos mediante un ETL, conciliación de contratos durante el día.

3. Principios de funcionamiento

Una vez vistas las distintas características que hay que tener en cuenta a la hora de elegir y aplicar una solución de integración, veamos más de cerca cómo funcionan las soluciones de intercambio y/o transporte de datos. Antes de examinar las principales familias de soluciones que se ofrecen, es interesante ver que todas siguen más o menos los mismos principios fundamentales.

3.1 Pasos para una buena integración de datos

Las soluciones de integración de datos siempre funcionan en varias fases distintas:

1. Conexión con los sistemas fuente a través de interfaces, también conocidas como **conectores**. Estos conectores son específicos de las fuentes de datos y permiten al sistema convertir los datos a un formato propietario de la solución. Esto se puede comparar con un traductor multi-idioma, en el que cada idioma es un conector.

2. **Agregación de datos** de estas fuentes dispares.

3. **Análisis y correlación** de los datos (posible fusión de flujos, o lo contrario, separación de flujos). Es normal que durante esta fase, los datos se transformen, se alteren y, por qué no, se enriquezcan. Cuando se recuperan datos geográficos, por ejemplo, se pueden fusionar países con códigos o nombres similares (recuérdese que los datos pueden proceder de distinas fuentes) y, por qué no, añadir información demográfica si esta es relevante para un uso posterior.

- Se puede añadir la fecha de tratamiento, su origen real e incluso otra información contextual o empresarial.
- También es posible clasificar y rechazar información según las necesidades, así como reducir el tamaño de la alimentación.
- Esta fase es opcional y puede que algunas soluciones no la ofrezcan.

4. **Enrutamiento de datos** a receptores de datos.

3.2 Escalabilidad y tolerancia a fallos

También hay que tener en cuenta que este tipo de solución debe ser capaz de gestionar de manera eficaz y certificada la escalabilidad (potencialmente elevada), así como la tolerancia a los fallos. No olvidemos que este tipo de arquitectura tiene un punto débil en el panorama tecnológico, al menos a dos niveles:

- En caso de fallo (gestión Fail Over)
- En materia de carga (gestión de la distribución de la carga)

3.3 Conectores

También parece necesario introducir la noción de conector a este nivel. El sistema de intercambio y/o transporte de datos, deberá ser capaz de recuperar (es decir, leer) datos de varias fuentes y, a continuación, enviar (es decir, escribir) otros datos en otras fuentes de datos (que pueden ser las mismas o nuevas).

Generalmente, estos conectores son (aparte de los llamados conectores estándar como los que permiten la lectura de datos universales en formatos XML, JSON o CSV) específicos para cada tipo de fuente (por ejemplo, habrá un conector SAP, otro para SalesForce, etc.). Algunas veces incluso hay varios conectores para la misma aplicación. Por ejemplo, puede haber varios conectores para SAP, en función de los módulos y de la forma de escribir o leer los datos.

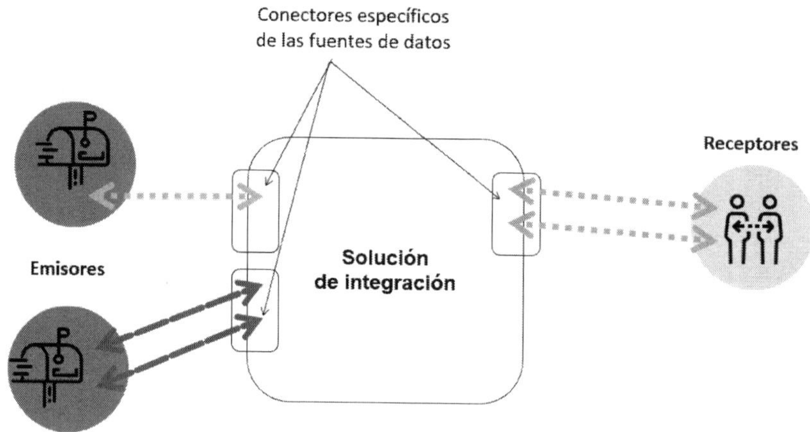

Ejemplos de conectores

Hay que tener en cuenta que cada conector (generalmente suministrado por la solución de integración de datos) tiene sus propias características, que pueden repercutir en el rendimiento del tránsito y en la complejidad de las interconexiones.

Es importante utilizar conectores certificados o al menos reconocidos por los editores de las soluciones de aplicación (nodos emisor/receptor).

¿Por qué? Sencillamente porque toda integración hacia o desde un sistema de terceros, se debe realizar a través de las interfaces que este último ofrece. De lo contrario, corre el riesgo de experimentar problemas de rendimiento o estabilidad, o peor aún, de perder su contrato de soporte con el tercero. Por tanto, antes de utilizar un conector, conviene ponerse en contacto con el proveedor de la solución.

4. Soluciones de integración de datos

Ahora que hemos presentado las características y los métodos de funcionamiento de las herramientas de integración de datos, podemos pasar a las principales soluciones que se encuentran habitualmente en la industria.

4.1 ETL

Las ETL son potentes herramientas para extraer, transformar y cargar datos de uno o varios sistemas de origen, en uno o varios sistemas de destino. Al principio, estas soluciones se utilizaban principalmente para grandes cargas por lotes y almacenes de datos. Con el tiempo, sin embargo, también se han convertido en auténticas plataformas de intercambio de datos para gestionar accesos o flujos en tiempo real. Su gama de opciones de transformación también se ha ampliado considerablemente. Ahora, además de las transformaciones tradicionales (formato, uniones, agregados, etc.), estas soluciones pueden realizar tareas específicas de la calidad de los datos, gestionar formatos complejos, etc.

La sigla ETL significan en inglés **Extract**, **Transform and Load**. El orden es importante porque indica el orden en que se procesan los datos:

1. **E**xtracción de todos los datos
2. **T**ransformación centralizada de los datos recogidos
3. Carga (**L**oad) de datos en los sistemas de destino

Las etapas E y L se gestionan mediante los conectores que vamos a ver, pero toda la potencia de estas soluciones reside en la T (etapa 2), donde se opera toda la lógica centralizada de tratamiento de los datos. Esta T es el corazón del motor ETL:

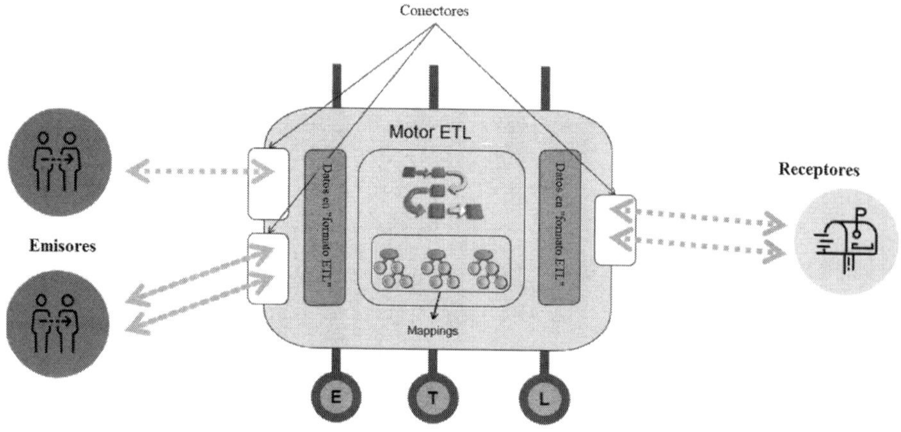

Cómo funciona un ETL

El elemento central (que realiza las transformaciones) también se denomina motor de transformación, porque es a través de él por donde pasarán todos los datos para ser transformados. Esta elección de arquitectura no es nada trivial, ya que significa que este servidor se convierte en una especie de cuello de botella (o punto débil) y, por lo tanto, debe estar suficientemente bien dimensionado y diseñado para soportar la carga (y gestionar la recuperación en caso de error).

4.1.1 Conectores

Los conectores proporcionados por las soluciones ETL pueden ofrecer estas funciones:

- **Simplicidad y transparencia**: independientemente de la conectividad y su complejidad, cualquier desarrollador ETL puede crear muy rápidamente un flujo de interconexión, sin conocer necesariamente los sistemas subyacentes. Esto se debe a que determinados conectores (generalmente suministrados por los propios editores de software) permiten importar los metamodelos subyacentes (por ejemplo, objetos de negocio en SAP o funciones listas para usar en SalesForce). Para ello, algunos paquetes de software ofrecen catálogos de metadatos accesibles, así como interfaces y métodos de acceso (a menudo en forma de API) que el conector puede utilizar directamente. Esta capa de abstracción garantiza que los datos se recuperarán o enviarán utilizando interfaces compatibles con el paquete de software. Igualmente importante es el hecho de que el uso de conectores (y, por tanto, de esta forma de capa de abstracción) también permite garantizar mejor la mantenibilidad de los sistemas emisores y receptores (sobre todo durante las actualizaciones de versión). Para que esto funcione, el principio de importación y las presentaciones deben ser genéricos para toda la conectividad. Esto significa que la configuración de un conector está normalizada en la herramienta de integración, lo que la hace independiente de las tecnologías y métodos de acceso subyacentes (como ABAP, RFC, IDOC, DMI para SAP, MQI para MQSeries, JAVA para los mensajes JMS. etc.).
- **Rendimiento**: los ETL utilizan normalmente conectores de acceso nativo a las fuentes de datos, y estos conectores están optimizados para el rendimiento. El uso de las herramientas masivas de extracción y carga disponibles (DB2 MVS Unload, Teradata FastExport, Oracle Bulk API, DB2 UDB Bulk API, etc.) también contribuye a optimizar los tiempos de carga. El motor también debe garantizar que su método de gestión y transformación de datos sea óptimo. Para ello, puede ofrecer varios mecanismos, como la gestión automática de la paralelización de los flujos de extracción.

- **Captura diferencial (Change Data Capture o CDC)**: algunos ETL (u otras soluciones de terceros/base de datos) permiten capturar directamente los cambios realizados por una aplicación, detectando automáticamente un cambio en la base de datos. Esto se hace mediante triggers o, lo que es mucho más eficaz, mediante un mecanismo de relectura del registro de la base de datos (DB2, Oracle, etc.). Los datos modificados se suelen repatriar para su tratamiento en modo streaming (casi en tiempo real) o por lotes a intervalos regulares.
- **Carga multimodo**: los sistemas destino se pueden alimentar en modo
  - Cancelar y sustituir
  - Añadir
  - Borrar
  - Añadir, eliminar y modificar
- **Delta (o incremental)**: este tipo de carga permite añadir datos nuevos (frescos), sin borrar los existentes. Esto significa que la solución que suministra los datos es capaz de clasificar los nuevos a partir de los que ya se han enviado. En caso contrario, son las propias herramientas de integración las que realizan este filtrado mediante una clave (a menudo una fecha, un dato clave o una clave de sustitución).

Observación

Una clave de sustitución (Surrogate Key) es una clave artificial (es decir, que no existe en los sistemas originales), construida durante un proceso de integración para permitir la identificación inequívoca de un dato (una fila) y con un fin determinado (por ejemplo, para identificar a los nuevos clientes introducidos en el sistema, por razones de rendimiento, de independencia de los sistemas fuente en el Data Warehouse, etc.).

4.1.2 Flujos ETL (mappings)

La fase de transformación (la T de ETL) se realiza generalmente de forma gráfica (Low Code o No Code, según la solución) yuxtaponiendo objetos gráficos de transformación, por lo que no suele requerir competencias particulares de desarrollo (en el sentido de codificación del término).

Esta yuxtaposición de elementos gráficos en un área visible se conoce como mapping.

A continuación se muestra un ejemplo de mapping con Informatica PowerCenter :

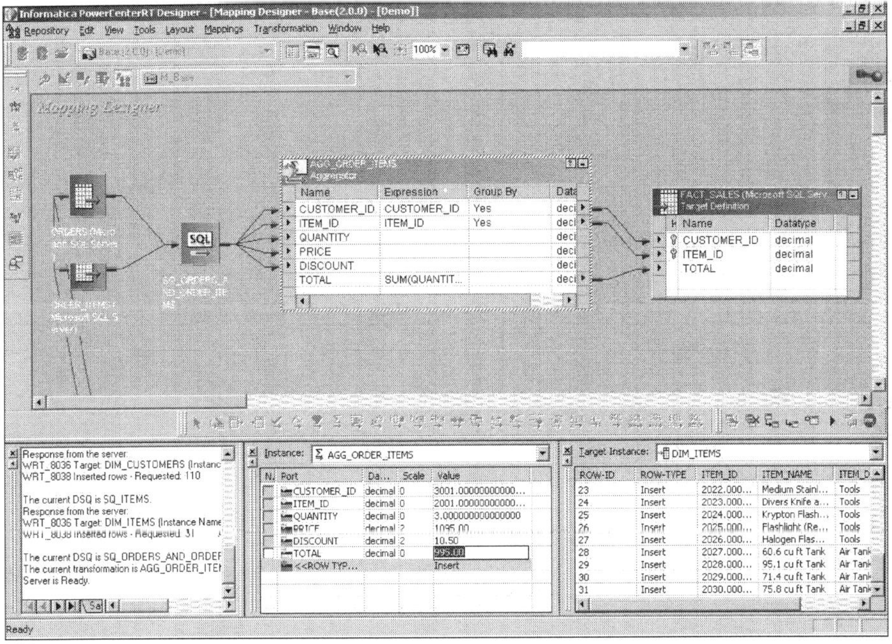

Mapping en Informatica PowerCenter

En un mapping, se puede observar el flujo ETL de izquierda a derecha o de arriba a abajo. En cualquier caso, la lógica de mapping sigue el flujo de datos. En el ejemplo anterior, las fuentes de datos están a la izquierda, los destinos a la derecha y toda la lógica de transformación necesaria en el centro.

Los usuarios con un buen conocimiento funcional son capaces de modelar los flujos de transformación. Este es también uno de los puntos fuertes de estas soluciones, ya que simplifica enormemente el mantenimiento y la transferencia de conocimientos.

Los principales ETL del mercado, como Informatica, IBM DataStage y Talend, también permiten realizar todo tipo de operaciones de limpieza, transformación, enriquecimiento y consolidación mediante la yuxtaposición gráfica de objetos de transformación configurables y el uso de funciones elementales de transformación de campos.

4.1.3 Características

Los criterios de arquitectura técnica de ETL suelen tener por objeto validar:

- La adaptación de la herramienta a la arquitectura técnica del sistema de información.
- El grado de intrusión de la herramienta en la arquitectura existente.
- Las posibilidades que ofrece el producto para adaptarse a la evolución futura de la arquitectura.

Estas son algunas de las principales ventajas de utilizar ETL:

- **No intrusividad**: cuanto más intrusiva sea la solución, mayor será la necesidad de validar la compatibilidad y la estanqueidad de los componentes con el núcleo de software existente. Sin embargo, por naturaleza los ETL son no intrusivos, gracias a la estanqueidad que ofrecen los conectores y las transformaciones centralizadas que no tienen ningún vínculo con el mundo exterior.
- **Escalabilidad**: la escalabilidad de la solución elegida significa que la inversión en un ETL está preparada para el futuro y que se pueden prever cambios estratégicos en la arquitectura actual. La escalabilidad también es un criterio para ampliar la gama de componentes de transformación que ofrecen las soluciones.

- **Operatividad/Robustez**: la robustez y fiabilidad de la plataforma son obviamente críticas, pero también lo son todas las funcionalidades mínimas esperadas para el seguimiento de las operaciones, el control del procesamiento, el control de los trabajos, la recuperación de errores, etc.
- **Rendimiento**: el rendimiento de una solución de integración de datos se mide por su capacidad para procesar rápidamente un gran volumen de datos transformados sobre la marcha.

Algunas soluciones ETL del mercado: Informatica, IBM DataStage, Talend, Stambia, etc.

4.2 ELT

Los ELT (*Extract Load Transforms*) son una especie de variante de los ETL. En realidad, se trata de otro enfoque de la integración de datos, porque su forma de funcionar es bastante diferente y a veces incluso complementaria. Inmediatamente se dará cuenta de que la T aparece al final del acrónimo, lo que por supuesto no es una coincidencia. Esto significa que la solución ELT primero extraerá y luego cargará inmediatamente (sin transformación) los datos en un sistema de destino. A continuación, la solución pedirá al sistema de destino que realice las transformaciones.

Con la aparición de los DataLakes en los últimos años, las soluciones ELT han cobrado un impulso y una aceptación considerables entre las empresas. Los DataLakes utilizan soluciones de almacenamiento y procesamiento muy potentes (como Hadoop). Lógicamente, las empresas han querido utilizar esta potencia informática disponible para procesar ellas mismas los datos. Por ejemplo, trasladar los cálculos de transformación de datos a un clúster Spark mientras se utiliza la flexibilidad de diseño low-code (o incluso no-code) de los ELT, puede ser mucho más juicioso que utilizar otro motor de procesamiento (ETL).

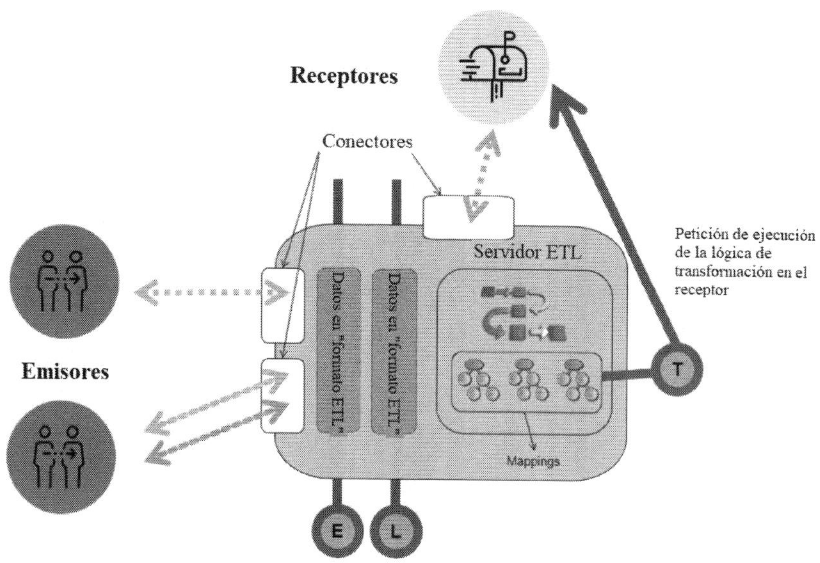

Cómo funciona un servidor ELT

La primera consecuencia de este tipo de enfoque es que no requiere un motor. La solución ELT funciona como un director de orquesta, pero nunca es responsable del tránsito de datos. Se trata de una ventaja indudable, pero significa que es el sistema de destino el que soportará todo el coste de las transformaciones. Por tanto, este modo está dirigido a infraestructuras capaces de gestionar el peso del tratamiento de datos a gran escala.

Desde el punto de vista de las herramientas, estas soluciones son muy similares a las ETL y, por lo general, es posible crear mappings de forma gráfica (Low Code o No Code). De hecho, puede resultar difícil distinguir la diferencia de diseño entre estos dos tipos de solución de integración de datos. De hecho, algunas soluciones permiten utilizar ambos modos (ELT o ETL), y se puede optar por hacerlo en tiempo de ejecución. En este caso, es la persona que configura el flujo quien decidirá si el procesamiento lo realizará el servidor ETL/ELT o la fuente de datos de destino.

En función de la arquitectura elegida, los ELT se pueden comportar de forma más o menos intrusiva en relación con el entorno de ejecución. En este contexto, un ELT (como ODI: *Oracle Data Integrator*) se puede considerar intrusivo porque se apoya en la base de datos existente y puede tener un impacto en términos de rendimiento, en particular en dicho nucleo/SGBR.

4.3 Virtualización de datos

Las pasarelas de datos, también conocidas como herramientas de virtualización de datos, simplifican considerablemente la conectividad con distintas fuentes. El objetivo de la virtualización de datos es enlazar datos de varias fuentes heterogéneas, dejándolos en su sitio y evitando la redundancia y la duplicación. De este modo, los datos de origen permanecen bajo el control de los sistemas de origen y se recuperan bajo demanda.

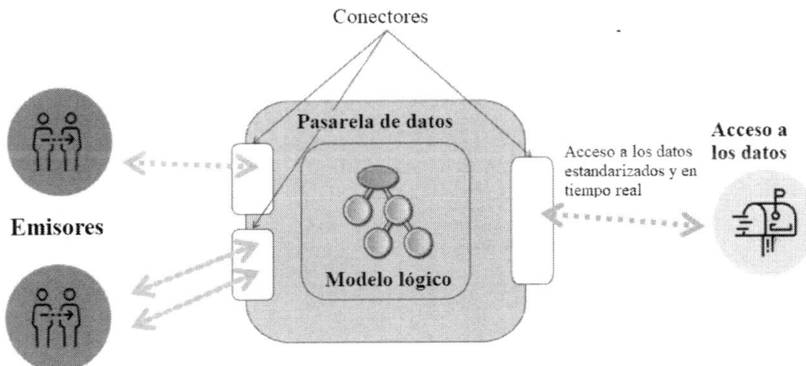

Cómo funciona una pasarela de datos

El principio es bastante sencillo y se apoya aquí en las capacidades de conectividad de la solución de virtualización.

El primer paso consiste en crear un modelo lógico de datos. Este modelo de datos debe poder abarcar todos los datos a los que se accederá. Es lo que se conoce como modelo de datos virtual. Este modelo no almacena ningún dato y servirá de capa de abstracción para acceder a datos dispares. Por supuesto, los usuarios que accedan a la fuente virtualizada no verán las fuentes físicas reales. De hecho, el modelo virtual actúa como una puerta de acceso a las fuentes físicas reales y, por lo tanto, también las ocultará a los usuarios, añadiendo una capa adicional de seguridad.

A continuación, es necesario poder referenciar las fuentes de datos, que serán vistas por la solución como fuentes nativas. Esto significa que no se hará ninguna distinción según el origen de los conjuntos de datos. Sin embargo, al referenciar, es esencial establecer el vínculo entre el modelo real (fuente) y el modelo virtual.

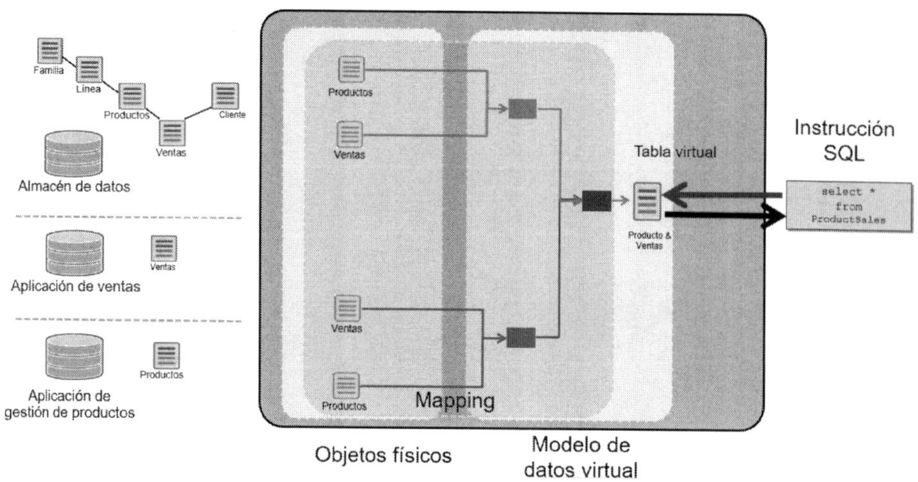

Principio del modelo de datos virtual

Los usuarios acceden directamente al modelo virtual (normalmente en SQL). La solución transmite las peticiones a los sistemas de origen en tiempo real y no se almacena ningún dato. Los datos permanecen en tránsito, de ahí el nombre de pasarela de datos frente a integración de datos (véase ETL y ELT).

Las ventajas de este tipo de solución frente a un planteamiento que pretende mover datos, son las siguientes:

- **Rapidez de implementación**: las aplicaciones que trabajan con una pasarela de datos pueden interactuar con una única fuente de datos virtual. Sin virtualización, las aplicaciones tendrían que interactuar con varias fuentes a través de diferentes interfaces y protocolos, y gestionar las transformaciones necesarias para el procesamiento requerido. La virtualización puede reducir considerablemente el tiempo de desarrollo.
- **Reducción de los costes de desarrollo y mantenimiento**: con la virtualización, una visión integrada de las distintas fuentes se desarrolla una vez y se utiliza varias veces. Sin embargo, la ventaja es que el modelo virtual se mantiene en un único lugar, lo que facilita mucho el mantenimiento, al igual que la seguridad de los datos.
- **Rendimiento**: utilizando sus propios métodos avanzados de tratamiento de solicitudes (optimización, almacenamiento en caché, etc.), así como utilizando las mejores interfaces en las fuentes físicas, un servidor virtual puede distribuir las cargas de trabajo entre las distintas fuentes de datos a las que accede. Por ejemplo, puede determinar la mejor manera de distribuir la carga de trabajo y utilizar el método de acceso más apropiado para acceder a una fuente determinada.
- **Reutilización**: es posible desplegar datos virtuales como servicio a varios consumidores (modo DaaS: Data As A Service). Por ejemplo, una compañía de seguros puede necesitar datos de siniestros procedentes de una amplia gama de fuentes heterogéneas. Las fuentes se integran automáticamente a través de una pasarela de datos. A continuación, los gestores de clientes pueden acceder simplemente a los datos de siniestros (físicamente dispares) a través de su portal interno. Pero este mismo acceso también se puede utilizar como servicio y desplegarse para su consumo directo por la aplicación estándar de siniestros a la que, por ejemplo, acceden los propios clientes.
- **No intrusiva**: por su propia naturaleza, este tipo de solución no implica ninguna modificación ni adaptación de los sistemas de origen.

Ejemplos de soluciones de virtualización de datos: Denodo, DataCurrent, Tibco, Oracle Data Service Integrator, JBoss Data Virtualization.

Observación

Atención: no hay que confundir la virtualización con la federación de datos. Aunque el propósito es el mismo, la federación de datos replica los datos en el servidor (por ejemplo, la federación de datos con IBM DB2), a diferencia de la virtualización de datos, que nunca almacena los datos.

5. Soluciones orientadas a los buses

La mayoría de las soluciones o plataformas de intercambio de datos con fines operativos (y no de inteligencia empresarial), se basan en dos principios fundamentales:

- El primero es un bus de mensajes o datos (**Message Broker**).
- La segunda le permite gestionar la distribución y persistencia de los mensajes a través de (según su elección):
  - Una **cola** de mensajes
  - Un mecanismo Publicación-Suscripción (Publish - Subscribe)

La mayoría de las soluciones (como ActiveMQ, RabbitMQ, Kafka, etc.) combinan estos dos conceptos, pero es posible separarlos.

5.1 El bus de mensajes

El bus de mensajes proporciona uno o varios canales para la difusión de mensajes.

Un mensaje es un dato que se puede intercambiar en distintos formatos. Por tanto, se puede tratar de simples datos de texto, datos semiestructurados (XML, JSON, etc.) o incluso datos no estructurados (imagen, sonido, etc.).

5.2 Modo punto a punto

Así, cada mensaje se puede enviar al canal que elija (denominado cola). Se trata de una comunicación punto a punto porque solo hay un emisor y un receptor, y cada mensaje enviado (entrada del bus), se puede recuperar en la salida del bus. El bus solo desempeña el papel de una cola en la que en primer lugar se almacenan todos los mensajes enviados (se ponen en una pila) y luego son recuperados por el receptor o receptores.

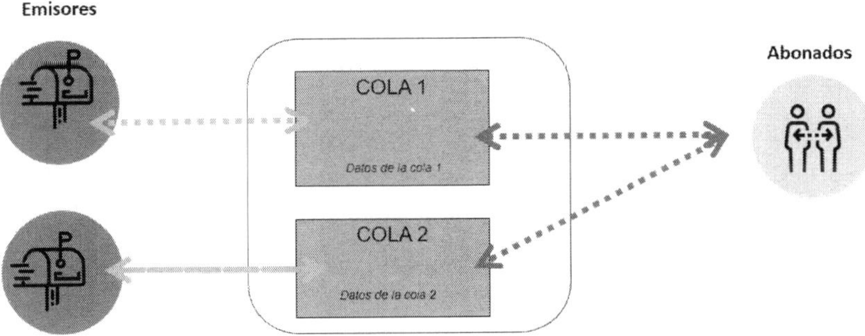

Principio de intercambios en una cola de mensajes

5.3 Modo publicación-suscripción

En el modo publicación-suscripción, varios emisores y receptores pueden intercambiar mensajes a través de un bus común. Para evitar el caos, añadimos la noción de suscripción a un tipo de mensaje (**Topic**). De este modo, es posible gestionar o compartimentar la distribución y el intercambio de mensajes de forma más sencilla, y solo para quienes estén interesados.

En realidad, el principio es muy sencillo:

- En primer lugar, se deben suscribir varias fuentes o aplicaciones a un tipo de mensaje que les interese. Este tipo de mensaje se denomina Tema o Topic.
- A continuación, los emisores pueden poner a disposición los mensajes en este Topic.

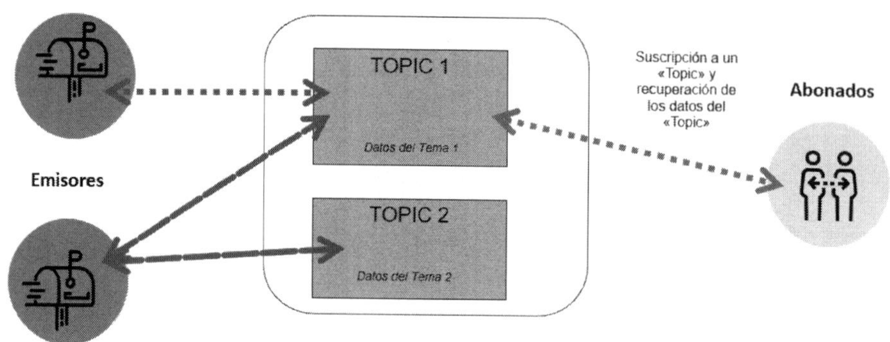

Principio de los intercambios Publish/Subscribe

Es un principio de suscripción completamente ordinario, como cuando se suscribe a una revista o a algún otro servicio como X (antiguo Twitter), por ejemplo.

Una de las grandes ventajas de este método de intercambio de datos es que evita tener que duplicar los datos varias veces cuando varios receptores necesitan la misma información, pero en momentos distintos. Esto implica que este tipo de solución dispone de una capa de persistencia en la que los emisores pueden copiar (publicar) sus datos para que estén disponibles.

También especificarán el tipo de datos (Topic) puesto a disposición, para que las aplicaciones (que se hayan suscrito previamente al Topic en cuestión) puedan ver si los datos depositados son efectivamente los que esperan. Una vez recuperados los datos, no se borran necesariamente del servidor, de manera que otras aplicaciones puedan volver a recuperar la misma información.

5.4 Para recordar

Modelo punto a punto	Modelo publicación-suscripción
Funciona según la configuración del emisor al receptor.	Funciona según la configuración de Topic.
Necesidad de validar la identidad del receptor (y a menudo del emisor).	Anonimato de las identidades de suscriptores y emisores.
Solo 1 destinatario (receptor).	Varios receptores.
No es necesario que el emisor y el receptor estén activos al mismo tiempo.	Timing de publicación/recepción importante.
El emisor puede recibir una notificación (acuse de recibo) cuando el mensaje llega al receptor.	No hay acuse de recibo; de hecho, incluso existe el riesgo de que un Topic no tenga suscriptor.

Capítulo 4
Analizar y hacer más fiables los datos

1. Introducción

El objetivo de este capítulo es repasar las herramientas y recursos que se pueden utilizar para comprender y analizar mejor los datos. Los datos pueden tener distintas facetas, entre ellas la de estar estrechamente ligados a un contexto, de modo que se pueden interpretar de una manera en un contexto determinado y de otra completamente distinta (incluso opuesta), en otro. Además, los datos tienen vida propia y se pueden variar o alterar con el tiempo o simplemente sufrir cambios durante su transporte o en su soporte de almacenamiento.

Por eso, antes de utilizar cualquier dato, es importante analizarlo para comprobar que se corresponde con nuestras expectativas en el momento de utilizarlo. Imaginemos que recuperamos conjuntos de datos no documentados ni explicados. En este caso, será esencial pasar por el proceso de análisis. Es una buena práctica asegurarse de que los datos que se van a utilizar son realmente conformes, y este es el objetivo de este capítulo.

Primero veremos cómo analizar nuestros datos desde una perspectiva técnica o estructural: es lo que se conoce como perfilado de datos. Este análisis se centra principalmente en los tipos, formatos y número de ocurrencias de los datos y no requiere ningún conocimiento particular de los mismos. El objetivo de esta fase es establecer una visión objetiva de los componentes estructurales de los datos y destacar las características cuantificables que se pueden extraer de su conjunto.

A continuación, veremos cómo analizar los datos desde un punto de vista funcional y, por tanto, más cualitativo. El aspecto cuantitativo también será posible, pero en este caso habrá que adaptarlo a un contexto empresarial. En esta sección, nos centraremos especialmente en cómo presentar nuestros datos para que sean más significativos.

Por último, como un médico que ha hecho un diagnóstico (gracias a las fases de análisis anteriores), estudiaremos las medidas correctoras (control, solución, etc.) que hay que aplicar para que nuestros datos sean más fiables. Esto es la calidad de los datos. En cierto modo, esta última y crucial etapa es el primer gran paso hacia el éxito de un enfoque de gestión de datos.

Estos son los pasos prácticos que se deben seguir en un proyecto de datos:

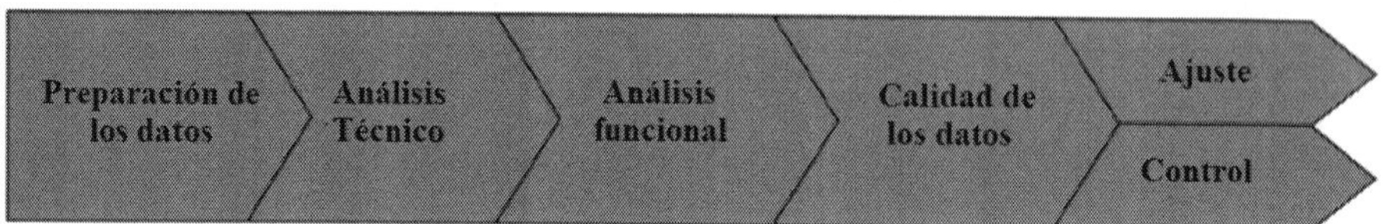

Fases de cualificación de los datos

2. Preparar los datos

Por desgracia, los datos no siempre están listos para ser utilizados. Sin trabajarlos, rara vez es posible extraer los datos para obtener los resultados esperados (como la evolución de las ventas, el cálculo de un indicador de satisfacción, etc.). En la gran mayoría de los casos, habrá que reelaborar los datos en bruto para hacerlos utilizables para el análisis, la ingesta o incluso la modelización (Machine Learning).

Una cosa es cierta: aunque de algún modo esta fase es la cara oculta del iceberg, no deja de ser una etapa importante y, sobre todo, puede llevar mucho tiempo si no se lleva a cabo con las competencias y los recursos adecuados. Por ejemplo, se dice que los analistas de datos y otros científicos de datos dedican más del 80% de su tiempo a prepararlos. Esto les deja solo un 20% de su tiempo para trabajar con ellos.

Por lo tanto, la preparación de los datos consiste en recogerlos y transformarlos para poder trabajar con ellos. Son las dos primeras fases de nuestro famoso ETL (o ELT). Y con razón, el enfoque es muy similar, aunque la finalidad suele ser muy distinta. En un enfoque de tipo ETL, los datos se transportan en última instancia a una (o varias) fuentes de datos de destino, con vistas a un amplio análisis. Con la preparación de datos, el objetivo es prepararlos para un fin específico.

La tendencia que estamos observando es que los ETL siguen totalmente centrados en casos de uso de tipo transporte de datos (alimentar Data Warehouse, Data Lake, migración de datos, etc.) y que las herramientas de preparación de datos (que también tienen las mismas funcionalidades de transformación), están ofreciendo estas funcionalidades directamente a los usuarios de negocio (incluidos los científicos de datos). De este modo, estos consumidores de datos pueden trabajar directamente sobre ellos, o incluso recuperarlos directamente del Data Lake para filtrarlos, transformarlos, etc. En cierto modo, ahora pueden preparar los datos como mejor les parezca.

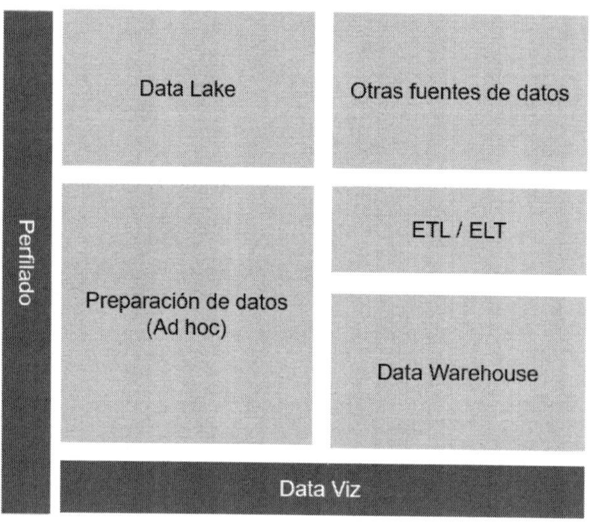

Análisis e Iniciativas sobre los datos

La idea es sencilla: permitir el acceso libre (potencialmente seguro) a todos los datos, pero también ofrecer las herramientas adecuadas a los usuarios que los conocen. Esta es una buena forma de empezar a analizarlos, aunque más adelante veremos que la fase de preparación se puede ampliar a fines más amplios, como la modelización de Machine Learning.

Desde un punto de vista práctico, y de forma similar al ETL, la preparación de datos consta de cinco fases principales:

- **Importación o adquisición de datos**: esta etapa requiere la conectividad con los distintos sistemas fuente.
- **Descubrimiento**: un análisis previo suele comenzar con una llamada a las funciones de perfilado de datos.
- **Depuración de datos**: a menudo es necesaria una depuración inicial de los datos. Por ejemplo, formatos que no coinciden (las fechas suelen ser un problema), o categorías que presentan problemas de coherencia, etc. Por tanto, es necesario alinear los datos para poder analizarlos posteriormente.

- **Enriquecimiento**: a este nivel, puede ser interesante añadir datos auxiliares (es decir, datos que no proceden de la fuente de datos). Si tenemos datos de localización, ¿por qué no añadir datos demográficos?
- **Publicación**: se trata de poner los datos preparados a disposición de la herramienta que los va a utilizar. Si el objetivo es analizar esos datos, quizá haya que exportarlos en un formato determinado o, quizá, haya que estudiar la solución de preparación de datos para ver si puede ponerlos a disposición de forma nativa.

3. Análisis descriptivo

En primer lugar, hay que señalar que el análisis de datos requiere que estos estén disponibles en formato tabular (filas y columnas). Por tanto, este capítulo trata de los datos estructurados. Actualmente, todas las soluciones (o casi todas) trabajan con datos estructurados de esta forma. Una vez disponibles los datos en este formato, se trata de analizarlos desde un punto de vista técnico, describirlos e identificar, por qué no, un primer nivel de excepciones (por ejemplo, la detección de valores atípicos).

Esta etapa tiene varios nombres: se denomina análisis descriptivo o perfilado de datos (Data Profiling).

Este análisis debe describir la muestra de datos (o todo su conjunto), perfilando cada columna para descubrir información importante sobre atributos, como frecuencia y distribución de los valores de los datos, formatos, patrones y nulos, mínimos y máximos. A continuación, se leen todos los datos para proporcionar un análisis y un inventario exhaustivos.

Pero las herramientas y las soluciones a menudo pueden llevarle mucho más lejos en términos de análisis. Veamos en detalle los diferentes análisis que se pueden realizar sobre un conjunto de datos, sin tener ningún conocimiento funcional del mismo. Para hacerlo, podríamos utilizar herramientas No Code como Informatica, Talend o SAS DataFlux que, con un simple clic, pueden obtener este tipo de resultados. Pero aquí vamos a utilizar la librería Python Pandas Profiling, para que cualquiera pueda probar este tipo de análisis en su propio ordenador.

Para instalar la librería, basta con ejecutar el comando pip:

```
$ pip install pandas_profiling
```

Todo lo que tiene que hacer es abrir un dataframe con la librería Pandas y lanzar el profiling:

```
from pandas_profiling import ProfileReport
import pandas as pd
train = pd.read_csv('../datasources/titanic/tren.csv')
prof = ProfileReport(tren)
prof.to_file(output_file='informe.html')
```

A continuación, la librería proporciona un archivo HTML con los resultados de los análisis del conjunto de datos.

3.1 Análisis básicos

La primera pantalla proporcionada por la librería ofrece una visión general del conjunto de datos, que incluye:

- el número de filas y columnas del conjunto de datos,
- el número de datos que faltan,
- el número de líneas duplicadas,
- información sobre el espacio de memoria ocupado por estos datos,
- información sobre los tipos de datos que se encuentran en las diferentes columnas (encontramos la noción de variable categórica CAT, numérica o booleana/binaria).

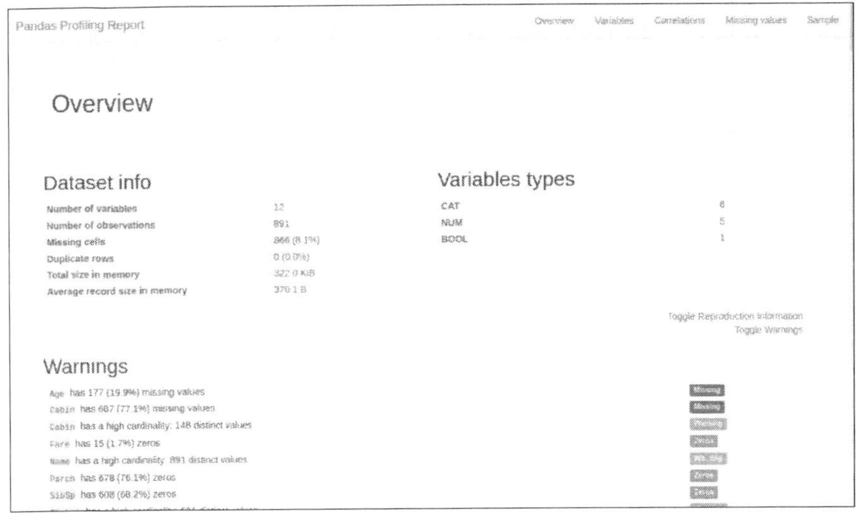

Resultado proporcionado por Pandas Data Profiling

Lo que es aún más interesante es que en la parte inferior encontrará algunas estadísticas sobre los datos que faltan en cada columna (la columna Cabina, por ejemplo, tiene un 77,1% de datos que faltan). El análisis no se detiene ahí, por supuesto, y le permite profundizar en el análisis por columnas.

Detalle del análisis de columnas proporcionado por Pandas Data Profiling

Para cada columna, puede ver:

- estadísticas sobre los cuantiles: valor mínimo, Q1, mediana, Q3, máximo, rango, rango intercuartílico;
- estadísticas descriptivas como la media, la mediana, la desviación típica, la suma, la desviación absoluta mediana, el coeficiente de variación, la curtosis y la asimetría;
- inferencia de tipos: es decir, los tipos de datos reales que se encuentran en el conjunto de datos (cadenas categóricas, numéricas, etc.);
- los valores observados con más frecuencia;
- la distribución de los valores (histogramas de la derecha).

Esta información es muy valiosa y nos permite crearnos una opinión sobre los datos sin ideas preconcebidas (por ejemplo, en comparación con la documentación). Se produce leyendo los datos reales de una forma efectiva, lo que puede suponer una gran diferencia en comparación con la documentación (a menudo desactualizada).

3.2 Correlación entre columnas

Este tipo de análisis nos permite ir aún más lejos (entramos en la fase de exploración de datos) al proponernos mostrar las posibles dependencias entre los distintos valores de las columnas de una misma tabla. Cuando se analizan datos, es importante (sobre todo cuando se utiliza Machine Learning) detectar si las columnas (o características), están relacionadas. En algunos casos, esto es obvio (como el vínculo de dependencia en una jerarquía), pero desgraciadamente estos vínculos o correlaciones son casi invisibles. Así que hay que detectar y medir esos posibles vínculos. Afortunadamente, existen herramientas y técnicas para detectar estas correlaciones.

El objetivo de este tipo de análisis es medir la fuerza del vínculo entre dos (o más) variables. Por desgracia, este vínculo puede ser más o menos complejo y puede ser de dos tipos: lineal o no lineal. Afortunadamente, se ha trabajado mucho sobre el tema de la correlación y ahora podemos contar con fórmulas y métodos de cálculo bastante eficaces.

Para evaluar la relación lineal entre dos variables continuas, recurrimos naturalmente a la **correlación de Pearson**. Los siguientes gráficos muestran los coeficientes de Pearson (r) que demuestran una correlación positiva (r>0), una correlación negativa (r<0) o la ausencia de correlación (r=0).

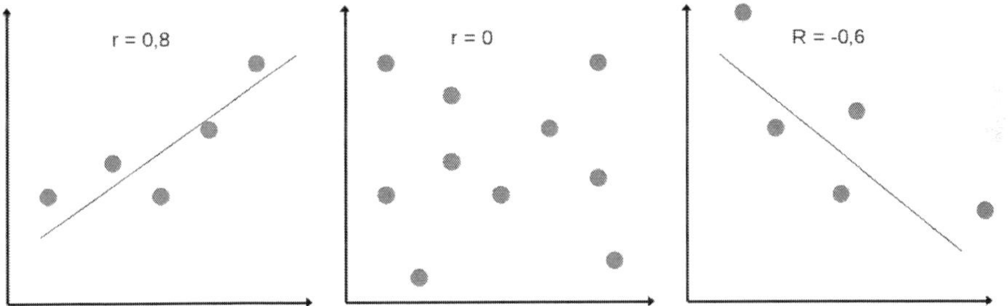

Coeficiente de Pearson para diferentes distribuciones

En las dos curvas de la derecha y la izquierda se aprecia claramente que los puntos siguen aproximadamente una línea recta (de ahí la noción de linealidad). En la curva intermedia, las variables son caóticas en ambos ejes, lo que demuestra que no existe ningún vínculo entre ellas.

El vínculo entre varias variables (columnas) se puede ver en el mapa de calor que figura a continuación, proporcionado por la librería de perfiles Python Pandas:

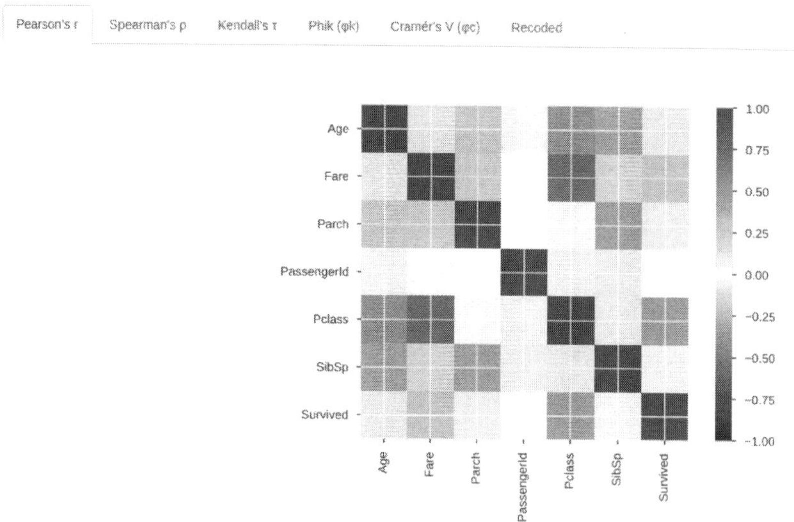

Mapa de calor de los coeficientes de Pearson por columna

A veces, la correlación es mucho menos evidente (como hemos visto antes) y hay que considerar que no se puede representar mediante una simple línea (lineal), sino mediante polinomios. Entonces debemos recurrir, por ejemplo, a **la correlación de Spearman** (rho), que evalúa la relación monótona entre dos variables. En una relación monótona, las variables tienden a cambiar juntas, pero este cambio no se produce necesariamente a un ritmo regular.

Otra medida de correlación (**Tau de Kendall**) mide la asociación entre dos variables. Más concretamente, la Tau de Kendall mide la correlación de rango entre dos variables. Sus valores son generalmente inferiores a los de la correlación de Spearman y los cálculos se basan en pares concordantes y discordantes. La ventaja de este método es que no es sensible al error, pero los valores son más precisos con muestras más pequeñas.

También se utiliza la **Rho de Spearman**. La Rho de Spearman suele dar valores más altos que la Tau de Kendall. Los cálculos se basan en las desviaciones. Sin embargo, es mucho más sensible a errores y discrepancias en los datos (valores atípicos).

En realidad, existen muchas fórmulas o métodos para calcular la correlación entre variables. La dificultad suele residir en elegir el método adecuado en función de la estructura de los datos, pero también teniendo en cuenta la distribución.

3.3 Detectar enlaces entre tablas (entre conjuntos de datos)

Algunas soluciones también pueden detectar los vínculos reales (o uniones) que pueden existir entre diferentes tablas o conjuntos de datos. El análisis puede mostrar que dos tablas están vinculadas mediante una unión o join (con una clave única o múltiple), hasta un determinado porcentaje de integridad. Esto puede revelar uniones casi perfectas (98-99%) y, por tanto, problemas subyacentes de calidad de los datos.

Este tipo de detección es mucho más complejo, ya que requiere tener en cuenta un margen de error sobre los datos (columnas) utilizados para realizar la unión. Además, dado que hay que probar todas las combinaciones posibles de claves de una tabla, a veces es necesario especificar los posibles candidatos a dicha unión, para optimizar los tiempos de procesamiento.

Ejemplo

La tabla A tiene 3 columnas y la tabla B tiene 4 columnas.

Si observamos todas las uniones posibles en el caso de que la clave sea una sola columna, tenemos: 3 x 4 = 12 combinaciones para probar en todo el conjunto de datos.

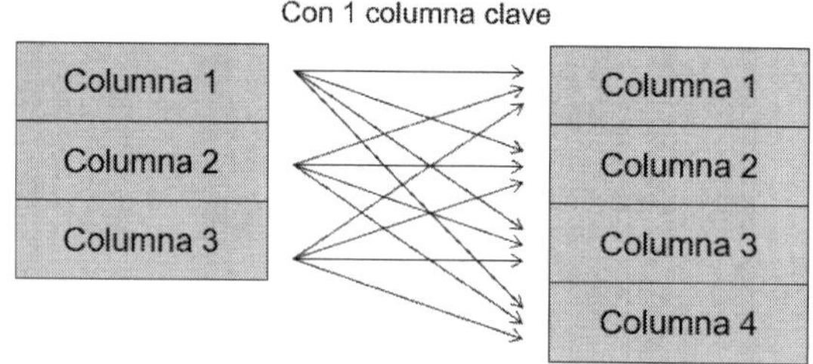

Número de enlaces entre tablas que se deben comprobar

A continuación, hay que comprobar si la unión es posible en claves formadas por dos columnas. Para hacer esto, hay que crear todas las combinaciones posibles (tuplas) para cada tabla con dos columnas y, a continuación, comprobar la unión.

Por tanto, para la tabla 1 tenemos 3 posibles tuplas (1,2) (1,3) y (2,3) y para la tabla B tenemos (1,2) (1,3) (1,4) (2,3) (2,4) y (3,4), es decir, 6 tuplas. Ahora tenemos que probar 3x6, es decir, 18 veces, para todo el conjunto de datos. Dependiendo del tamaño del conjunto de datos, este tipo de cálculo puede llevar mucho tiempo, o incluso resultar casi imposible si el número de columnas que hay que comprobar es demasiado grande.

4. Análisis exploratorio y visualización de datos

Gracias al perfilado de datos, podemos comprender mejor cómo se estructuraron y formatearon. Por lo tanto, al igual que en el capítulo anterior, este capítulo solo trata de los datos estructurados. Hasta entonces, seguíamos en la parte descriptiva del análisis de datos. Este tipo de análisis rara vez es suficiente porque, como hemos visto en muchas ocasiones, los datos solo tienen valor y significado cuando se sitúan en su contexto. Por lo tanto, es esencial profundizar en este análisis inicial y pasar a la fase exploratoria propiamente dicha.

A continuación, buscaremos vínculos entre los datos, tendencias, agrupaciones, etc. Aquí es donde realmente podemos encontrar valor en los datos que exploramos. Pero seamos francos: a este nivel, no existe ninguna herramienta mágica que nos permita tomar los datos de entrada y obtener las conclusiones correctas de salida. Es esencial conocer bien la empresa, el contexto e incluso las organizaciones implicadas. Será necesario combinar conocimientos funcionales, herramientas adecuadas y un conjunto de datos representativo para obtener los resultados correctos.

En lo que respecta a las herramientas, o más bien al tipo de herramientas, tenemos que fijarnos en la visualización de datos (DataViz). Gracias a su flexibilidad y a su enfoque visual, estas herramientas permiten extraer las conclusiones adecuadas de los datos. De hecho, se han convertido en herramientas indispensables para analizarlos.

4.1 Visualizar para analizar mejor

¿Por qué combinar la visualización de datos y su análisis funcional? Probablemente, porque nuestros cerebros no son capaces de comprender o analizar conjuntos de datos en bruto. ¿Es usted capaz de encontrar un problema o determinar una tendencia en una tabla de valores de varios miles de líneas? No es fácil... de hecho es casi imposible si no hace este tipo de ejercicio sobre el mismo tipo de archivos todos los días. Así que tenemos que utilizar las herramientas adecuadas para hacer un uso más eficaz de estos datos y facilitar su comprensión.

La visualización de datos es la punta del iceberg. Los datos, a menudo demasiado voluminosos, son la parte sumergida. Nuestros cerebros se sienten atraídos de forma más natural por las cosas sencillas, por lo que es vital ayudarles a captar mejor la complejidad que aportan los datos, evitando que se abrumen rápidamente por tener demasiada información.

El estudio sobre la percepción preatentiva (1985) de la psicóloga estadounidense Anne Treisman demuestra que, ante la representación gráfica de un conjunto de datos, el cerebro humano no realiza prácticamente ningún esfuerzo: es capaz de comprender la información instantáneamente y de forma natural, gracias sobre todo a su capacidad para reconocer formas, colores, orientaciones, etc. En resumen, nuestro cerebro casi no necesita trabajar sobre la información presentada para comprenderla y analizarla, ni siquiera necesita utilizar su memoria.

¿Sabía que nuestro cerebro tiene cuatro tipos de memoria?:

- **La memoria de trabajo**, que nos permite concentrarnos rápidamente e integrar información procedente de múltiples estímulos verbales o visuales.
- **La memoria a corto plazo**, conocida como memoria inmediata, es operativa durante unas decenas de segundos. Actúa como una especie de memoria intermedia antes de almacenarse en la memoria a largo plazo.
- **La memoria verbal**, que se ocupa de los sonidos, las palabras, etc.
- Y, por supuesto, **la memoria visual**, que nos permite interpretar y retener mejor todo tipo de información visual (formas, caras, colores, etc.).

Ante una gran tabla de cifras, nuestro cerebro tiene que leer todos los valores (o casi todos), luego interpretarlos e incluso relacionarlos entre sí. Es mucho trabajo y una tarea extremadamente agotadora que somete al cerebro a una enorme tensión y puede saturar muy rápidamente nuestra memoria a corto plazo, dado el enorme volumen de información. Los mismos datos presentados en un simple gráfico pueden mostrar de un vistazo la tendencia buscada.

El objetivo de la visualización de datos es resumirlos y presentarlos para que todos puedan entenderlos.

En este capítulo veremos cómo analizar conjuntos de datos, simplificando su presentación mediante diversas técnicas de visualización de datos. Esto no solo nos ayudará a entenderlos, sino también a presentarlos a los demás. Pero antes de adentrarnos en el apasionante mundo de la visualización de datos, es importante entender por qué a nuestro cerebro se le da tan bien entender lo visual. Para hacerlo, vamos a empezar analizando los seis principios de la Gestalt.

4.2 Los principios de la Gestalt

Los principios de la Gestalt (que son seis) son los diferentes sesgos o prejuicios perceptivos de nuestro cerebro. Estos principios fueron teorizados en 1920 por Max Wertheimer, que pretendía establecer una teoría de la forma para distinguirla del fondo. De hecho, nuestro cerebro tiende a hacer mucho más de lo que ve; sencillamente, tiende a corregir y modificar la información visual que percibe. Observe, por ejemplo, un trampantojo o lo que llamamos un efecto visual y vea cómo, incluso después de releer el mismo texto varias veces, nunca encuentra el error y así sucesivamente. Sencillamente, nuestro cerebro nos miente; estos principios nos ayudan a sentar las bases para comprender esta mentira.

A continuacion se muestra los seis principios básicos:

- 1. **Continuidad**: nuestro ojo se ve obligado a pasar de un objeto a otro.
- 2. **Cierre**: nuestra mente cierra o completa naturalmente las formas. Esto nos permite, por ejemplo, rellenar los detalles que faltan en una forma.
- 3. **Similitud**: si dos objetos son similares, tendemos a pensar en ellos como un grupo.
- 4. **Proximidad**: naturalmente imaginamos una relación entre dos objetos cercanos.
- 5. **Simetría**: nuestro ojo asocia dos objetos simétricos como el mismo grupo.
- 6. **El principio objeto-fondo**: un objeto se separa de su fondo de forma natural y sin esfuerzo.

Max Wertheimer resumió su teoría diciendo: "Un todo es diferente de la suma de sus partes". Pero en la visualización de datos podemos utilizar estos sesgos, no para mentir, sino para identificar y resaltar nuestros datos.

4.3 Primitivas gráficas

Nuestros datos son variables, por lo que vamos a tener que transformar estos valores variables en objetos visuales, dentro de una representación visual (un gráfico). Para hacerlo, tenemos varias opciones, así que vamos a dar forma a nuestros datos ilustrándolos con los siguientes elementos:

- **Posición**: en el propio gráfico; por supuesto, utilizaremos las coordenadas, pero también es posible utilizar otros ejes de presentación.
- **Longitud**: a cada dato se le puede asignar una longitud, que puede ser útil para ilustrar la importancia, el tamaño, etc.
- **Ángulo y pendiente**: la pendiente de la representación también puede desempeñar un papel visual. Una línea recta ascendente da inmediatamente una visión de crecimiento. Por el contrario, una curva descendente puede dar una idea de declive o decrecimiento.
- **Superficie**: el tamaño de una representación suele ser muy revelador a simple vista.
- **La forma** (redonda, cuadrada, estrella, icono, imagen, etc.).
- **Color** (a su vez dividido en intensidad, saturación y tono).

Cuidado, porque según los datos representados, el método de representación (o primitivo gráfico) no tendrá el mismo impacto visual. En su libro sobre semiología gráfica, Jacques Bertin define el vínculo entre el tipo de variable (ordinal, cuantitativa o nominal) y su impacto visual.

Mostramos aquí un resumen, según el tipo de variable, lo precisa que puede ser una representación determinada:

Precisión ↑	Variable Cuantitativa	Variables Categóricas/Cualitativas	
		Variable ordinal	Variable Nominal
	Posición	Posición	Posición
	Longitud	Color	Color
	Ángulo	Longitud	Forma
	Pendiente	Ángulo	Longitud
	Superficie	Pendiente	Ángulo
	Color	Superficie	Pendiente
	Forma	Forma	Superficie

Estos son los elementos visuales que podemos utilizar para mostrar nuestras variables.

4.4 Representaciones gráficas

Hay tantas formas de representar gráficamente una distribución de datos que probablemente haya demasiadas para elegir. ¿Por qué demasiadas? Seguramente porque, como hemos visto antes, al par ojo-cerebro le gustan las cosas sencillas y mientras que algunas representaciones no requieren ningún esfuerzo, otras (aunque muy bonitas), ahogan la información y a veces incluso la hacen difícil de digerir. Una vez más, la representación de los datos debe seguir ciertas reglas para ser eficaz y, a menudo, es necesario tener en cuenta que la belleza también puede ser enemiga de la sencillez. Por ejemplo, se recomienda evitar a toda costa los gráficos tridimensionales, esos famosos diagramas de barras con gradaciones de color que alegran una presentación tipo PowerPoint. Son muy bonitos, pero también muy complejos de leer e interpretar. Nuestro cerebro tiene que esforzarse para reconstruir la información realmente útil. Por eso suele ser importante evitar artificios innecesarios y utilizar las representaciones adecuadas, adaptadas tanto a los datos como a lo que se quiere que digan.

Pero, ¿qué representación hay que utilizar? Esa es la pregunta y, en realidad, la respuesta es bastante sencilla, porque la representación depende del tipo de variable que vayamos a visualizar. Para hacerlo, hay que distinguir entre variables categóricas (cualitativas), continuas y discretas y luego ver cómo se deben representar en función de su perspectiva (abscisa y ordenada).

Empezaremos con las más comunes y luego las iremos repasando en orden de complejidad creciente. Veremos cómo se puede representar cada gráfico utilizando Python. Por supuesto, también puede utilizar herramientas de visualización de datos como Tableau, Qlik, Kibana o PowerBI.

4.4.1 Texto simple

Cuando se trata de mostrar un resultado simple, por ejemplo un porcentaje o una cantidad (como una facturación), nada mejor que mostrarlo de forma sencilla. No tiene sentido presentar una distribución en un gráfico complejo si la única información que se quiere mostrar es un simple resultado. Aquí nos alejamos claramente del análisis de datos para acercarnos a la presentación de datos (este tipo de representación se utiliza normalmente en los cuadros de mando).

4.4.2 Las tablas

Las tablas están por todas partes y, aunque su formato es práctico, no es nada adecuado para el análisis de datos. Cuando vemos una tabla, no podemos evitarlo: la leemos. Vamos de fila en fila y luego de columna en columna, hasta el punto de que a veces nos perdemos.

Esta tediosa lectura monopoliza nuestro sistema verbal y, por tanto, supone un verdadero esfuerzo que, dependiendo del tamaño del conjunto de datos, puede ser considerable. Pero lo peor es que no podemos leerlo todo (a menos que dediquemos mucho tiempo a hacerlo), por lo que es muy probable que hagamos un análisis incorrecto simplemente porque se nos han escapado algunos datos o tendencias importantes.

Así que cuando se trata de analizar datos, la tabla no es una buena opción.

4.4.3 La nube de puntos

La nube de puntos (o *Scatter plot* en inglés), suele ser la primera representación que utilizamos cuando no sabemos absolutamente nada de nuestros datos.

Se trata de una representación muy práctica que pone de relieve **el vínculo, y por tanto la correlación potencial, entre dos variables (en el eje x y en el y)**.

En este caso, la nube (es decir, el grupo de puntos) es densa y sigue a grandes rasgos la misma tendencia (por ejemplo, una línea o curva). El siguiente ejemplo muestra una correlación lineal entre las variables x e y:

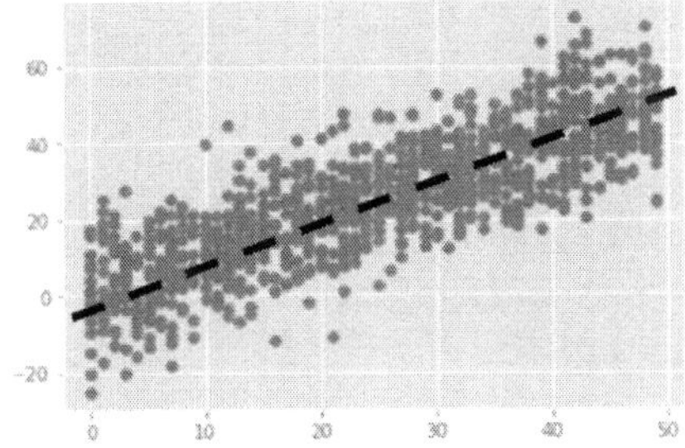

Representación de una distribución casi lineal en forma de nube de puntos.

Podemos ver que el conjunto de puntos (nube) sigue aproximadamente una recta lineal (línea de puntos). Por tanto, existe una correlación entre estas dos variables.

Por otra parte, este tipo de gráfico se puede utilizar para demostrar que dos variables no están correlacionadas.

Es evidente que no existe ninguna relación, ya que los puntos se distribuyen caóticamente a lo largo de los dos ejes:

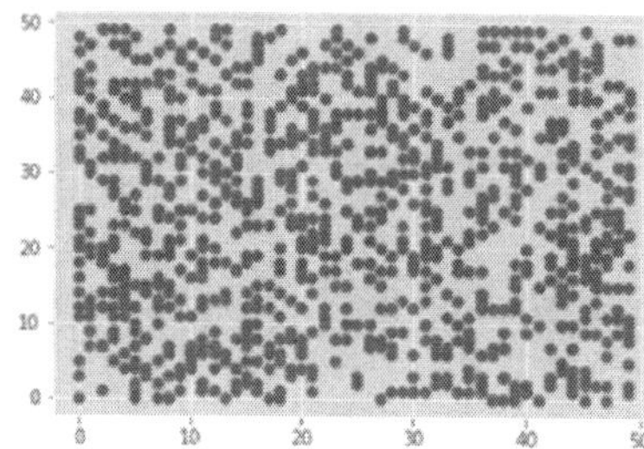

Representación de una distribución "caótica" en forma de nube de puntos

Grupos de puntos

En este caso, tenemos varios grupos distintos, también conocidos como clústeres. El siguiente gráfico muestra tres nubes (o tres grupos), que se pueden separar para identificar tres tendencias principales:

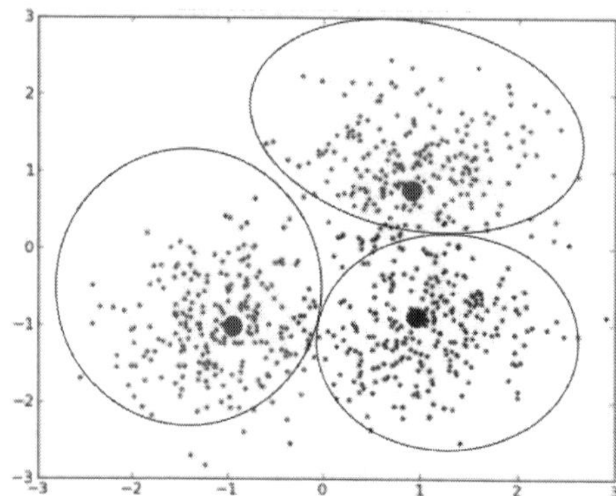

Detección visual de grupos de puntos

Valores atípicos (Outliers)

Este tipo de gráfico facilita la identificación visual de los puntos que se salen totalmente de la tendencia general (la nube). Entonces podemos decidir, si es necesario, tratarlos como valores anormales o incluso como errores de medición:

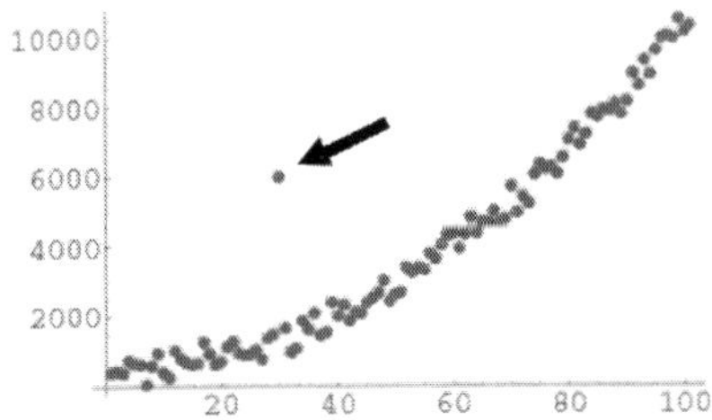

Valor atípico (outlier)

Este tipo de representación (también llamado diagrama de dispersión) es, por tanto, muy práctico cuando se tienen datos numéricos continuos (o incluso discretos) a ambos lados pero, por ejemplo no es adecuado para variables categóricas.

Por ejemplo, las nubes de puntos son muy útiles para determinar o encontrar:

- principales tendencias,
- dependencias o correlaciones,
- la homogeneidad de la distribución de un conjunto de datos,
- valores atípicos (outliers), que tienden a desviarse de la desviación típica.

En Python, utilizando la librería Pandas, la visualización de un gráfico de dispersión es bastante sencilla y solo requiere unas pocas líneas:

```
import pandas as pd
data = [(2, 8), (3, 4), (4, 7), (5, 9), (6, 12),(7, 8),(8, 15),
(9, 4), (10, 4), (11, 7),(12, 8),(13, 6)]
dataFrame = pd.DataFrame(data=data, columns=['A','B']);
dataFrame.plot.scatter(x='A', y='B', title= "Nube de puntos
entre dos variables X e Y");
```

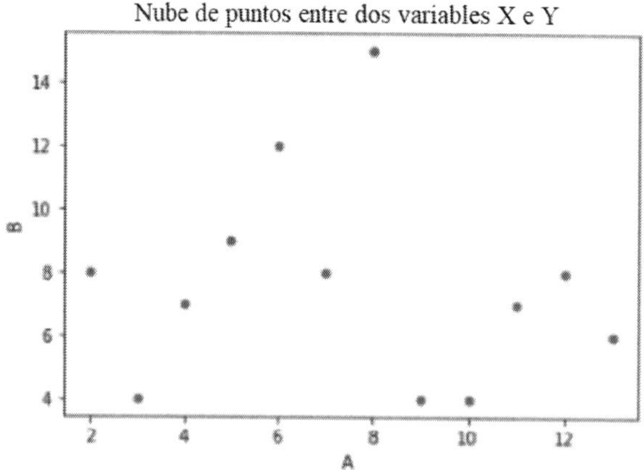

Diagrama de dispersión entre dos variables

4.4.4 Las curvas

Las representaciones gráficas lineales (Lie Plot) son las más extendidas y, de hecho, son simplemente una colección de puntos de una distribución determinada, preferiblemente continua. Por supuesto, este tipo de representación se puede utilizar para datos discretos, pero la curva tendrá un aspecto muy segmentado y, a menudo, se preferirá a otro método de representación, como los gráficos de barras.

Esto se debe a que una representación curva encaja perfectamente con los principios de la Gestalt que hemos visto anteriormente. En efecto, cada punto está conectado (concretamente) con su sucesor, lo que implica naturalmente para nuestro cerebro un fuerte vínculo con connotación de sucesión.

Un caso especial es cuando se quiere representar una variable temporal. En este caso, siempre que se utilicen intervalos regulares (meses, años, etc.), este tipo de representación se presta bastante bien. Observe también que a menudo es útil superponer varias curvas en un mismo gráfico, lo que permite, por ejemplo, comparar de un vistazo varias tendencias en diferentes ejes de análisis. Por ejemplo, si se representa la evolución de las ventas por tienda (una curva por tienda), se puede ver de un vistazo qué tiendas están obteniendo mejores resultados, así como qué tiendas están creciendo más rápidamente que las demás.

A continuación se muestra, utilizando Python y la librería matplotlib, cómo representar varias líneas en el mismo gráfico:

```
import matplotlib.pyplot as plt
x = [1, 6, 8, 10, 15, 20]
y = [2, 4, 6, 6, 9, 14]
z = [3, 5, 8, 9, 0, 5]

plt.plot(x, y)
plt.plot(x, z)

plt.show()
```

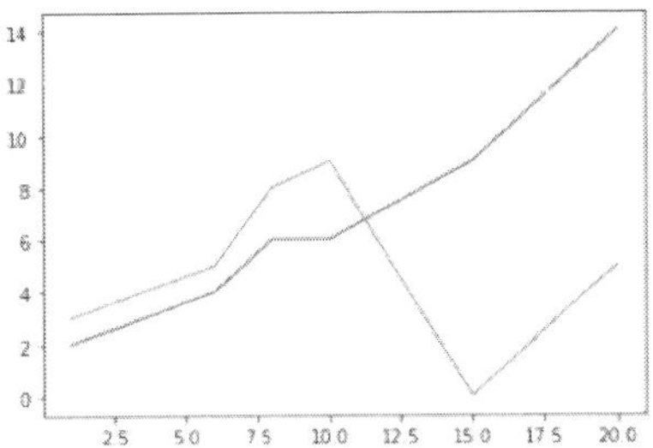

Representación de curvas (línea) con Python matplotlib

4.4.5 Gráficos de superficie

Los gráficos de superficie (o de zona) son, en cierto modo, extensiones de las curvas, con la diferencia de que el área bajo la curva es sólida (rellena de un color o incluso de una textura). Se pueden utilizar para destacar un cambio, una tendencia o un factor importante. También se pueden utilizar para mostrar, de forma parecida a un indicador (que muestra una indicación simple en relación con sus valores mínimo y máximo), si un objetivo se ha alcanzado o superado.

Como en el caso de las curvas, las superficies se pueden superponer, pero hay que tener cuidado de que no se solapen. De lo contrario la representación se volverá rápidamente compleja o incluso ilegible. Del mismo modo, este tipo de representación se adapta muy bien a las variables continuas (o incluso discretas).

En Python:

```
x = [1, 6, 8, 10, 15, 20]
y = [2, 4, 6, 6, 9, 14]
z = [3, 5, 8, 9, 0, 5]

df = pd.DataFrame({
'A': x,
'B': y,
'C': z,
}, index=pd.date_range(start='2018/01/01', end='2018/07/01',
freq='M'))
ax = df.plot.area()
```

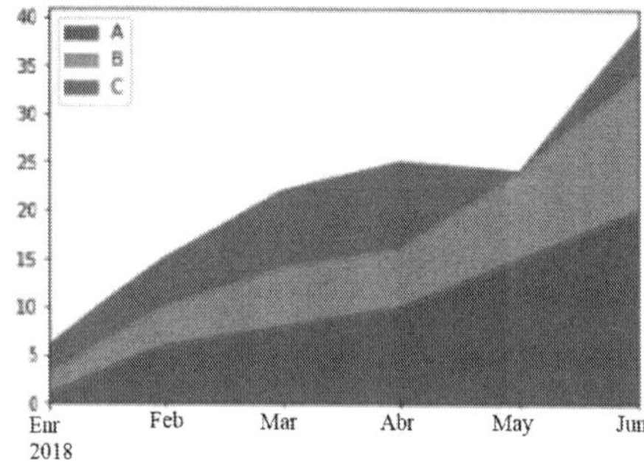

Diagrama de superficie

4.4.6 Diagrama de barras

El diagrama de barras (Bar Plot) es el gráfico ideal para representar variables categóricas (en el eje x). Es una representación excelente para comparar elementos entre varios grupos (nuestras famosas variables categóricas) y para seguir los cambios a lo largo del tiempo.

Como su nombre indica, los diagramas de barras son una pila (horizontal o vertical) de barras, cada una de las cuales se corresponde con una variable categórica y cuya longitud indica su importancia.

A continuación se muestra, utilizando Python, cómo podríamos representar la cantidad de productos vendidos en un día para cada país:

```
import pandas as pd
df = pd.DataFrame({'País':['Francia', 'Italia', 'España'],
'val':[10, 30, 20]})
ax = df.plot.bar(x='País', y='val', rot=0)
```

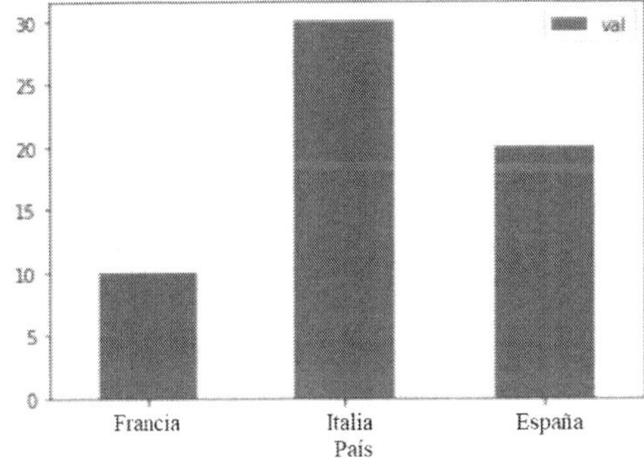

Diagrama de barras

Nuestros diagramas pueden tener otras variaciones interesantes, siempre que nuestra variable categórica se pueda desglosar en varias subcategorías (en el ejemplo anterior, cada país se podría desglosar en regiones):

- Se pueden apilar (lo que se denomina un diagrama de barras apiladas) varias barras de la misma categoría (si por ejemplo desea ver el total de varias subcategorías). Así se obtiene el tamaño total de la barra de categoría, desglosado en los valores de sus subcategorías.
- También puede colocar barras de la misma categoría una al lado de la otra (si desea comparar dos subcategorías de la misma categoría). En este caso, asegúrese de que cada categoría está claramente separada para no mezclarlo todo.

4.4.7 Histogramas

Los histogramas son muy parecidos a los diagramas de barras, pero su finalidad es representar la evolución continua a lo largo de un intervalo determinado. En otras palabras, son diagramas de barras pero no utilizan variables categóricas. En su lugar, se pueden utilizar variables continuas o discretas, pero se tendrán que dividir en intervalos (o bins en inglés). Cada intervalo se convertirá en la categoría de visualización de la barra y se podrá ajustar según sea necesario.

Cuidado, la elección del tamaño del intervalo es importante porque si está mal colocado puede dar lugar a un gráfico completamente falso.

Veamos un ejemplo con la siguiente distribución de valores:

1	2	2	2	2	3	3	3	4	4
1 ocurrencia	**4 ocurrencias**				**3 ocurrencias**			**2 ocurrencias**	

Visualicemos el histograma con un intervalo de 4 (correspondiente a los cuatro tipos de valores encontrados: 1, 2, 3 y 4):

```
import matplotlib.pyplot as plt
x = [1, 2,2,2,2, 3,3,3, 4,4]
plt.xticks([1,2,3,4])
plt.hist(x, bins=4 ,edgecolor = 'white')
plt.show()
```

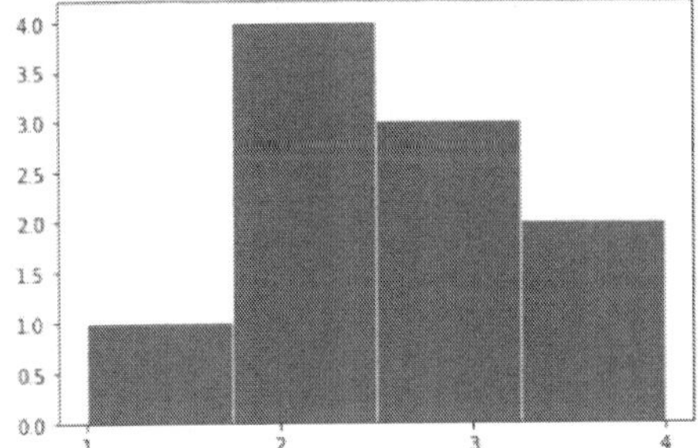

Histograma dividido en cuatro barras

Cada barra se corresponde con un valor distinto, y la altura especifica el número de ocurrencias de ese valor. Cambiemos el tamaño del intervalo a un valor inferior al número de valores distintos, es decir, 3:

```
plt.xticks([1,2,3,4])
plt.hist(x, bins=3 ,edgecolor = 'white')
plt.show()
```

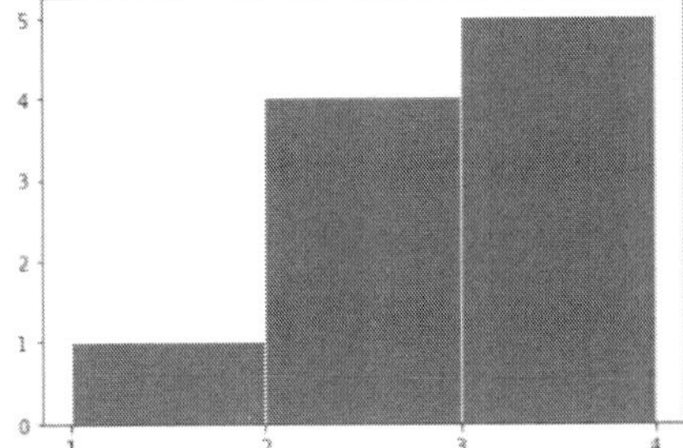

Histograma dividido en tres barras

A continuación, el gráfico cambia completamente para los mismos datos. Aquí, el histograma intenta agregar los datos dividiéndolos en tres categorías. No hay problema para los dos primeros valores (1 y 2) pero, para el tercero, el histograma agregará las dos frecuencias de los valores 3 y 4: es decir, el valor 5. Esto no es incorrecto desde el punto de vista de la visualización pero, como es de esperar, la representación se presta a interpretaciones erróneas y, por tanto, a malentendidos de los datos.

Los histogramas son muy útiles cuando por ejemplo se quiere tener una idea de la frecuencia de distribución de un dato.

4.4.8 Mapas de calor

Hemos visto que las tablas no son prácticas para analizar o presentar datos. Pero si las cifras (o las palabras) exigen un verdadero esfuerzo de comprensión, se pueden utilizar otros métodos para destacarlos. Añadir colores, por ejemplo, es otra forma de presentarlos (siempre en forma de tabla) manteniendo una buena legibilidad. Esta es la idea del mapa de calor (*heatmap*), que hace accesible una tabla de datos, pero con matices de color.

Por ejemplo, veamos un mapa de calor que muestra el número de ventas de productos por región:

```
import numpy as np
nb = np.array([[50, 74, 40, 70 ,80, 100],
[72, 85, 64, 78, 80, 80],
[52, 97, 44, 73, 75, 56],
[14, 45, 52, 79,70, 48],
[15, 20, 25, 86, 72, 68],
[10, 12, 16, 25, 50, 32]])
regions=['Murcia','Andalucía','Madrid','Cantabria',
'Asturias','Galicia']
subjects=['Lápiz','Hoja','Boli','Tijeras','Pegamento','Marcador']

plt.xticks(ticks=np.arange(len(regions)),labels=regions,rotation=90)
plt.yticks(ticks=np.arange(len(subjects)),labels=subjects)
plt.imshow(nb, cmap='cool',interpolation="nearest")
```

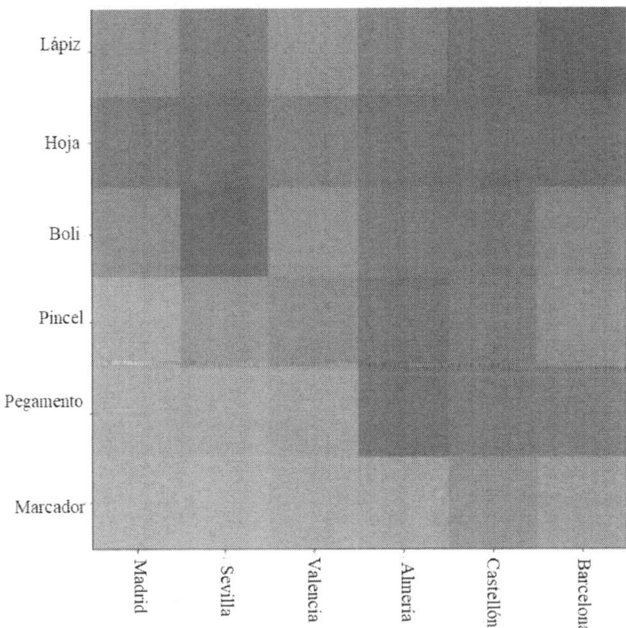

Mapa de calor

Por supuesto, también es posible colocar, además, los valores de los datos en las celdas (o solo los más relevantes). Pero cuidado, porque una vez más, corremos el riesgo de distraer a nuestro cerebro de las tendencias (o tareas representadas por las sombras) e incitarlo a leer los valores.

4.4.9 Las cajas con bigotes

El diagrama de caja con bigotes (o box plot) es el arma visual por excelencia del estadístico. Pero que no le asuste, es una visualización muy práctica que permite representar una distribución a través de sus cuantiles. No hay nada mejor si quiere entender la dispersión de sus datos.

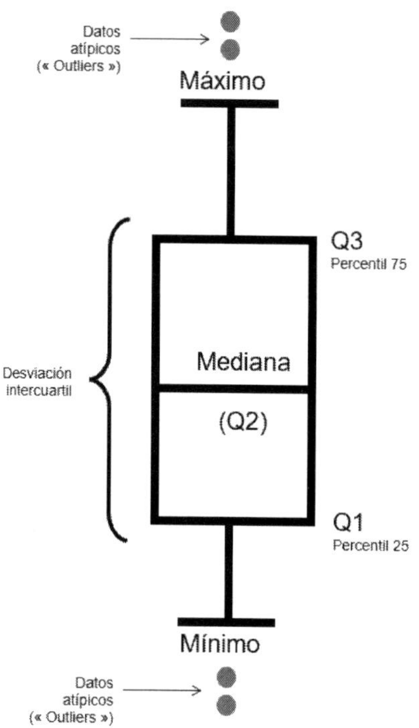

Esta caja con bigote muestra:

- el mínimo,
- el primer cuartil (Q1) -> el 25% de los valores están por debajo de Q1,
- la mediana (Q2),
- el rango intercuartil (entre Q1 y Q3),
- el tercer cuartil (Q3) ->75% de los valores están por debajo de Q1,
- el máximo.

Las cajas con bigotes son una herramienta muy útil para visualizar la dispersión de una distribución, su reparto y para ver y analizar posibles valores atípicos.

Por supuesto, es posible mostrar varias cajas con bigotes en el mismo gráfico, para por ejemplo comparar distribuciones de distintas categorías:

```
import numpy as np
import matplotlib.pyplot as plt
plt.figure(figsize=(20,10))
np.random.seed(100)

data = [np.random.randint(2,15, size=15),
np.random.randint(5,18, size=20),
np.random.randint(2,20, size=30)]

plt.boxplot(data)
plt.title("Cajas con bigotes")
plt.show()
```

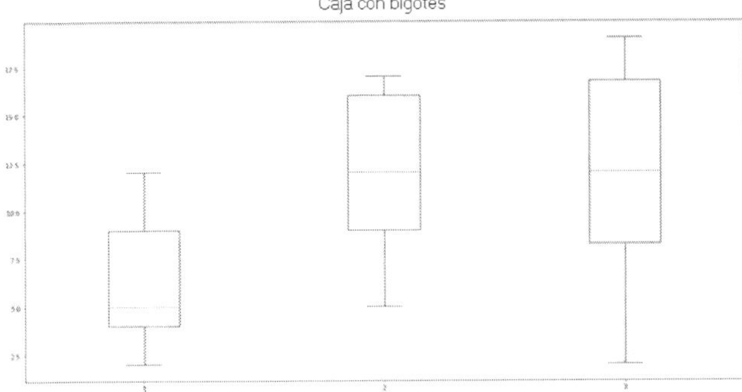

Caja con bigotes múltiples

4.4.10 Los mapas

No hay que olvidar los mapas geográficos, que pueden ser una excelente forma de visualizar datos repartidos por distintos países, regiones, etc. Por supuesto, la herramienta de visualización deberá soportar la gestión de los datos de geolocalización.

4.4.11 Otras visualizaciones

Hay docenas, si no cientos, de formas de visualizar datos. Por ejemplo, gráficos de tarta, de donut, de sankey, aluvial, radial, stream, etc. Hay que reconocer que muchos de ellos son realmente muy estéticos y, además, tienen una representación visual que los hace especialmente atractivos a primera vista. Otros son, todo hay que decirlo, simplemente inútiles desde un punto de vista pragmático. En resumen, hay que tener cuidado con los trucos visuales efímeros que dan más importancia a la forma que al fondo.

Nuestro consejo es muy sencillo a la hora de analizar e incluso explicar datos: SEA SIMPLE y utilice elementos visuales básicos.

Ejemplo

En lugar de un gráfico circular, utilice un gráfico de barras. Nuestros ojos comparan de forma natural los extremos de las barras. Nuestro cerebro analiza visualmente los datos lineales mucho más rápido y sin esfuerzo que los datos presentados en forma radial.

4.5 Utilizar DataViz para analizar datos

Ahora que hemos cubierto los principios fundamentales de DataViz, es hora de echar un vistazo a cómo puede ayudarnos a comprender mejor nuestros datos. La visualización de datos no se limita al análisis de la información, sino que también se puede utilizar para comunicar información a un público más amplio (véase Storytelling). Por extensión, también es una herramienta de gestión muy práctica, por ejemplo, mediante el uso de cuadros de mando.

Por desgracia, no existe una receta milagrosa. Analizar los datos desde un punto de vista funcional o de negocio (a diferencia del perfilado de datos) requiere una buena dosis de delicadeza y, a menudo, será necesario adoptar un enfoque analítico "descendente", lo que en principio es muy sencillo: la idea es empezar con un macroanálisis de los requisitos funcionales. El análisis de todo el espectro de datos (evitando centrarse en los detalles) confirmará lo que se espera de ellos o descubrirá problemas o aspectos sospechosos que se analizarán en detalle y por separado en una fase posterior. Paso a paso, iremos estrechando el embudo para profundizar en el análisis. Por ejemplo, si empezamos analizando la distribución de las ventas en todo el país, seguidamente es interesante centrarse en cada región, etc. "Esta región tiene un índice de ventas muy inferior a la media nacional, así que ¿por qué no examinarla más de cerca?" Se avanza paso a paso, empezando por el amplio espectro de datos y reduciéndolo gradualmente en función de lo que se va descubriendo.

Todo lo que hay que hacer es dejarse llevar por los progresivos descubrimientos. El análisis de datos se puede comparar, de hecho, a una búsqueda del tesoro que, como en cualquier juego, tiene algunas reglas para no perderse por el camino. Ya hemos visto algunas de ellas, con los principios de la Gestalt, las primitivas gráficas y los diagramas que hay que utilizar. Veamos otros consejos que nos resultarán útiles.

En primer lugar, ¿qué queremos averiguar? A continuacion se muestran los principales tipos de investigación que solemos encontrar:

- **Un cambio o ruptura**, una desviación hacia una nueva tendencia. Por ejemplo, un punto de venta que cerró en agosto tendrá necesariamente una ruptura en su curva de ventas de ese mes. Detectar esta ruptura puede ser objeto de análisis.
- **Una correlación**. ¿Existe una relación entre la clase de los pasajeros del Titanic y el hecho de que sobrevivieran?
- **Un orden, una clasificación**. Necesitamos una lista de los países que ganaron más medallas de oro en las últimas Olimpiadas.

- **Distribución o semejanza con una distribución conocida**. La distribución de las ventas de videoconsolas en función de la edad tiene un parecido asombroso con una distribución gaussiana, lo que significa que sin duda podemos aplicarle sus características particulares.
- **Tendencias** (crecimiento, descenso, etc.). ¿Han disminuido las ventas en Galicia en el último año?
- **Un desglose**. ¿Cuál es la cuota de ventas por región?
- **¿Cómo se relaciona un dato con otro** (relatividad)?

Observación

Por supuesto, esta lista no es exhaustiva, pero conocer el tipo de investigación que está realizando le ayudará claramente en la propia investigación. En concreto, le permitirá utilizar las herramientas y técnicas de análisis adecuadas.

Una vez que sepa lo que busca o, al menos, tenga una idea aproximada, estos son algunos consejos y trucos que le ayudarán a obtener los resultados que desea. Por supuesto, estos pequeños consejos son solo algunos esbozos de buenas prácticas de DataViz que le ayudarán a empezar con buen pie, pero no se deben tomar al pie de la letra. Cualquier regla tiene sus excepciones y siempre debe prevalecer el criterio humano sobre cómo se percibirá la visualización. En este sentido, DataViz se suele considerar el lado artístico del análisis de datos.

Estos son los principios fundamentales.

4.5.1 La proximidad mejora la asociación visual

Hay que utilizar etiquetas para identificar las curvas. Y no dude en colocarlas muy cerca de las curvas en cuestión, para acentuar su proximidad visual. Esto puede parecer obvio, pero son los detalles los que marcan la diferencia.

También es fundamental agrupar los elementos que se quieren comparar. Por ejemplo, si quiere comparar las cifras de dos regiones concretas, es buena idea agrupar estas dos regiones en un gráfico en lugar de ocultarlas entre todas las demás regiones. De hecho, ¿por qué no crear gráficos distintos para cada región?

4.5.2 Reducir el conjunto de datos si es necesario

Algunas veces, cuando el conjunto de datos es demasiado grande, es necesario eliminar algunos para obtener una buena visualización. Normalmente, los valores atípicos no tienen cabida e incluso pueden interferir en el análisis o en el mensaje que se quiere transmitir. Así que no tenga miedo de simplemente eliminarlos de la visualización. En ese caso, la tendencia general o el mensaje de la visualización serán más evidentes.

Del mismo modo, no hay que dudar en eliminar lo que no sea necesario, o incluso muestrear o agregar cuando sea posible. Por ejemplo, si quiere mostrar o analizar el número de elefantes africanos que siguen vivos, en lugar de tener una curva que muestre la cifra por mes/semana a lo largo de 20 años, sería más interesante proponer una curva anual.

4.5.3 Ordenar los datos

Es esencial ordenar los datos cuando es posible. ¿Hay algo peor que las visualizaciones caóticas en las que los datos parecen una montaña rusa?

Imaginemos que tenemos una lista de regiones sin ordenar en el eje x. Si buscamos la cifra de una región determinada, tendremos que leer toda la lista. Si simplemente ordenamos de forma ascendente permitiremos a nuestro cerebro (acostumbrado a ordenar) desplazarse más rápidamente hacia la región que buscamos.

4.5.4 Consolidar datos

En la misma línea que la clasificación, si es posible, es importante agrupar los datos. Esto significa agrupar diagramas también cuando es posible (cuidado con los posibles problemas de escala), así como utilizar visualizaciones que permitan la agrupación si tiene sentido (como grupos de barras en un gráfico de barras).

4.5.5 Prohibir las sobrecargas

Es vital insistir en que el cerebro se centra en lo esencial, por lo que es importante facilitarle al máximo su trabajo y no dudar en eliminar todo lo que no sea necesario. Algunas veces puede parecer difícil, porque no nos gusta eliminar información, pero demasiada información mata o, mejor dicho, *ahoga* la información que de verdad intenta encontrar o mostrar.

Observación

Consejo: si realmente tiene reparos a la hora de eliminar información, ¿por qué no crea varias gráficas o visualizaciones, cada una centrada en un punto concreto y resaltándolo?

4.5.6 Jugar con los colores

Los colores pueden ser un gran aliado, pero, una vez más, utilícelos con moderación, y no olvide que alrededor del 8% de la población mundial padece daltonismo, por lo que deberá tenerlo en cuenta a la hora de elegir los colores.

Recomendamos utilizar los colores:

- Para agrupar categorías visualmente. Utilizar colores para cada dato puede dar lugar rápidamente a una especie de arco iris que no tiene ninguna cualidad visual. En cambio, utilizar colores para agrupar visualmente los datos dentro de las categorías puede ser una verdadera ventaja.
- Para indicar claramente valores negativos (rojo, por ejemplo) o valores por debajo de un umbral. En general, utilizar el color para destacar ciertos valores que sobresalen de la multitud es una excelente idea.

Desde el momento en que empiece a utilizar colores, debe ser coherente, especialmente en el caso de los cuadros de mando que presentan varias visualizaciones. Si asigna un color a un dato o a una categoría de datos, es esencial respetar ese código de color en todas las demás visualizaciones.

4.5.7 Consejos visuales

Es interesante utilizar formas verticales (en lugar de horizontales) para determinar la importancia de un valor. Esto es especialmente cierto cuando hay que representar muchos datos (por ejemplo, ocurre sobre todo con las cajas con bigotes).

También es una excelente idea añadir líneas de referencia para situar visualmente la distribución en relación con un valor de referencia (como la media, la mediana, etc.).

El grosor de las líneas o barras también puede acentuar o resaltar determinada información. Por tanto, es un efecto visual interesante, pero solo se debe utilizar una o dos veces en una visualización.

4.6 Primera impresión

DataViz es una forma realmente eficaz de analizar y presentar datos y aunque a veces las técnicas de visualización pueden parecer bastante estrictas, deben dejar espacio para la creatividad. Solo hay que tener cuidado de que esta creatividad no vaya demasiado lejos en lo artístico en detrimento del objetivo principal: comprender o ayudar a comprender la información que hay detrás de los datos.

Aquí es donde suele estar el escollo. A menudo se cae en la tentación de exagerar y elegir el modo de visualización en función de su atractivo estético y no del mensaje que se quiere transmitir. Así que hay que tener cuidado de no olvidar el verdadero objetivo del análisis y perderse en algo que, al final, no tendrá el impacto esperado.

Otra dificultad importante es, por supuesto, que un buen análisis suele requerir buenos datos. Es habitual que haya que pasar por una etapa conocida como preparación de datos, sobre todo en el caso de un análisis funcional.

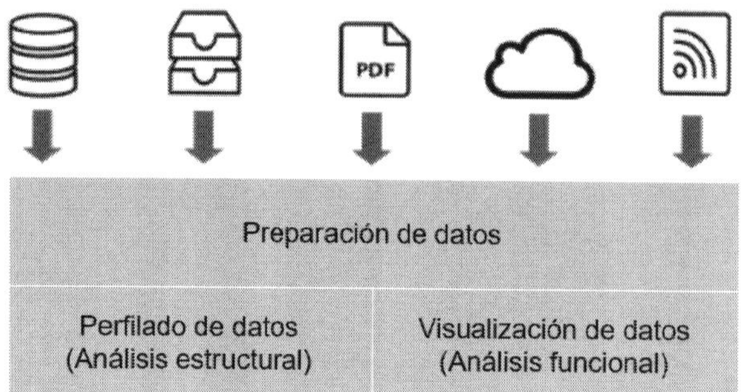

DataViz, Profiling y Preparación de datos

La mayoría de las herramientas de visualización de datos, al menos las grandes como Tableau o Microsoft, ofrecen herramientas nativas para preparar los datos de modo que se puedan analizar directamente. Otras herramientas adoptan un enfoque mucho más minimalista y solo permiten aplicar reglas sencillas. En estos casos, será necesario utilizar herramientas específicas como Alteryx.

5. Algunos ejemplos de análisis

5.1 Análisis de datos por cohortes

El análisis de cohorte es un tipo de análisis especialmente utilizado por los equipos de marketing de las empresas, ya que permite analizar segmentos de población (en sentido estadístico) para extraer características o comportamientos comunes. Este tipo de análisis también se utiliza mucho para extraer información, o más bien los factores que influyen en cada grupo (o cohorte) sobre los demás.

Evidentemente, este tipo de análisis es habitual en el comercio electrónico o en general en cualquier actividad que pretenda aumentar el número de miembros.

Observación

Un caso claro es el análisis de la tasa de conversión de cliente gratuito a cliente de pago (premium).

A continuación, se muestra un ejemplo excelente para ilustrar lo que es un análisis de cohorte: consideremos el caso de una empresa que lanza una gran campaña de marketing. Los operadores telefónicos se encargan de realizar un gran número de llamadas para reservar citas.

Esta es la lista de llamadas y citas tras cuatro días de campaña:

Día	Número de llamadas	Citas concertadas	Índice de transformación
D1	100	10	10 %
D2	150	30	20 %
D3	120	40	33 %
D4	90	50	55 %

Si nos fijamos bien, la tasa de conversión no es muy estable de un día para otro (del 10% al 20% el día siguiente, etc.). El problema aquí es que los agentes del centro de llamadas pueden hacer una segunda llamada, porque los clientes a los que se llamó el día anterior acuardan una cita para por ejemplo el día siguiente.

En resumen, y este es un fenómeno que vemos con regularidad, las cosas no son lineales y la causalidad de este acontecimiento (concertar una cita) se debe abordar a tiempo.

Si desglosamos la contribución real de cada día de llamada, obtenemos una tabla con el siguiente aspecto:

Día	**Citas concertadas**				**Contribución**	**Índice de transformación**
	D1	**D2**	**D3**	**D4**		
D1	10	10	5	15	50	50 %
D2		20	15	5	40	26 %
D3			20	15	35	29 %
D4J4				15	15	16 %
TOTAL	10	30	40	50		

En la columna "Citas concertadas", esta tabla relaciona la cita con la primera llamada a este cliente. Así se obtiene el índice de conversión real de cada llamada, sin tener en cuenta el tiempo transcurrido entre la llamada y la cita reservada. Por ejemplo, el día D2 se reservaron 30 citas, 10 de las cuales estaban vinculadas a llamadas del día D1 y 20 del día D2.

Esto significa pasar de una tasa de conversión del 10% para D1 al 50%. Peor aún, fíjese bien cómo cambian las contribuciones en función del método de cálculo. Si es agente de un centro de llamadas y solo tiene que participar en una campaña de este tipo durante unos días, merece la pena que se informe sobre cómo se calcula la tasa de conversión.

5.2 Análisis inferencial

Este tipo de análisis permite extender un análisis realizado sobre una muestra, al conjunto de la población. Se trata de generalizar las conclusiones de un estudio reducido (sobre una muestra), al conjunto completo de los datos. Este tipo de análisis se basa en modelos estadísticos y distribuciones conocidas (como la distribución normal); es muy común cuando los datos son muy grandes (Big Data), pero tiene el gran inconveniente de depender tanto de la población como del método de muestreo. Parece obvio que la muestra debe ser representativa de la población o, de lo contrario, las inferencias serán erróneas.

5.3 Análisis predictivo

Puede parecer obvio, pero este tipo de análisis se utiliza para encontrar y explotar una tendencia en los datos. Al recuperar datos históricos con datos actuales, este tipo de análisis se puede utilizar para hacer predicciones sobre un indicador futuro, evaluar un riesgo potencial o simplemente ayudar a tomar decisiones. La predicción se basa en los datos existentes, que se deben analizar en detalle para encontrar un vínculo, un patrón o una tendencia.

Observación

Más adelante veremos cómo las técnicas de aprendizaje automático (en particular los algoritmos de regresión) pueden ayudar en estos análisis.

5.4 Análisis causal

Este tipo de análisis se utiliza para determinar la relación causal entre una variable y otra.

6. Calidad de los datos

Acabamos de ver cómo analizar y calificar los datos desde un punto de vista técnico con la elaboración de perfiles de datos y desde un punto de vista funcional, con su visualización. Pero, ¿cómo determinar si los datos son de buena calidad?

6.1 ¿Por qué es importante la calidad de los datos?

Puede haber muchas razones por las que la calidad de los datos se convierta realmente en un elemento fundamental. En el mundo de las finanzas, encontrará un buen número de proyectos que implican una proporción significativa de calidad de datos, como:

- proyectos de gestión de identidades (gestión de datos de terceros, proyectos KYC (*Know Your Customer*), construcción de MDM para una visión única de terceros y organizaciones, detección de fraudes),
- gestión de riesgos (indicadores clave de rendimiento (KPI) y supervisión de datos, modelización, agilidad),
- proyectos sobre restricciones legales (GDPR, BCBS 239, FATCA);
- proyectos analíticos de Big Data (integración de datos sociales y de fraude, análisis de carteras);
- seguridad de los datos (GDPR, desarrollo y pruebas Off/On Shore, normativa/conservación de la información, adquisición y supervisión de la calidad de los datos ML/OFAC, contratos de seguros de vida inactivos);
- grandes proyectos de modernización y desmantelamiento de aplicaciones (migración, validación y pruebas/revisión, sincronización, archivado, integración en la nube);
- proyectos de integración de datos de socios (SWIFT, SEPA, pagos Hup);
- programas de salas de mercados de capitales (intercambios de mensajes de baja latencia para el front office, seguridad, FIX, FpmL, normalización).

Estos diversos proyectos (como muchos otros) o iniciativas casi siempre conducen a un examen detallado de los datos subyacentes para:

- detectar la información que falta,
- identificar problemas de conformidad (formato incorrecto, problemas de codificación, fechas, etc.),
- evitar incoherencias (inversión de valores, cálculos atípicos, etc.),
- garantizar la pertinencia de los datos (obsolescencia, estado no válido, datos erróneos, etc.),
- garantizar la unicidad (entradas dobles, duplicados, etc.),

– mantener la integridad de los datos: tablas de referencia (divisas, códigos, etiquetas, etc.).

En resumen, cuando abordamos este tipo de proyectos, muy a menudo (casi siempre) disponemos de un conjunto de datos muy heterogéneo (consolidado a partir de varias fuentes completamente distintas) y tendremos que reelaborarlo para poder ajustar los datos que contiene.

El proceso de calidad o ajuste de los datos se puede descomponer en un trabajo vertical (en columnas mediante normalización y reglas) u horizontal (en líneas mediante la eliminación de duplicados). Cuidado, porque el orden es importante: sería ingenuo pensar en realizar una correcta depuración horizontal (eliminación de duplicados) sin pasar antes por una fase de depuración vertical.

A continuacion se muestra un ejemplo sencillo de problemas típicos de calidad y el resultado tras estos dos procesos de limpieza:

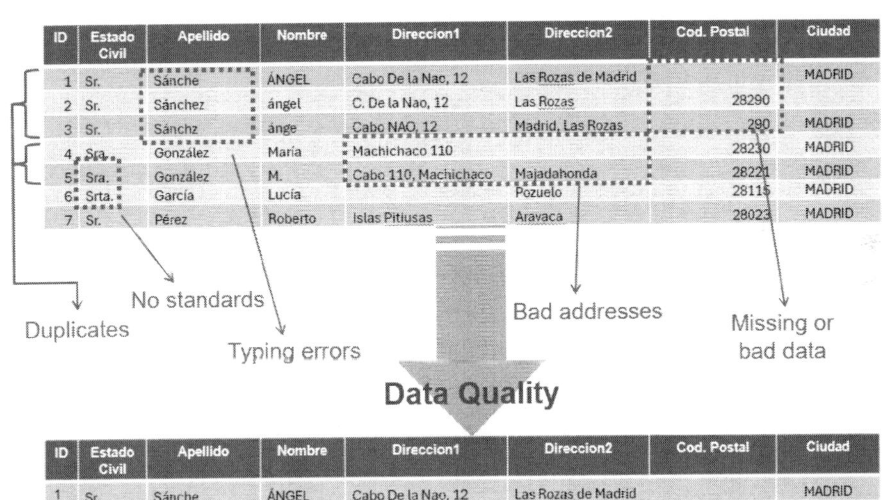

ID	Estado Civil	Apellido	Nombre	Direccion1	Direccion2	Cod. Postal	Ciudad
1	Sr.	Sánche	ÁNGEL	Cabo De la Nao, 12	Las Rozas de Madrid		MADRID
2	Sr.	Sánchez	ángel	C. De la Nao, 12	Las Rozas	28290	
3	Sr.	Sánchz	ánge	Cabo NAO, 12	Madrid, Las Rozas	290	MADRID
4	Sra.	González	María	Machichaco 110		28230	MADRID
5	Sra.	González	M.	Cabo 110, Machichaco	Majadahonda	28221	MADRID
6	Srta.	García	Lucía		Pozuelo	28115	MADRID
7	Sr.	Pérez	Roberto	Islas Pitiusas	Aravaca	28023	MADRID

ID	Estado Civil	Apellido	Nombre	Direccion1	Direccion2	Cod. Postal	Ciudad
1	Sr.	Sánche	ÁNGEL	Cabo De la Nao, 12	Las Rozas de Madrid		MADRID
6	Srta.	García	Lucía		Pozuelo	28115	MADRID
4	Sra.	González	María	Machichaco 110		28230	MADRID
7	Sr.	Pérez	Roberto	Islas Pitiusas	Aravaca	28023	MADRID

Ejemplo de limpieza de datos de clientes

6.2 Criterios de calidad de los datos

Antes de lanzarnos de cabeza a estas tareas concretas sobre nuestros datos, conviene examinar los distintos criterios que hay que tener en cuenta durante las fases de análisis y ajuste. Los datos no se pueden clasificar fácilmente como buenos o malos. Es más, los datos de mala calidad también pueden contener información interesante (lo mismo que de mala calidad). Como hemos comentado, siempre es posible poner después en marcha un proceso de gestión de la calidad de los datos; poder medir esta famosa calidad con la mayor precisión es por tanto un verdadero reto.

Para hacerlo, hay que sentar las bases del sistema de medición de la calidad de los datos y definir los ejes o criterios principales.

De manera bastante clásica, hay seis criterios principales:

1. **Completitud**: ¿me faltan datos o no se puede utilizar? Este criterio se utiliza para medir los datos que faltan, como los campos vacíos o los datos que han conservado su valor por defecto (por ejemplo, el valor por defecto 01/01/1900 para un campo de fecha).

2. **Conformidad**: ¿mis datos están en el formato correcto¿ ?Están en un formato normalizado o no? Este criterio se refiere a los datos del mismo tipo pero que existen en un formato no normalizado (por ejemplo, uso alternativo del signo € y de la palabra euro).

3. **Coherencia**: en conjunto, ¿mis datos ofrecen información contradictoria? Este criterio mide los datos atípicos o incoherentes (por ejemplo, datos personales en un ámbito profesional específico).

4. **Precisión**: ¿mis datos son correctos? Aquí nos fijamos en los datos incorrectos o desfasados (por ejemplo, datos que no forman parte de una tabla de referencia). Aunque no es exhaustiva, esta lista permite medir significativamente la calidad de los datos.

5. **Duplicación**: ¿tenemos información duplicada? Se miden los datos duplicados o redundantes (ejemplo: Lote n° 1234 y Lote 1234).

6. **Integridad**: ¿mis datos son parciales o forman un conjunto inexacto (enlaces entre datos defectuosos)? Este criterio se utiliza para medir la integridad de los datos que están vinculados entre sí en varios campos (por ejemplo, la integridad entre el sexo y el nombre en un mismo registro).

ID	EMPRESA	PAIS	EMPRESA	FECHA_ENR
4763	France Télécom	FRA	EUR	mai-00
5694	American Express	USA	USD	juin-97
5571	Bank of America	USA	USD	01/02/1996
2985	Heathrow Express	GBR	GBP	avr-09
1125	Fujitsu	JPN	JPY	9-nov.-1999
3012	Fuji Photo Film	RUS	JPY	juin-98
7209	Rosoboronexport	JPN	RUB	juil-93
8113	Aichi Bank	JPN	JPY	mars-89
9416	Hindustan Aeronautics Ltd	IN	INR	janv-95
1963	長安汽車	CHN	CNY	oct-98
4586	Bank of China	CHN	CNY	oct-82
7580	Coca-Cola	USA	USD	déc 77
7613	The Coca-Cola Company	USA	USD	janv-78
6317	Sanofi Aventis	FRA	EUR	mars-01
1389	China Telecom	CHN	CNY	août-94
9403	China Light and Power	CHN	CNY	juil-12
	Gazprom	RUS	RUB	juin-14
8533	Moskvitch	RUS	RUB	juin-14

ISO_3	PAYS
FRA	France
USA	Etats-Unis
GBR	Royaume-Uni
IND	Inde
JPN	Japon
RUS	Russie
CHN	Chine

Fases de limpieza de un conjunto de datos

Por supuesto, es raro encontrar todos estos indicadores o criterios tal cual o de forma demasiado obvia, pero estas serían las principales tendencias en la medición de la calidad de los datos.

6.3 ¿Cómo se garantiza la calidad de los datos?

Embarcarse en un proyecto de calidad de datos también significa poner en marcha varias etapas sucesivas esenciales:

1. El análisis de datos o elaboración de perfiles permite descubrir datos y el alcance de la medición.

2. El desglose (**parsing**) proporciona el nivel adecuado de granularidad.

3. Si es necesario, en este nivel se puede realizar un primer nivel de corrección para cada elemento extraído.

4. La estandarización permite alinear sobre la misma base datos heterogéneos verticales (a menudo procedentes de varias fuentes distintas).

5. La **conciliación** se utiliza para agrupar registros similares (limpieza horizontal).

6. La **consolidación** tras una conciliación crea el Golden Record.

7. El **enriquecimiento** añade información (procedente de otras fuentes de datos) a la información depurada.

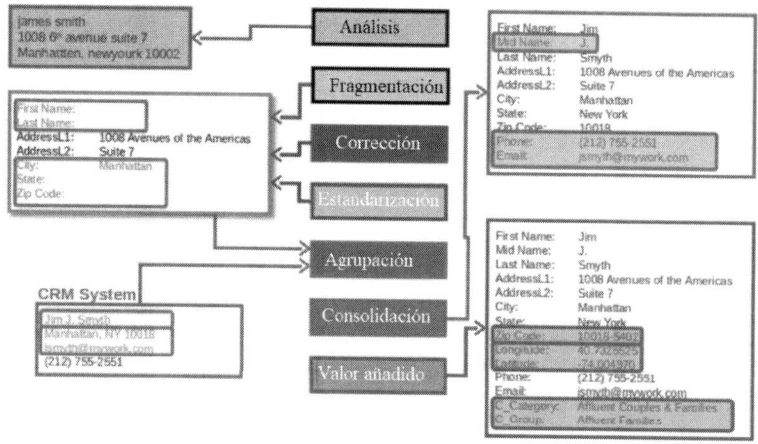

Principales etapas de la limpieza de datos de clientes

Por supuesto, examinaremos cada una de estas etapas por separado.

6.4 Análisis, indicadores y normas

Una vez vistos los seis criterios principales, ahora tenemos que aplicarlos a los datos reales. Sin embargo, para establecer buenos indicadores de calidad, también es necesario definir primero las reglas para obtener los deseados. Como hemos visto anteriormente, el perfilado y la visualización de datos nos permiten comprender mejor los datos desde un punto de vista estructural y funcional. Se trata de un primer paso esencial, que proporciona un conjunto inicial de indicadores de calidad (como por ejemplo la exhaustividad). Por desgracia, esta fase de análisis no es suficiente, así que será importante definir todos los criterios de calidad que, nos permitirán evaluar mejor la calidad global de los datos.

Para analizar correctamente los datos, a menudo es necesario crear reglas que modifiquen los originales y los hagan utilizables desde un punto de vista analítico:

- **Durante la fase de perfilado de los datos**. Rara vez las fechas están todas en el mismo formato (inglés, americano, español) o los números no siempre tienen el separador decimal correcto. Puede ser útil (incluso en esta fase preliminar del análisis estructural) perfilar los datos que hayan sido modificados por una regla.
- **Durante la fase de análisis funcional**. El uso de reglas se hace cada vez más frecuente en esta fase ya que, a menudo, es necesario combinar datos para mostrar solo los que se desea analizar. A veces hay que descomponer cadenas de caracteres, otras hay que filtrar los datos, etc. Está claro que rara vez tiene sentido visualizar datos sin poder modificar antes los datos brutos. Por eso, las herramientas de visualización de datos (como Tableau) ofrecen sus propias herramientas de preparación o profiling de datos, que se pueden utilizar para crear reglas complejas.
- **Durante la fase de creación de indicadores de calidad de los datos**. Se analizan los datos con el fin de que los resultados de los análisis sean objetivos para, por ejemplo, garantizar un seguimiento regular. Aquí es donde las reglas cobran todo su sentido; muy a menudo, cada indicador de calidad se apoya a su vez en una regla.

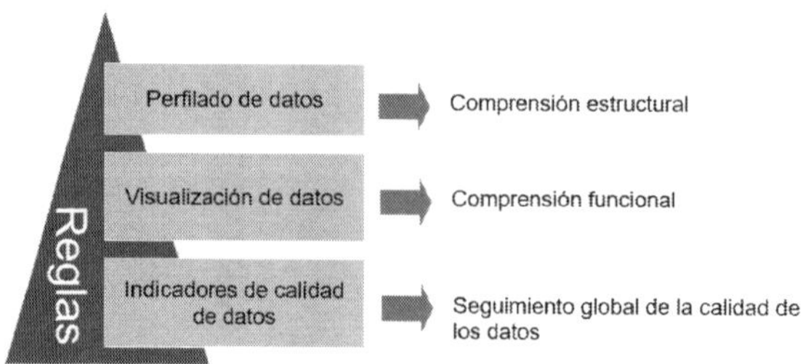

Normas de calidad de los datos

6.5 Las normas

Hoy en día, las reglas, o se elaboran mediante herramientas de visualización o preparación de datos, o se suministran a través de herramientas del tipo BRMS (*Business Rules Management System*). Además, y afortunadamente, se trata de herramientas low code o no code diseñadas para los usuarios, no para los informáticos.

Estas herramientas permiten:

- Identificar simplemente las reglas funcionales. En muchos casos, estas aplicaciones ponen catálogos a disposición de los usuarios.
- Definir cada una de las reglas necesarias de forma detallada y gráfica (si low/no code).
- Crear relaciones entre diferentes procesos.
- Adaptar y modificar las normas según sea necesario.

En todos los casos, la gestión de estas normas sigue el mismo patrón:

1. **La definición**: en primer lugar, el usuario debe explicar la finalidad de la norma.

2. **Las condiciones**: definición de las distintas condiciones (suele tener el aspecto de un árbol de decisión) y de las situaciones en las que se debe activar la regla. Cada nodo de decisión (cada nodo del árbol) puede añadir una o varias acciones a las entradas o los parámetros. Estas acciones generalmente son funciones simples del tipo concatenación, operación computacional, etc.

3. **Resultado(s)**: es el resultado, la decisión final que se toma.

Ejemplo de regla con Informatica

En la siguiente captura de pantalla, la regla ProductValidity se utiliza para comprobar la validez de dos características de un producto. Para ello, la regla (o función) necesita las dos piezas de información (Inputs) Marca y Modelo, que son suministradas por cualquier fuente de datos. Lo interesante aquí es que cada comprobación se realiza por separado, y la lógica de comprobación o prueba es completamente gráfica.

Cada hoja del árbol procesa los dos datos por separado y realiza la comprobación para devolver el resultado.

El mundo Open Source ofrece Drools (bajo licencia Apache), un auténtico motor de reglas (BRMS), bastante extendido actualmente en el mercado. Utiliza un motor de inferencia y cumple la norma JSR-94.

Existen tres tipos principales de normas en lo que respecta a la calidad de los datos:

- Reglas combinatorias lineales
- Reglas de conjunto
- Reglas de estandarización o normalización

6.5.1 Fórmulas

Cuando se trata de la calidad de los datos, las fórmulas son en cierto modo el primer nivel de reglas que hay que aplicar. También son la forma más sencilla de abordar las reglas. Estas reglas o más bien las fórmulas, permiten combinar datos de varias columnas en un mismo registro. La idea es muy sencilla: se pueden crear operaciones (aritméticas, booleanas, de texto, etc.) en todas las columnas del registro. Esto es también lo que hace cuando utiliza fórmulas en una hoja de cálculo como Excel (función fx() en la parte superior de la hoja de cálculo).

Se generan uno o más resultados, añadiendo una nueva columna (virtual) a su conjunto de datos, que se puede utilizar para cálculos posteriores o como indicador.

Ejemplo

Producto	**Descripción**	**Marca**	**Coste unitario**	**Cantidad**	**TOTAL**
Caja de clavos de acero	Cabeza macho, Diam.1.6 x L.30 mm	STANDERS	10,5 €	1	12,60 €
Caja de clavos de acero para tapicería	Cabeza plana, Diam.14	Tacwise	18,8 €	3	30 €
Caja de clavos especiales	100 tornillo de acero, cabeza plana, Ø1,8 x L.30 mm	Just1clou	38,2 €	2	55,50 €

Tenemos estos elementos en una factura y, obviamente, queremos comprobar que el total es correcto (estamos hablando de una comprobación de exactitud) suponiendo que el IVA sea del 21%. Aceptamos un umbral de tolerancia del 1% (causado por el redondeo del etiquetado).

Para cada línea, hay que calcular el IVA y compararlo con el total de la factura, lo que da lugar a este tipo de fórmula:

TOTAL (calculado) = Cantidad x Coste unitario x (1 + 21%)

Producto	TOTAL Factura	TOTAL (calculado)
Caja de clavos de acero	12,60 €	12,60 €
Caja de clavos de acero para tapicería	30 €	30,08 €
Caja de clavos especiales	55,50 €	53,48 €

A continuación, calculamos la diferencia con el importe de la factura y calculamos el porcentaje de esta diferencia:

Producto	TOTAL Factura	TOTAL (calculado)	Diferencia	% Diferencia
Caja de clavos de acero	12,60 €	12,60 €	0,00 €	0 %
Caja de clavos de acero para tapicería	30 €	30,08 €	0,08 €	0,27 %
Caja de clavos especiales	55,50 €	53,48 €	2,02 €	3,8 %

La fórmula global (la regla que hay que aplicar) es:

$$\%Dif = \frac{Cantidad \times Coste\ unitario \times (1 + 21\%)}{Total\ Factura - [Cantidad \times Coste\ unitario \times (1 + 21\%)]}$$

Pero eso no es todo, ya que ahora tenemos que determinar si la cantidad es aceptable en relación con el umbral de tolerancia del 1%. Para ello, simplemente lo comparamos con un operador lógico IF/THEN. El resultado será un resultado booleano (binario) que se utilizará para definir nuestro indicador de precisión.

6.5.2 Reglas de control y cálculos de conjuntos

Existe una verdadera limitación en estas fórmulas y es que aunque pueden hacer casi cualquier cosa en cuanto a operaciones sobre diferentes parámetros (o columnas), no pueden realizar comprobaciones ni operaciones de conjunto (es decir, no pueden hacer operaciones con datos de distintas filas). Para hacer esto, es necesario crear subconjuntos de datos sobre los que se puedan realizar reglas mediante agrupaciones. Si las reglas actúan sobre las columnas, algunas veces también será necesario poder realizar cálculos sobre grupos de filas.

Tomemos un ejemplo sencillo con este conjunto de datos que muestra el número de piezas disponibles por tienda y región de ventas:

Tienda	Región	Piezas
Barcelona	Norte	20
Sevilla	Sur	10
Málaga	Sur	5
Sta. Cruz de Tenerife	Sur	10
Bilboa	Norte	15
Santander	Norte	20

Considerando que un umbral del 25% de la distribución de piezas por región es el límite a partir del cual debe abastecer al menos a una tienda de la región, ¿cómo crear una alerta basada en estos datos recibidos en tiempo real?

Los datos brutos no aportan ninguna respuesta; está claro que necesitamos:

agruparlos primero por regiones,

calcular la relación entre su tienda y su región (en %),

comparar finalmente este ratio con el umbral y determinar si existe o no un problema de abastecimiento en una región.

Para la región Norte tenemos 55 piezas y 25 para la Sur.

Tienda	Región	Piezas	Agregado por región	Ratio regional (%)
Barcenola	Norte	20	55	20/55 = 36 %
Sevilla	Sur	10	25	10/25 = 40 %
Málaga	Sur	5	25	5/25 = 20 %
Sta. Cruz de Tenerife	Sur	10	25	10/25 = 40 %
Bilboa	Norte	15	55	15/55 = 27 %
Santander	Norte	20	55	20/55 = 36 %

Por ejemplo, vemos que Málaga tiene una necesidad de abastecimiento, ya que su ratio regional es solo del 20%. Aquí hemos tenido que agrupar primero las líneas por regiones y luego agregar (sumar) las partes.

Observación

Esto produce un resultado que cambia la granularidad de los datos de resultado, ya que ahora el resultado es por región. Ahora se puede reutilizar este mismo resultado para calcular el porcentaje necesario.

6.5.3 Reglas de estandarización

Entre las fases importantes del análisis y ajuste de datos, la fase de normalización (o estandarización) es, sin duda, una de las esenciales, ya que es la que permitirá alinear e interoperar los datos (a menudo procedentes de fuentes distintas).

La normalización de datos es un proceso mediante el que que swe transforma un dato en un formato estándar.

Cuando pensamos en normas, lo primero que se nos viene a la cabeza son los principales problemas, que también detectaríamos rápidamente mediante el análisis de perfiles de datos.

Habitualmente encontramos:

- problemas de codificación de caracteres,
- información sin fecha en las mismas zonas horarias,
- datos no alineados (como en el caso del estado civil, por ejemplo);
- problemas de alineación interregional (como el uso de la coma o el punto para los números decimales).

Aunque estas grandes categorías de normas y estándares son las primeras que se abordan en términos de normalización, lo siguiente es examinar los datos y alinear denominaciones de empresas, direcciones, nombres de pila, productos, códigos varios, etc.

La normalización de datos implica al menos dos etapas: su análisis sintáctico y la normalización de cada subelemento extraído. ¿Por qué analizar los datos? Sencillamente porque es muy raro que lleguen en forma atómica. A menudo es necesario tratar conjuntos de datos asociados, como descripciones, etiquetas, códigos complejos, etc.

6.5.4 Análisis

Desde un punto de vista más general, el análisis sintáctico es una técnica muy utilizada para descomponer de forma inteligente una cadena de caracteres. Para ello, se aplican varios tipos de procesos que utilizan:

- descomposición mediante expresiones regulares,
- desglose por tablas (referencia),
- normas personalizadas,
- Técnicas de NLP (*Natural Language Processing* o Procesamiento del Lenguaje Natural).

Normalización mediante expresiones regulares

Las expresiones regulares se pueden utilizar para comprobar la validez de un formato y son muy eficaces para extraer información. Para hacer esto con la sintaxis RegEx, es necesario utilizar paréntesis en la expresión para especificar los datos que se van a extraer.

Por ejemplo, imaginemos que queremos extraer la información de diámetro y longitud de la descripción del producto: Cabeza hombre, Diam 1,6 x L30mm

Si usamos la expresión regular:

```
[A-Za-z, ]*Diam ([0-9.]*)[x L]*([0-9. ]*)[m]*
```

Extraeremos dos datos (diámetro y longitud):

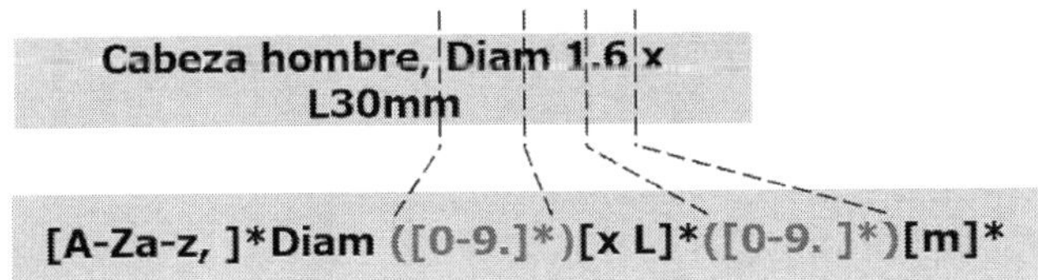

Extracción a partir de expresiones regulares

Valores: 1,6 (diámetro) y 30 (longitud)

Normalización basada en tablas (de referencia)

Si bien las expresiones regulares se pueden utilizar para tratar de forma inteligente datos bastante estructurados, como la codificación, no ocurre lo mismo con la información que se debe desglosar en listas (como por ejemplo los países). Por este motivo, es indispensable introducir la noción de tablas de referencia (que no se deben confundir con las tablas de repositorios), que en realidad son listas de datos, como países, divisas, productos, etc.

Los datos (a menudo descompuestos previamente) se comparan con tablas de referencia y se sustituyen por el valor normalizado cuando procede. Este proceso también se suele llamar transcodificación y se utiliza mucho, sobre todo cuando hay que gestionar datos de varias fuentes distintas.

Ejemplo: la palabra AV se sustituye aquí por el término estándar AVENIDA.

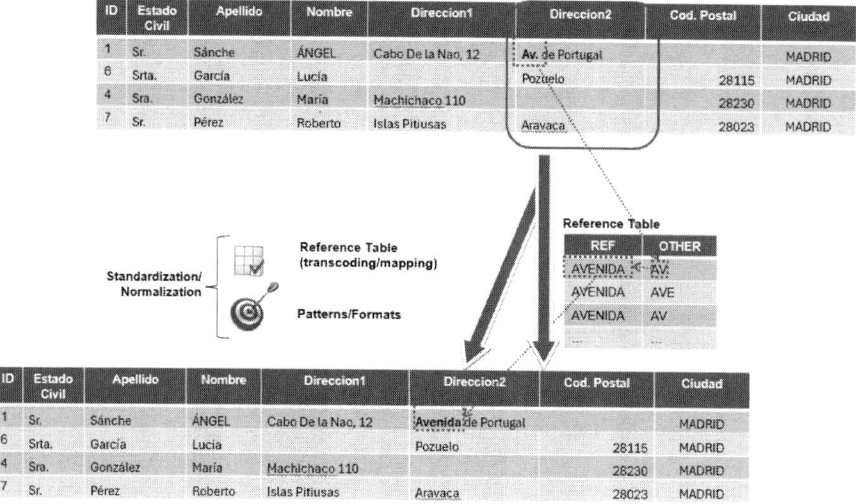

Normalización con una tabla de referencia

El principio es bastante sencillo pero requiere tablas de referencia actualizadas. Mantener este tipo de tablas no es tarea fácil y, en función del tipo de datos, puede requerir mucho trabajo (normalmente por parte del responsable de los datos).

Afortunadamente, cuando hablamos de normas hablamos de organismos de normalización, de los que hay muchos. El más conocido sin duda es ISO, que propone un gran número de normas más o menos respetadas. Suele ser una buena idea utilizar o completar las bases de referencia a partir de los datos suministrados por estos organismos.

Algunos ejemplos de normas ISO:

- Referencias bibliográficas (ISO 690:2010)
- País (ISOISO3166-3:2013)
- Monedas (ISO 4217:2015)
- Localización de puntos geográficos mediante coordenadas (ISO6709:2008)
- Fecha y hora (ISO 8601:2004)
- Cantidades y mediciones (ISO800001:2009)

Pero la ISO no abarca todas las normas y otros organismos le están tomando el relevo:

- Normas de direccionamiento UPU (Universal Post Union), AFNOR
- Numeración telefónica: UIT/ITU (Unión Internacional de Telecomunicaciones)
- Formato de datos digitales: W3C

6.6 Duplicación

6.6.1 Aspectos principales

Cuando hablamos de calidad de datos, a menudo oímos hablar de eliminación de duplicados., de los que hay varios tipos:

- Eliminación de duplicados estricta (también conocida como **deduplicación**).
- **Coincidencia difusa (o Fuzzy Matching)**. En este caso, se trata de observar el grado de similitud de cada dato y, a partir de esta coincidencia aproximada, decidir si se trata o no de duplicados.

Dado que trabajamos con datos tabulares, debemos distinguir entre:

- eliminación de duplicados de columnas,
- eliminación de duplicados de líneas.

A continuacion, se muestra un resumen de los pasos que hay que seguir:

	Líneas	**Columnas**
Estricto	**SIMPLE** Dos filas idénticas (cada columna es idéntica)	**SIMPLE** Dos datos atómicos idénticos en todos los puntos
Semejanza	**COMPLEJO** Cálculo de la proximidad por correspondencia y cálculo posterior de la ponderación	**COMPLEJO** Cálculo de la correlación

Por supuesto, la detección estricta (eliminación de duplicados) es muy sencilla de conseguir y no merece realmente atención en este capítulo (tenga cuidado en garantizar que los datos están en el mismo formato. Por ejemplo, las fechas suelen requerir una regla de ajuste previo antes de eliminar duplicados).

6.6.2 Detección de líneas duplicadas

A continuación, veremos el principio de la detección de líneas duplicadas. Cuando comparamos 2 o 100 líneas de forma estricta, el resultado es igual de bueno y no da lugar a discusión. Pero cuando hay que comparar el grado de similitud entre miles o millones de líneas, es obvio que habrá que comparar cada línea con todas las demás, con lo que probablemente el número de comparaciones se dispare exponencialmente, haciendo imposible que nuestro calculador pueda gestionarlo.

Pongamos un ejemplo: imaginemos que tenemos un archivo con varias personas de la siguiente manera:

Nombre	2º Nombre	Apellido	Función	Ciudad
Ángel	María	SÁNCHEZ	Autor	Madrid
María	Luisa	ZAVALA	Lector	Madrid
Pablo	Miguel	LÓPEZ	Editor	Sevilla
ÁNGEL	M.	sánchez	Autor	Madrid
María	Flor	MARTOS	Lector	Sevilla

Para un ser humano, es muy probable, incluso seguro, que la primera y la cuarta línea representen a la misma persona. No es raro que las erratas se cuelen en los datos, sobre todo cuando se trata de datos de personas introducidos directamente.

Pero para un ordenador, desde un punto de vista estricto, se trata de dos líneas diferentes. De hecho, para un ordenador todas estas líneas son diferentes porque, naturalmente, hace comparaciones estrictas y solo puede eliminar duplicados, no similares.

Si queremos ser más precisos en nuestra detección de duplicados, tendremos que comparar cada línea con las demás, lo que nos da un total de tres comparaciones en lugar de dos, solo una más en este caso. Pero imaginemos que tenemos un archivo con varios miles o millones de clientes. La fórmula para determinar el número de combinaciones es:

$$Numerodecomparaciones = \sum_{n=1}^{NbEnreg}(n-1)$$

Cuando se hacen los cálculos, pronto nos damos cuenta de que tiene que cambiar de estrategia ya que, de lo contrario, la eliminación de duplicados llevará un tiempo considerable, incluso varios meses o años lo que, por supuesto, es inviable.

A título ilustrativo, he aquí algunos ejemplos:

Número de registros	2	5	10	100	200	500	...
Número de comparaciones	1	10	45	1 225	4 950	124 750	...

En este ejemplo, se realizarán 10 comparaciones.

6.6.3 Principio de eliminación de duplicados por Reconciliación-Consolidación

El método más utilizado por los algoritmos de eliminación de duplicados se basa en el modo Reconciliación-Consolidación.

Este método de eliminación de duplicados consta de cuatro etapas principales (**PAAC**):

- **Partición** (es decir, división del conjunto de datos)
- **Agrupación**
  - Comparación dentro de cada grupo mediante un algoritmo de comparación por columna.
  - Ponderación de la importancia de las columnas
  - Cálculo de la puntuación de cada pareja
  - Comparación de las puntuaciones con un umbral que determina la duplicación
- **Asociación** de grupos cercanos
- **Consolidación** de datos (para obtener el Golden Record)

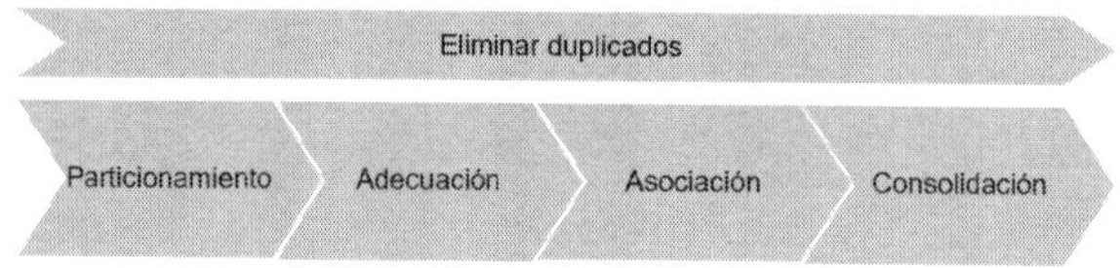

Pasos de eliminación de duplicados de lógica difusa

6.6.4 Primera etapa: partición (división en grupos)

Empecemos por ver cómo el algoritmo nos permitirá comparar nuestros registros sin tener que hacer tantas comparaciones. Para ello, simplemente dividiremos el conjunto de datos en grupos, en cada uno de los cuales realizaremos todas las combinaciones de comparación. Hay una tendencia natural a trabajar de esta manera. ¿Alguna vez ha doblado los calcetines después de la colada? Si es así, es poco probable que haya comparado cada calcetín con todos los demás, sino que los ha ido clasificando rápidamente por color o dibujo. Después, en cada grupo reducido de esta forma, puede encontrar las parejas.

La primera etapa del principio de eliminación de duplicados es completamente similar. Tenemos que encontrar un criterio de partición que nos permita crear varios subgrupos de su conjunto de datos, lo suficientemente pequeños, pero no demasiado. Cuidado, porque estos grupos deben tener un tamaño bastante homogéneo o de lo contrario el método perderá lógicamente su interés.

En el ejemplo anterior, hemos dividido el conjunto de datos según la columna Función: por tanto tenemos tres grupos, ya que nuestro conjunto de datos contiene tres funciones (Autor, Editor y Lector):

Nombre	2° nombre	Apellido	Función	Ciudad
Benoit	Ben	CAYLA	Autor	Madrid
BENOIST	B.	caila	Autor	Madrid

Nombre	2° nombre	Apellido	Función	Ciudad
George	Antoine	Martin	Lector	Madrid
Ysabelle	Jude	Depier	Lector	Sevilla

Nombre	2° nombre	Apellido	Función	Ciudad
Isabelle	Judith	Delpierre	Editor	Sevilla

3 grupos si se divide por función

Ejemplo de partición

6.6.5 Segunda etapa: la consolidación

Consolidar parejas es el paso principal de la eliminación de duplicados, que a su vez se divide en cuatro subpasos:

1. Comparar dentro de cada grupo mediante un algoritmo de comparación columna por columna.
2. Ponderar la importancia de las columnas
3. Calcular la puntuación de cada pareja
4. Comparar las puntuaciones con un umbral para determinar la duplicación

Comparar subgrupos

En cada subgrupo compararemos la similitud de cada línea, pero al haber reducido los grupos, el número de comparaciones es más razonable. Para estas comparaciones se pueden utilizar varios algoritmos (en lógica difusa), según el tipo de datos.

A continuación, se muestran algunos de los más conocidos:

Hamming

Este algoritmo compara dos datos contando las diferencias entre dos cadenas de caracteres. Tenga en cuenta que las cadenas que se comparan deben tener el mismo tamaño, lo que rápidamente se convierte en un inconveniente. Este algoritmo se utiliza cuando la posición de los caracteres es importante (para cifras, números de teléfono, códigos postales, etc.).

A continuación, se muestra un ejemplo de implementación en Python:

```
def hamming_distance(string1, string2):
    if (len(string1) != len (string2)):
        return -1
    # Empieza con una distancia de 0, después se incrementa
    distance = 0
    # Bucle sobre los caracteres de la cadena
    L = len(string1)
    for i in range(L):
        # Incrementa la distancia si los dos caracteres son diferentes
        if string1[i] != string2[i]:
            distance += 1
```

```
    # Devuelve la distancia final
    return distance

hamming_distance("BINUIT", "BENOIT")
```

El resultado devuelto es 2 (que se corresponde a las dos diferencias entre las dos cadenas).

Jaro o Jaro-Winkler (algoritmo de distancia)

Este algoritmo calcula la similitud entre dos datos. Es un algoritmo mucho más refinado que proporciona una puntuación que da la distancia entre las dos cadenas. Esta medida de distancia se deriva de la distancia de Jaro y es especialmente eficaz cuando el orden de los primeros caracteres es importante.

Por supuesto, se puede utilizar en Python (a través de la librería jaro-winkler):

```
import jaro
# Cálculo clásico jaro
jaro.jaro_metric("BINUIT", "BENOIT")
```

El resultado devuelto es un número entre 0 y 1 que da el grado de similitud entre las dos cadenas (aquí el resultado es 0,7777777777777777).

Lenvenshtein (algoritmo de distancia)

El algoritmo de Levenshtein devuelve dos métricas: distancia y proporción. La distancia es una medida del número mínimo de modificaciones (inserciones, supresiones o sustituciones) necesarias para cambiar una secuencia de una palabra a otra. La proporción, por su parte, describe la similitud entre las dos cadenas.

En Python tenemos:

```
import Levenshtein as lev
def levCalclulate(str1, str2):
    Distance = lev.distance(str1, str2)
    Ratio = lev.ratio(str1, str2)
    print("Levenshtein entre {0} y {1}".format(str1, str2))
    print("> Distancia: {0}\n> Ratio: {1}\n".format(Distance, Ratio))

levCalclulate("Benoit", "Ben")
levCalclulate("Benoit", "Benoist")
```

Levenshtein entre Benoit y Ben

> Distancia: 3

> Relación: 0,6666666666666666

Levenshtein entre Benoit y Benoist

> Distancia: 1

> Relación: 0,9230769230769231

Bigram

El algoritmo Bigram calcula una puntuación de similitud entre dos cadenas de datos basándose en el número de caracteres consecutivos de las dos cadenas. El algoritmo busca parejas de caracteres consecutivos comunes a las dos cadenas y, a continuación, divide el número de parejas coincidentes en las dos cadenas entre el número total de parejas de caracteres. Por su propia naturaleza, este algoritmo se utiliza para comparar cadenas largas.

Tras utilizar los algoritmos en cada subgrupo

Ahora, para cada subgrupo, tenemos (para cada columna en cada par de comparaciones) una puntuación de similitud (o de parecido):

Nombre	2º Nombre	Apellido	Función	Ciudad
Benoit	Ben	CAYLA	Autor	Madrid
BENOIST	B.	caila	Autor	Madrid

Hamming	Jaro	Jaro	-	Jaro
⬇	⬇	⬇	⬇	⬇
0,89	0,1	0,8	-	1

Cálculo de la similitud por subgrupos

Ponderación de la importancia de las columnas

Sería un error pensar que cada columna tiene la misma importancia a la hora de detectar un duplicado. En este caso, el apellido tiene necesariamente más impacto que el segundo nombre, por ejemplo. Para distinguir la importancia de cada columna, basta con aplicarle una ponderación:

Nombre	2º Nombre	Apellido	Función	Ciudad
10	5	50	-	6

Ponderación de las similitudes

Cálculo de la puntuación de cada pareja

Por lo tanto, cada pareja se calcula combinando los pasos 3 y 4.

- En primer lugar, calculamos el grado de cercanía de cada dato (por pareja y por columna) utilizando el algoritmo elegido.
- A continuación, el resultado se pondera por el peso de la columna.
- Se calcula la puntuación global de la pareja. Esta puntuación determina hasta qué punto la pareja es un posible duplicado:

	Nombre	2º Nombre	Apellido	Función	Ciudad
	Benoit	Ben	CAYLA	Autor	Madrid
	BENOIST	B.	caila	Autor	Madrid
	Hamming	Jaro	Jaro	-	Jaro
Puntuación (bruto)	0,89	0,1	0,8	-	1
Pesos	10	5	50	-	7

Puntuación global = 0,89*10 + 0,1*5 + 0,8* 50 + 1*7 = **56,4**

Cálculo de la puntuación global de similitud

Por tanto, en nuestro ejemplo para el par (Benoit, BENOIST) tenemos una puntuación de 56,4.

Comparación de las puntuaciones con un umbral que determina la duplicación

Por lo tanto, hemos calculado una puntuación de coincidencia para cada pareja. Para considerar si nuestras líneas son duplicados o registros distintos, necesitamos especificar un umbral a partir del cual podamos descartarlo.

En general, no adoptaremos un enfoque tan estricto y, en lugar de proponer un umbral, propondremos un intervalo de valores entre los cuales existen dudas sobre el par como duplicado: es lo que se conoce como zona de incertidumbre.

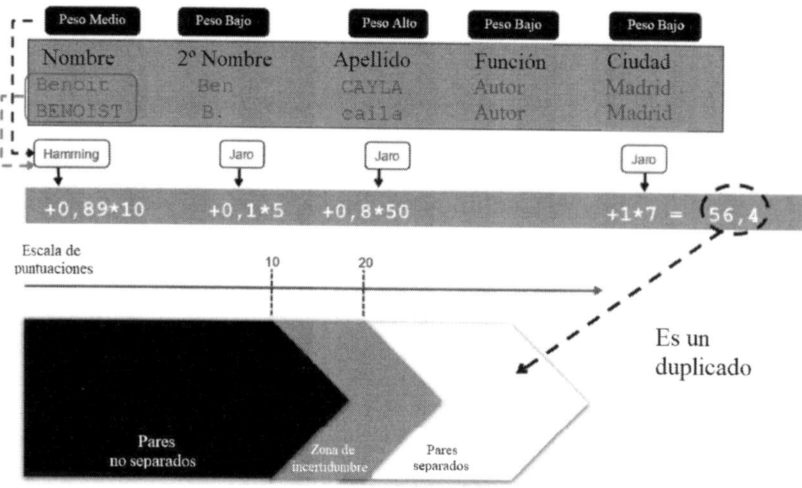

Zona de incertidumbre en la consolidación

Por tanto, entre los dos valores de la zona de incertidumbre (en este caso 10 y 20) es difícil determinar con certeza si hay un duplicado o dos registros distintos. En general, las parejas que caen en esta zona se devuelven a un operador (a menudo llamado Data Steward), para que tome una decisión. El operador podrá entonces tomar la decisión correcta, con pleno conocimiento de causa y de acuerdo con sus responsabilidades.

Al final de esta cuarta etapa, los registros se han agrupado y el software generalmente sugiere añadir una columna (Match Code) para definir los nombres de los grupos de registros:

Nombre	2º Nombre	Apellido	Función	Ciudad	MatchCode 1
Benoit	Ben	CAYLA	Autor	Madrid	G1_1
George	Antoine	Martin	Lector	Madrid	G1_2
Isabelle	Judith	Delpierre	Edito	Sevilla	G1_3
BENOIST	B.	caila	Autor	Madrid	G1_1
Ysabelle	Jude	Depier	Lector	Sevilla	G1_4

Agrupación por MATCH CODE

Por lo tanto, a los dos registros coincidentes se les asigna el valor de código de coincidencia G1_1.

6.6.6 Tercera etapa: re-partición y asociación

Si observamos detenidamente el conjunto de datos de ejemplo, veremos que hay un fallo en el proceso. Parece que Ysabelle e Isabelle son duplicados reales. Sin embargo, dado que las hemos colocado en particiones diferentes, estos dos registros se han colocado en dos grupos distintos (G1_3 y G1_4). Si lo dejamos así, estos dos registros nunca se probarán juntos, por lo que el método nunca los sugerirá como posibles duplicados.

Este es un punto débil de este algoritmo. Para remediarlo, tenemos que realizar varias operaciones de partición antes de poder combinar todos los resultados. En el ejemplo elegiremos una nueva columna de partición, como la ciudad, y repetiremos el mismo proceso:

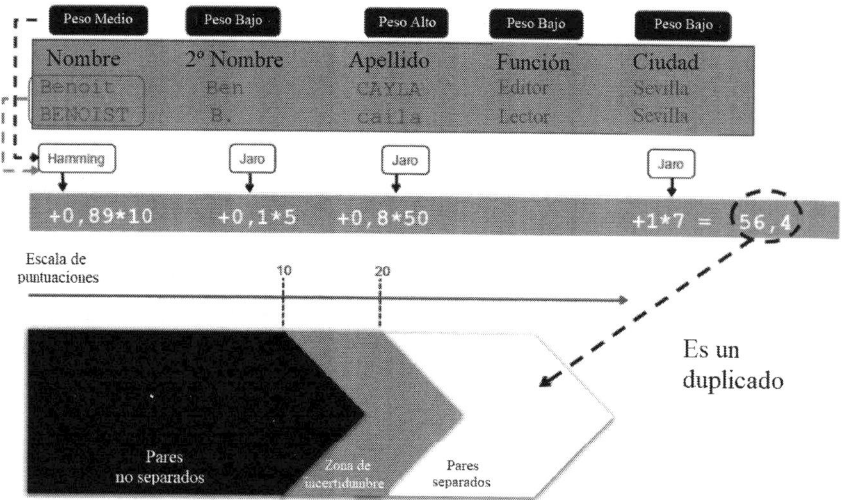

Nueva partición, nueva duplicación

Los dos registros se detectan esta vez como duplicados. A continuación, podemos volver a generar un nuevo código (Match Code) para agrupar los registros según esta partición:

Nombre	2º Nombre	Apellido	Función	Ciudad	MatchCode 1	MatchCode 2
Benoit	Ben	CAYLA	Autor	Madrid	G1_1	G2_1
George	Antoine	Martin	Lector	Madrid	G1_2	G2_2
Isabelle	Judith	Delpierre	Editor	Sevilla	G1_3	G2_3
BENOIST	B.	caila	Autor	Madrid	G1_1	G2_4
Ysabelle	Jude	Depier	Lector	Sevilla	G1_4	G2_3

Nueva partición, nuevo MATCH CODE

Solo queda ordenar las parejas coincidentes agrupando los registros por MATCH CODE.

Ahora que hemos detectado parejas similares en particiones diferentes, tenemos que reunirlas. En este caso, por asociatividad, lo único que tenemos que hacer es agrupar parejas adyacentes. Si un registro pertenece a dos grupos (con Match Codes diferentes), todos los registros de estos grupos son duplicados:

		Nombre	2º Nombre	Apellido	Función	Ciudad	MatchCode 1 (Función)	MatchCode 2 (Ciudad)	
1	G1_1	Benoit	Ben	CAYLA	Autor	Madrid	G1_1	G2_1	G2_1
		George	Antoine	Martin	Lector	Madrid	G1_2	G2_2	
		Isabelle	Judith	Delpierre	Editor	Sevilla	G1_3	G2_3	
2	G1_1	BENOIST	B.	caila	Autor	Madrid	G1_1	G2_4	
3		benoi	Benoi	kayla	Lector	Madrid	G1_5	G2_1	G2_1
		Ysabelle	Jude	Depier	Lector	Sevilla	G1_4	G2_3	

Agrupación por MATCH CODE

En el ejemplo anterior:

- Los registros 1 y 2 se han agrupado en G1_1, por lo que Registro 1 = Registro 2
- Los registros 1 y 3 se han agrupado en G2_1, por lo que Registro 1 = Registro 3

=> Entonces: Registro 1 = Registro 2 = Registro 3

6.6.7 Cuarta etapa: consolidación de datos (Golden Record)

La fase de consolidación crea lo que se conoce como Golden Record. Esta fase se activa justo después de las conciliaciones y de cualquier asociación o agrupación y, por supuesto, afecta a los registros que se consideran duplicados (ya sea porque las parejas se han agrupado automáticamente o porque el Data Steward así lo ha decidido).

De hecho, no tenemos aquí líneas completamente idénticas. Entonces, ¿qué debemos hacer con estos registros conciliados¿ ¿Qué columnas de qué filas debemos utilizar al final? Elegir los elementos que mejor representan nuestros datos no es tarea fácil, y puede llegar a ser un verdadero quebradero de cabeza. En el ejemplo anterior, ¿cómo vamos a elegir el apellido entre los tres registros: ¿CAYLA, caila ou kayla? Tenemos que estar muy atentos porque hacer una elección de este tipo también puede provocar una distorsión de los datos. Esta crucial etapa se llama consolidación y en algunos casos requerirá incluso la intervención de un Data Steward para validar, como mínimo, si es que no tiene que hacer manualmente esta elección.

En cuanto a la selección automática, hay varias estrategias entre las que elegir:

- La primera o la última grabación.
- Valor observado con mayor frecuencia (según la frecuencia de distribución de los valores).
- Los datos más largos o más cortos.
- El valor mediano (si es numérico).
- etc.

Además de estas estrategias, a veces también deberemos tener en cuenta consideraciones adicionales, como los datos que faltan (NULL significa que los datos no están rellenos). Que un dato falte no significa necesariamente que no exista (por ejemplo, un valor NULL no tiene el mismo significado que una cadena vacía, un cero no es un valor que falta, etc.).

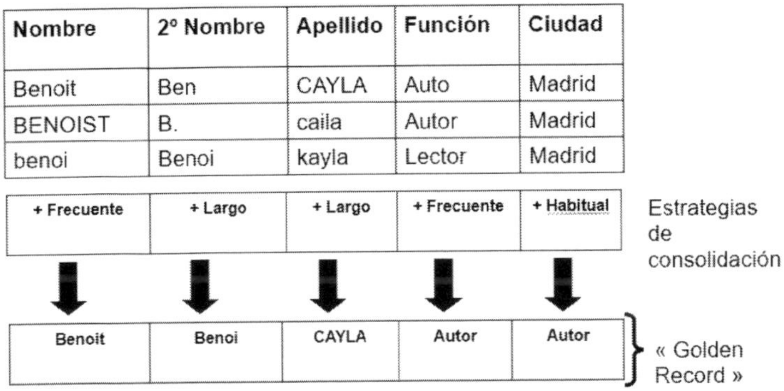

Nombre	2° Nombre	Apellido	Función	Ciudad
Benoit	Ben	CAYLA	Auto	Madrid
BENOIST	B.	caila	Autor	Madrid
benoi	Benoi	kayla	Lector	Madrid

+ Frecuente	+ Largo	+ Largo	+ Frecuente	+ Habitual	Estrategias de consolidación
Benoit	Benoi	CAYLA	Autor	Autor	« Golden Record »

Creación del Golden Record

No siempre es fácil hacer esta elección. Cuando esto se vuelve complejo o cuando la elección automática es motivo de controversia, solicitamos la intervención de un Data Steward, ya sea para validar una elección inicial o para hacer esta elección directamente en una interfaz dedicada.

Capítulo 5
Gestión de datos

1. Introducción

En los capítulos anteriores, primero hemos estudiado las distintas facetas de los datos y después, cómo almacenarlos, transportarlos y transformarlos en el sistema de información. Por último, hemos aprendido a analizarlos y depurarlos.

Pero los datos también son una materia en movimiento: se desplazan, cambian y evolucionan. Su finalidad es convertirse rápidamente en información y proporcionar así la verdadera riqueza que espera la empresa. Por lo tanto, es esencial establecer normas de gestión de datos para administrar y controlar mejor el ciclo de vida de esta información, que se convertirá en la energía bruta de la empresa.

De la misma manera que en el primer capítulo vimos que los datos son polimorfos y están vivos, con la gestión ocurre lo mismo. La gestión de los datos tiene sus propias reglas. Viene a ser como la ley que los rige y para regularlos es esencial crear una policía de datos. Esto es lo que vamos a estudiar en este capítulo: los recursos y controles que hay que poner en marcha para garantizar la correcta gestión de la información.

Desde el punto de vista de la gestión de datos, debemos distinguir entre varias facetas:

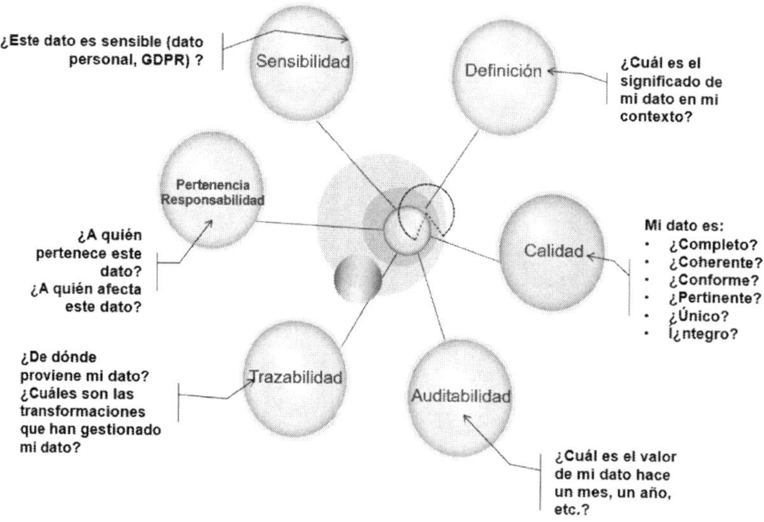

Las facetas de la gestión de datos

A estas facetas hay que añadir las exigencias cada vez más estrictas de los consumidores de datos, como:

- la exactitud e integridad de la información. Por ejemplo, la mayor parte de la recogida de datos se debe automatizar, para reducir al mínimo la probabilidad de errores,
- exhaustividad de los datos,
- que la información facilitada esté actualizada,
- trazabilidad (este es un punto especialmente importante exigido por los distintos reguladores),
- conformidad o cumplimiento de estándares, normas y legislación (GDPR, BCBS239, etc.);
- pertenencia.

Los datos no solo dependen de los sistemas informáticos. De hecho, cuando hablamos de gestión de datos, debemos tener siempre presente que esta gestión depende ineludiblemente de la alineación entre personas, procesos y tecnologías.

El objetivo de este libro no es describir los procesos ni (sobre todo) explicar cómo dirigir un programa de gestión de datos, sino describir las herramientas que un equipo de gestión podrá utilizar para llevar a cabo su misión. Por tanto, nos centraremos aquí en la parte tecnológica (y no en las personas y los procesos).

Este capítulo examina varios tipos de herramientas que se pueden utilizar para aplicar una estrategia de gestión eficaz y sostenible:

- Herramientas de gestión de metadatos.
- Herramientas de gestión de glosarios de negocio.
- Herramientas de supervisión.
- Herramientas de linaje.
- Herramientas de seguridad de datos.

Es raro que una herramienta del mercado ofrezca esta gama de funciones en un único producto y, por desgracia, para que sean eficaces, es indispensable que todas estas herramientas se integren entre sí. De hecho, es inconcebible gestionar los metadatos en una herramienta sin poder establecer el vínculo con la seguridad, la sensibilidad y el linaje.

Hay que señalar que en este capítulo no vamos a hablar de los distintos modos de gestión ni de cómo poner en marcha un programa de este tipo. En su lugar, nos centraremos en los medios y soluciones esenciales que hay que dominar para que un programa así tenga éxito.

2. El equipo de gestión de datos

Antes de examinar los distintos tipos de herramientas necesarias para llevar a cabo una buena gestión, es esencial describir rápidamente las funciones y misiones de quienes intervienen en ella. Estos roles se describen brevemente a continuación:

- **CDO(Chief Data Officer)**: no confundir con el Chief Digital Officer. El papel del CDO es impulsar la estrategia de datos de la empresa. Naturalmente, la gestión es una de sus principales preocupaciones, ya que debe garantizar que los datos estén definidos, sean confiables y los usuarios los puedan utilizar en todo momento.
- **Data Steward**: de alguna manera, este papel surgió con la gestión de datos. Es una función bastante compleja, porque los Data Steward son empleados que tienen que gestionar y garantizar la integridad de los datos, así como que se recopilan, documentan y su disponibilidad. Es un papel central, porque dicho sea de paso, garantizan la calidad de la información proporcionada. A menudo se plantea la cuestión de las competencias necesarias para desempeñar esta función. Ante todo, estos Data Stewards no son expertos técnicos, pero sí deben al menos tener un conocimiento general de los conceptos, arquitecturas y herramientas técnicas que se utilicen.
- **Data Owner**: cada dato y/o metadato debe tener un responsable, de lo contrario ¿cómo acordar un repositorio común? Esta es la función del propietario o, más bien propietarios de los datos. Tanto si son designados a nivel de empresa o por departamento, serán responsables del estado, definición y gestión de los datos dentro de su ámbito. El Data Owner garantiza la definición y la calidad de los datos dentro de un perímetro específico.
- **DPO (Data Protection Officer)**: esta función tiene el objetivo de garantizar que los datos recopilados e intercambiados cumplen la legislación (por ejemplo, la GDPR). Es una función extremadamente delicada, ya que debe garantizar el cumplimiento de las normas de protección de datos definidas por las autoridades (autoridades reguladoras, etc.).

- **Data Architects**: también es una función clave, porque además de garantizar la coherencia global de las infraestructuras de datos, deben velar por que los datos circulen y se intercambien con fluidez, según las necesidades de los usuarios.
- **Data Analyst**: como su nombre indica, este tipo de usuario se encarga de analizar e informar (analíticas) sobre los datos.
- **Data Scientist**: se trata de un trabajo muy de moda, pero al que le cuesta encontrar una definición clara. Aquí los llamaremos especialistas (a menudo estadísticos, pero esto tiende a cambiar) de datos. Trabajan con datos listos para su uso con el fin de deducir tendencias y previsiones.
- **Data Engineer**: se encarga de recopilar, transformar y (técnicamente) garantizar la calidad de los datos. Suele trabajar en colaboración con el/la Data Scientist para prepararle los datos.

Por supuesto, dependiendo de la empresa y, sobre todo, de la cantidad y sensibilidad de los datos que gestiona, la definición e incluso la ejecución de estas funciones pueden diferir, sobre todo en términos de responsabilidad.

3. Metadatos

¿Qué son los metadatos? Por definición, un metadato es una información que califica a un dato, aunque hay que reconocer que se trata de una definición un poco vaga. Piense en los metadatos como una forma de definir o incluso describir la información. Recuerde que los datos tienen muchas facetas y que, dependiendo de quién los utilice, pueden tener un significado diferente. Otra finalidad de los metadatos es eliminar ambigüedades sobre lo que realmente contienen los datos. En cierto modo, es una etiqueta esencial que permite calificar, sin lugar a dudas, la información almacenada y gestionada por la empresa. Utilizando de nuevo la metáfora de la etiqueta: los metadatos son a los datos lo que la etiqueta al producto.

Definir la base de metadatos también implica adoptar un doble enfoque, técnico y funcional a la vez. El etiquetado de los datos se puede abordar desde un punto de vista técnico (almacenamiento, nombre de la tabla, nombre de la columna, tipo técnico, etc.), pero también desde un punto de vista semántico y de negocio (número de factura, nomenclatura que se debe respetar, etc.). Por supuesto, el interés en un ámbido de tipo metadatos es conciliar estas dos visiones complementarias de los mismos datos.

3.1 Los retos de la gestión de metadatos

Por tanto, definir la base de metadatos significa definir el lenguaje común y los recursos tecnológicos de la empresa, lo que también se conoce como catalogación de datos. A menudo, esto significa crear un punto de convergencia entre el propietario del proyecto (PP) y el director del proyecto (DP).

He aquí algunas de las tareas asignadas tradicionalmente a estos dos tipos de perfiles que intervienen en la gestión de datos:

Propietario del proyecto (PP)	**Director del proyecto (DP)**
VISIÓN FUNCIONAL	VISIÓN TÉCNICA
Definición de objetivos e indicadores de calidad de los datos Definición de los indicadores de resultados Definición de las unidades de valor Definición de funciones Definición de las normas Definición de procesos Consulta y búsqueda de definiciones de negocio	Aplicación de normas de control de calidad Aplicación de indicadores de resultados Utilización de unidades de valor Aplicación de funciones: seguridad, sincronización de perfiles, etc. Aplicación de los procesos de gestión Consulta e investigación de las definiciones empresariales y técnicas

Y lo que es más importante, los datos están vivos y el núcleo de la gestión debe evolucionar y, sobre todo, mantenerse de manera constante para garantizar que los datos subyacentes sean siempre fiables. Por eso no hablamos de un proyecto de gestión, sino de un programa, porque es una tarea interminable a la que se deben enfrentar tanto los equipos técnicos como los funcionales.

3.2 Metadatos técnicos

Recuerde que cada dato técnico se puede definir, al menos, por las siguientes propiedades físicas:

- Su tipo
- Su dominio
- Su variabilidad (cuantitativa o cualitativa)

A esto se pueden añadir otras funciones como:

- propiedades estructurales (medición, dispersión, etc.),
- su temporalidad,
- su granularidad,
- su origen y su uso.

Si se mira más de cerca, se trata de muchos calificadores y, a menudo, será difícil, si no imposible, rellenarlos todos para cada dato del Sistema de Información. De hecho, este es el sentido del catálogo de metadatos, que permite documentar esta información diferente de forma iterativa y colaborativa, por ejemplo como parte de un programa de gestión de datos más global. El término programa no se ha elegido aquí por casualidad, ya que tiene una dimensión temporal, así como una dimensión organizativa ampliada dentro de la empresa. Un proyecto de gestión tiene poco sentido si no se mantiene o si queda confinado a un departamento concreto. Este es un punto absolutamente crucial que hay que tener en cuenta desde el principio del programa, porque las soluciones que se apliquen tendrán que perdurar y estar dirigidas a todos/as.

3.3 Metadatos de negocio - Glosario empresarial

El glosario empresarial (u ontología para los puristas) es, como su nombre indica, un diccionario empresarial global en el que se recogen los metadatos. Estos metadatos, que describen los datos desde un punto de vista funcional, deben ser compartidos y accesibles, en función de sus roles, por todos los usuarios de la empresa. Por tanto, el glosario es un catálogo funcional comprensible para todos los usuarios de la empresa. Es una herramienta para ellos, por lo que está creado y, sobre todo, debe poder ser mantenido por ellos.

De hecho, estos glosarios o diccionarios no son nuevos y a menudo existen de forma dispar en archivos (Excel, Word, etc.), dispersos por los ordenadores de los usuarios. Por tanto, estos glosarios se pueden considerar soluciones de agregación de metadatos de negocio. La idea es concentrar el conocimiento empresarial en un lugar común (nuestro glosario empresarial).

En resumen, un glosario empresarial ofrece un enfoque centralizado y colaborativo del vocabulario y las herramientas empresariales. Algunas soluciones del mercado, como Informatica, Collibra y otras, pueden ir incluso más allá.

3.3.1 Taxonomía

Cuando hablamos de glosarios empresariales, a menudo empezamos hablando de taxonomías. Esto es exactamente lo que el glosario empresarial le permitirá gestionar: una o varias taxonomías. Una taxonomía describe la organización de la semántica de negocio. A menudo se organiza de forma jerárquica, utilizando categorías para clasificar y organizar los términos empresariales.

Las taxonomías/términos empresariales pueden:

- estructurarse de manera jerárquica (una o varias jerarquías en función de las soluciones/necesidades) o de listas. En este caso, hablamos más bien de categorías,
- posiblemente tener un período de validez,
- tener alias, sinónimos,
- sugerir algunos ejemplos,
- proponer enlaces de referencia ("véase también", "contiene", "hijo", "padre", "recursos enlazados", etc.). Los enlaces pueden ser diferentes de las jerarquías, pero en algunos casos ambos conceptos se pueden confundir,
- vincularse a normas de negocio,
- tener una clasificación segura,
- vincularse a otras facetas (categorías de objetos) como conjuntos de datos, atributos, sistemas, procesos, proyectos, etc. para describir el uso, la importancia, la dependencia o el contexto. Hablaremos de ello más adelante,
- tener actores con funciones y responsabilidades claramente definidas (Data Owners , creador, etc.). Aquí tocamos un punto esencial de la gestión: la noción de responsabilidad. Cada dato está certificado por los/las Data Owners,
- ser controladas por un proceso de validación y/o mejora.

Crear la taxonomía suele ser el primer paso, que a primera vista puede parecer el más obvio, aunque con frecuencia sea en el que las cosas se complican. Esta etapa crucial choca a menudo (si no siempre) con el aspecto humano del programa de gestión. Acordar una organización semántica entre diferentes departamentos, diferentes formas de trabajar y diferentes visiones del mismo negocio, no es nada fácil.

Crear una taxonomía no consiste solo en organizar los metadatos de forma que sean más fáciles de gestionar y comprender. Otra ventaja importante de una taxonomía bien pensada es que después se puede utilizar para producir indicadores de seguimiento y control eficaces y pertinentes. Las herramientas de gestión de metadatos (como Collibra, Informatica, Talend, etc.) facilitan la producción de indicadores consolidados para los metadatos que gestionan. A continuación, se muestra un ejemplo de indicadores de cumplimiento de la RGPD y de negocio, propuestos por Collibra y basados en una taxonomía bien organizada.

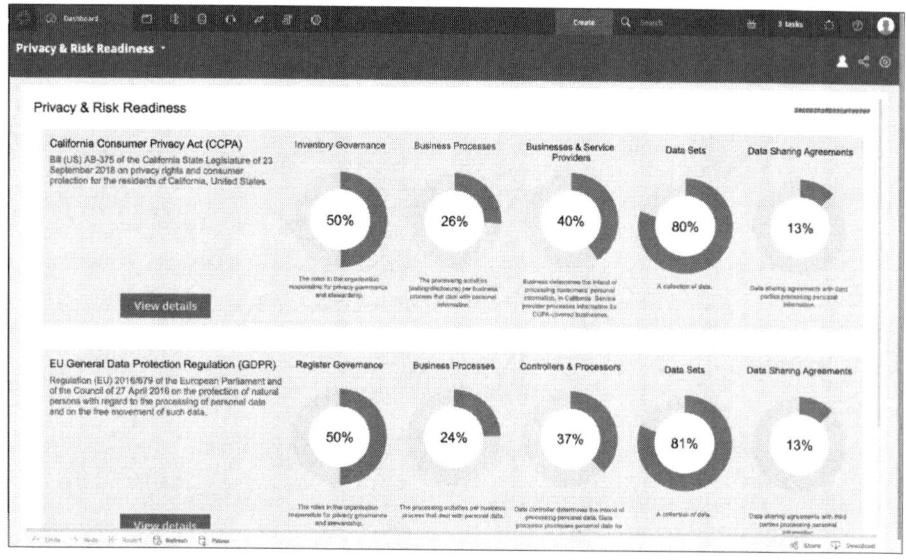

Pantalla de entrada de Collibra

Algunas soluciones también permiten definir plantillas o Policy para facilitar la creación y garantizar la coherencia de los términos comerciales. En el siguiente ejemplo, se crean dos Policy: Importe del IVA y Retención. Los usuarios son libres de crear tantas variaciones de los términos como deseen. En realidad, se trata de una especie de herencia de términos, que permite compartir y garantizar la coherencia de las características comunes de los términos comerciales.

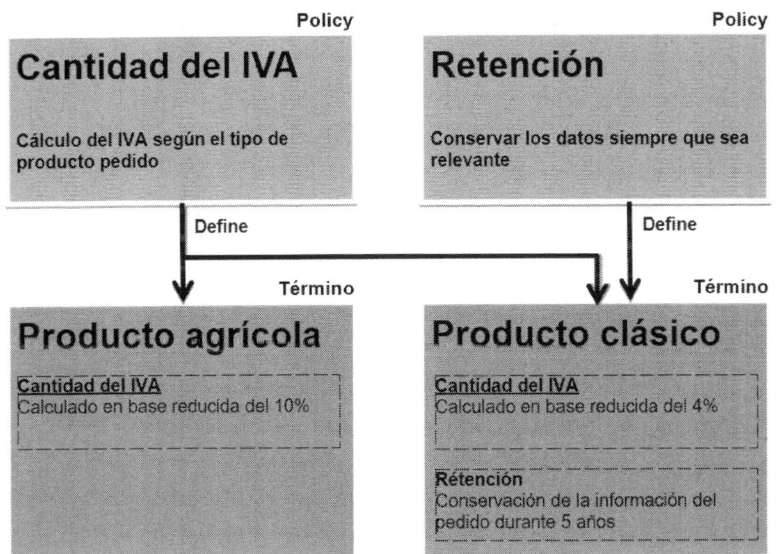

Ejemplo de política

Por supuesto, de lo que estamos hablando aquí es de facilitar el trabajo del usuario que gestiona el glosario empresarial. La creación de Policy o plantillas debe ir acompañada de una estrategia de permisos adecuada, para separar la gestión de la estructura de la taxonomía con sus usuarios.

3.3.2 Jerarquías

En general, existen dos tipos de jerarquías:

- La **jerarquía principal**: prácticamente idéntica a la jerarquía de directorios de Windows y en la que colocamos nuestros archivos. A veces también se denomina nomenclatura, porque será objeto de consenso dentro de la empresa.

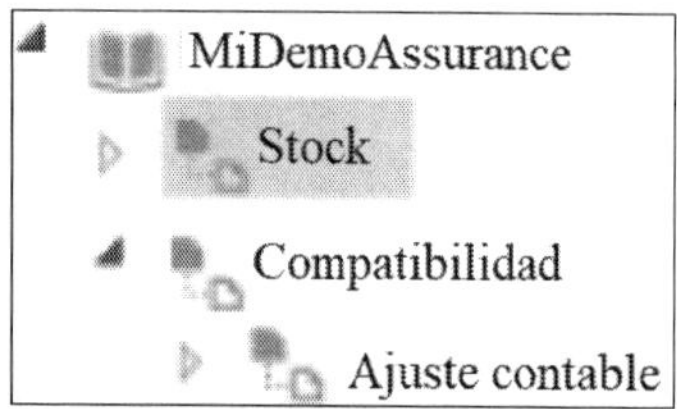

Jerarquía principal

- La **jerarquía secundaria**: estas jerarquías también se pueden crear de la misma manera o hacerlo la solución automáticamente a través de los vínculos que se han creado entre los términos.

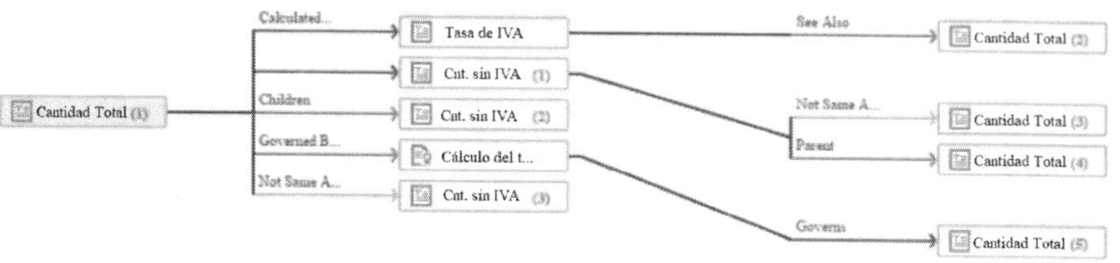

Jerarquía secundaria

3.3.3 Cómo funciona

Todas las soluciones de glosarios empresariales funcionan de forma muy parecida y ofrecen este tipo de funciones:

- **Creación de la taxonomía**: las soluciones permiten crear gráficamente la estructura de los términos (generalmente jerárquica, o incluso con varios modelos de jerarquía dependiendo de la solución), así como los propios términos y sus características.
- **Carga de términos**: mediante una importación masiva (por ejemplo archivo Excel) o progresiva a través de API, la solución debe permitir la ingesta de metadatos empresariales externos. A menudo, parte de esta información se almacena en sistemas externos.
- **Flujo (workflow) de validación**: estos workflow no suelen ser muy complejos, pero garantizan que la información publicada es conforme (en general, el/la Data Owner es un validador). Muy a menudo, este tipo de workflow propone un flujo de validación con una o varias etapas secuenciales.
- **Búsqueda y navegación a través de los conceptos de negocio**. Una vez cargados los metadatos, debe ser posible navegar por la taxonomía (a través de uno o varios árboles jerárquicos). Mejor aún, un motor de búsqueda facilitaría la navegación a los usuarios.
- **Colaboración**: ante todo, el glosario empresarial es una herramienta de colaboración. Un vocabulario común solo se puede construir si todos los actores implicados lo comparten. Por ello, las soluciones suelen ofrecer capacidades avanzadas en materia de permisos. También hay otros aspectos interesantes, como:
  - crear borradores o drafts,
  - el concepto de validación (simple/múltiple),
  - la posibilidad de crear etiquetas o anotaciones/comentarios,
  - gestión de notificaciones.

- **Histerización**: se trata de un aspecto muy importante que la solución debe tener obligatoriamente. Estamos hablando de un glosario compartido y común a toda la empresa, por lo que es vital que todas las modificaciones queden trazadas y conservadas. Cada adición o modificación se debe poder consultar en cualquier momento, sin que, por supuesto, la traza sea modificable (no rechazo). Esto nos lleva de nuevo a la importancia de aplicar procesos de validación en la gestión.
- **Versionado o versionning**: este concepto también puede ser muy práctico a primera vista, ya que permite congelar en versiones, términos o estructuras de árbol enteras. Sin embargo, es muy complejo mantener versiones de forma pragmática debido a las numerosas interdependencias que pueden existir entre los términos. Utilizado con prudencia, es decir, en el contexto de cambios reales en la empresa, el versionado resulta muy útil.
- **Conectividad externa/interna** (por ejemplo, recuperación de indicadores de calidad de datos, mejoras, etc.).

4. Linaje de datos

4.1 Introducción

El linaje de datos (o *Data Lineage*) es la capacidad de una herramienta o solución para rastrear todas las etapas del movimiento y la transformación de los datos. Imagine que tiene un indicador en uno de sus cuadros de mando y no sabe exactamente de dónde procede esta información. El Data Lineage le permitirá trazar todas las etapas de recuperación de los datos de origen así como las distintas transformaciones que han sido necesarias para producir este indicador. Este tipo de solución puede ser especialmente útil para el análisis de impacto, pero también y, sobre todo, permite comprender mejor los datos en su entorno.

4.2 Capas de linaje

El linaje de los datos permite comprender no solo de dónde proceden nuestros datos, sino también cómo se utilizan en las distintas aplicaciones y sistemas.

En general, hay dos tipos de metadatos que la solución de linaje necesitará recuperar:

- **La información física**: incluye los elementos técnicos del Sistema de Información, como bases de datos, archivos, soluciones, programas, etc. En general, se trata de la base más sólida de nuestro linaje porque sus elementos son fácticos. Incluye:
  - Sistemas (bases de datos, aplicaciones, etc.)
  - DataSets o Tablas, que de hecho son los datos
  - Los campos que componen los DataSets o Tablas
- **El glosario de negocio y la semántica**: ya se han tratado anteriormente. A diferencia de la capa física, se puede perfeccionar debido a su subjetividad. Aquí vamos a centrarnos en el significado de los datos, cómo se definen, cómo se calculan, etc. En este nivel es donde el esfuerzo de enriquecimiento y mantenimiento será mayor, ya que hay que modelizar los vínculos entre los metadatos cuando se definen los datos y los distintos indicadores (en particular, los indicadores de calidad de los datos). Se deberán realizar manualmente bastantes asociaciones ya que, por desgracia, la automatización es prácticamente imposible.

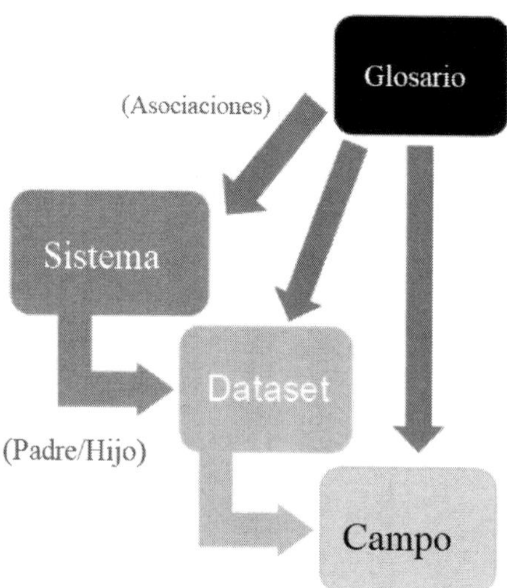

El linaje de los datos y el vínculo físico-funcional

4.3 Modo de funcionamiento

En general, las herramientas de linaje funcionan en modo batch, pero siempre con un componente de gestión manual:

- El modo batch permite importar metadatos de varios sistemas heterogéneos (por ejemplo objetos de negocio SAP, procesos ETL, etc.).
- Enriquecimiento manual:
  - Creación de enlaces de intermetadatos cuando no se han encontrado en la fase batch.
  - Modificación/corrección manual de los enlaces creados automáticamente
  - Validación
  - Enriquecimiento con otra información (glosario empresarial, indicadores de calidad de los datos, etc.)

Esto significa que la solución dispone de un motor (a menudo de tipo ETL) para importar y actualizar los metadatos, así como de una interfaz dedicada a los Data Stewards, que deberán mantener esta base de conocimientos para los metadatos.

En realidad, todos los vínculos que permiten reconstruir el ciclo de vida de los datos, también son metadatos.

4.4 Análisis de impacto

Este tipo de herramientas resulta especialmente útil cuando hay que realizar un cambio en los datos o en alguno de los sistemas vinculados a ellos. Imaginemos un simple cambio de formato numérico (por ejemplo de entero a decimal). Nos gustaría saber qué sistemas podrían estar afectados por este cambio para poder gestionarlo de la forma más eficaz posible. El análisis de impacto, realizado de este modo, es un caso de uso típico de las herramientas de Data Lineage.

Además, estas herramientas suelen disponer de muchas vistas de análisis de impacto integradas y dedicadas a este tipo de uso. Gracias a una visión compartida de los activos de la empresa, algunas soluciones permiten realizar rápida y fácilmente las siguientes acciones:

- Análisis de proyectos para identificar dependencias, solapamientos y oportunidades de colaboración.
- Evaluación del impacto de los cambios del perímetro de un proyecto sobre los resultados y casos prácticos.
- Utilizar los factores de costes y de valor para desarrollar estudios de casos para nuevos proyectos.
- Identificar a los responsables de toma de decisiones y a las partes interesadas delegadas con un solo clic.

Evidentemente, cuantos más elementos del sistema de información se importen y mejor se construyan los vínculos, más automatizadas y precisas serán las vistas del análisis de impacto. El verdadero peligro de este tipo de utilización no reside en la herramienta en sí, sino en la falta de exhaustividad de los metadatos. Es difícil, por no decir imposible, importar todos los elementos que contribuyen al enriquecimiento de un dato. A veces esto solo se debe a la ignorancia funcional (el analista sencillamente no sabe que necesita importar un sistema en la herramienta), a una imposibilidad técnica (no hay conectividad entre la herramienta y los metadatos) o a la falta de tiempo para implementar los enlaces manualmente; incluso se podría deber simplemente a un error de introducción manual (de enlaces).

Aunque estos sistemas pueden ser muy útiles para la evaluación de impacto, se deben tratar con cautela y utilizarse únicamente como guía a la hora de llevar a cabo dicha evaluación.

4.5 Navegación

Las herramientas utilizadas para recrear la ruta de los datos de hecho son capaces de leer los metadatos de los sistemas de origen, así como de las soluciones que realizan las transformaciones. Para ello, necesitan disponer de los conectores adecuados, pero esta vez para solo recuperar los metadatos y no los datos propiamente dichos. Por tanto, la complejidad residirá en reconstruir los vínculos con los datos.

Al final, este tipo de herramienta proporciona una vista como la que se muestra a continuación:

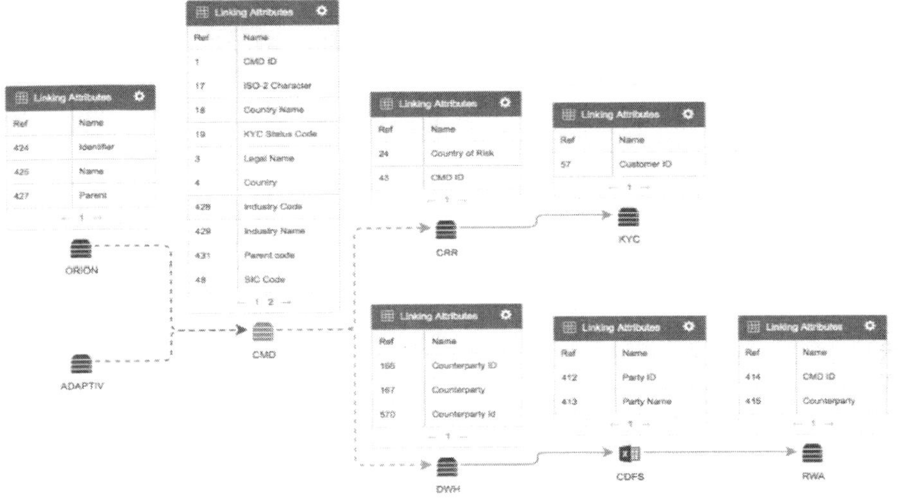

Ejemplo de linaje de datos con Informatica

Esta vista muestra las distintas etapas y todos los sistemas que se han vinculado a los datos en cuestión. A menudo, este tipo de herramienta también es capaz de mezclar metadatos técnicos y de negocio, pero en ese caso es necesario proporcionar el mapeo manualmente o mediante la importación de un archivo Excel, por ejemplo, mapeando estos dos tipos de metadatos.

5. El catálogo de metadatos

La solución que proporciona el catálogo de datos extrae metadatos de diversas fuentes externas (bases de datos, almacén de datos, glosarios corporativos, informes de BI, etc.) para hacerlos accesibles dentro de una interfaz consolidada dedicada a los Data Stewards.

Este tipo de solución le ayuda a analizar y comprender las enormes cantidades de metadatos presentes en los distintos ámbitos de su Sistema de Información. De este modo, es posible:

- extraer metadatos físicos y operativos de numerosos componentes vinculados a datos,
- organizar los metadatos en función de conceptos empresariales,
- mostrar información sobre el linaje y la relación para cada dato

El objetivo de este tipo de solución es mantener un catálogo que sirva de repositorio centralizado, y que almacene todos los metadatos de diferentes fuentes externas.

Muy a menudo, este tipo de solución va acompañada de un motor de descubrimiento que permite recopilar datos desde dentro de la empresa, al mismo tiempo que aumenta su comprensibilidad, gracias a un catálogo precargado de información. De este modo, se facilita enormemente a cualquier tipo de usuario:

- la búsqueda de todo tipo de datos dentro de la empresa,
- descubrir las relaciones,
- enriquecer los datos con un glosario empresarial y anotaciones de usuario,
- comprender la fuente, la calidad y el uso de sus datos (análisis de impacto, por ejemplo).

Gracias a las potentes y dinámicas funciones de búsqueda semántica (texto completo), los usuarios pueden filtrar:

- resultados de la búsqueda,
- el linaje de los datos,
- información estadística, una visión de 360° de relación,
- recomendaciones sobre la similitud de los datos.

Los administradores de datos también pueden gestionar fácil y eficazmente los datos para maximizar su valor en todo el SI de la empresa. Los usuarios de las empresas pueden encontrar rápidamente los datos y gestionar fácilmente su ciclo de vida.

Además del linaje de los datos, el catálogo de datos es capaz de describir la relación entre los datos seleccionados y otros datos también almacenados en el catálogo: es lo que se conoce como visión de 360 grados de los datos.

Por supuesto, los datos relacionados seleccionados dependen del tipo. Por ejemplo, si los metadatos seleccionados son una columna, la vista de relaciones muestra todos los dominios, columnas similares, términos de negocio y usuarios que están asociados a esa columna. Por otro lado, si los metadatos seleccionados son un dominio de datos, la vista de relaciones muestra todas las columnas, términos de negocio, usuarios y grupos de dominios de datos que están vinculados a este dominio de datos. Por tanto, el catálogo se puede utilizar para descubrir automáticamente conjuntos de datos relacionados, conjuntos de datos técnicos, conjuntos de datos empresariales y relaciones semánticas basadas en el uso y la naturaleza de los metadatos.

La vista de 360 grados muestra metadatos relacionados, tablas, vistas, dominios de datos, informes y usuarios. Esto contribuye al descubrimiento progresivo de otros conjuntos de datos.

6. Seguridad de los datos

En los últimos años, la seguridad de los datos se ha convertido en un campo extremadamente prolífico. Hay tanto que decir y que hacer sobre el tema, que podría ser objeto de un libro entero (o más de uno). Por supuesto, el **RGPD** (Reglamento General de Protección de Datos) ha acelerado muchas iniciativas, lo que finalmente es algomuy positivo, ya que por fin se han sentado las bases de la sensibilidad de los datos y, por supuesto, de las obligaciones en cuanto a gestión y seguridad que tienen quienes los almacenan.

El objetivo aquí no es tratar este tema de forma exhaustiva, sino repasar los principales conceptos en torno a la seguridad de los datos. ¿Cómo proteger los datos almacenados? ¿Cómo hacerlos accesibles y a la vez protegerlos mediante la anonimización, la seudonimización o incluso el cifrado? Estos son los temas que se tratarán en esta sección.

6.1 Anonimización frente a seudonimización

(77) Guidance on the implementation of appropriate measures and on the demonstration of compliance by the controller or the processor, especially as regards the identification of the risk related to the processing, their assessment in terms of origin, nature, likelihood and severity, and the identification of best practices to mitigate the risk, could be provided in particular by means of approved codes of conduct, approved certifications, guidelines provided by the Board or indications provided by a data protection officer. The Board may also issue guidelines on processing operations that are considered to be unlikely to result in a high risk to the rights and freedoms of natural persons and indicate what measures may be sufficient in such cases to address such risk.

(78) The protection of the rights and freedoms of natural persons with regard to the processing of personal data require that appropriate technical and organisational measures be taken to ensure that the requirements of this Regulation are met. In order to be able to demonstrate compliance with this Regulation, the controller should adopt internal policies and implement measures which meet in particular the principles of data protection by design and data protection by default. Such measures could consist, inter alia, of minimising the processing of personal data, pseudonymising personal data as soon as possible, transparency with regard to the functions and processing of personal data, enabling the data subject to monitor the data processing, enabling the controller to create and improve security features. When developing, designing, selecting and using applications, services and products that are based on the processing of personal data or process personal data to fulfil their task, producers of the products, services and applications should be encouraged to take into account the right to data protection when developing and designing such products, services and applications and, with due regard to the state of the art, to make sure that controllers and processors are able to fulfil their data protection obligations. The principles of data protection by design and by default should also be taken into consideration in the context of public tenders.

Extracto del RGPD

En el contexto de la normativa RGPD (o GDPR en inglés), y más concretamente del tema específico de la seguridad de los datos personales, el primer enfoque propuesto (véase el artículo anterior), consiste en seudonimizar los datos personales de forma permanente.

Pero, ¿qué es la seudonimización y en qué se diferencia de la anonimización?

La anonimización y la seudonimización son dos procesos que simplemente alteran los datos para eliminar cualquier connotación personal y hacerlos irreconocibles. En otras palabras, una vez anonimizados o seudonimizados, los datos en su estado actual no deben permitir identificar a una persona.

Sin embargo, hay una diferencia notable entre la anonimización y la seudonimización: la reversibilidad del proceso de alteración. Una vez anonimizados los datos, es imposible establecer el vínculo entre los datos anteriores a la modificación y los generados por el proceso de anonimización. En cambio, tras la seudonimización, los datos se modifican, pero no pierden todo su sentido. Por tanto, existe una especie de residuo de los datos antiguos que persiste y que, combinado con otros datos, puede dar lugar, por ejemplo, a la reversibilidad. Clásicamente, la seudonimización recurre a la criptología (y, por tanto, las claves externas) para almacenar datos sensibles.

Por tanto, la anonimización es un proceso irreversible, mientras que la seudonimización es un proceso reversible. Cada una de estas iniciativas necesita la ayuda de un programa de software, de claves y procesos externos para que se puedan llevar a cabo, lo que todavía es más cierto teniendo en cuenta que habitualmente los datos no están aislados, sino vinculados y combinados. Por tanto, es necesario ocultar conjuntos de datos coherentes.

En las siguientes secciones, veremos los principales enfoques para asegurar los datos:

- Seudonimización de datos mediante técnicas de cifrado (proceso reversible).
- Anonimización de datos mediante un proceso de ocultación o enmascaramiento (irreversible). Examinaremos dos técnicas de ocultación:
  - una para conseguir un enmascaramiento permanente
  - otra dinámica (o bajo demanda)

6.2 Cifrado de la información

El principio del cifrado es bastante sencillo: transforma los datos que pueden ser utilizados por un ser humano o un ordenador en datos totalmente inutilizables, porque carecen de sentido. El objetivo es casi siempre proteger los datos en su unidad de almacenamiento o durante el transporte. La encriptación no es algo nuevoy, aunque ha explotado con la informática moderna, ya en la Edad Media los mensajeros llevaban mensajes codificados. Volvamos a la informática moderna. ¿Quién no ha oído hablar de ENIGMA (inventada en 1919), la famosa máquina de cifrado utilizada por los nazis para enviarse mensajes secretos y estratégicos de forma segura?

Hoy en día, con Internet y la apertura general de las redes, convivimos cada vez más con datos cifrados, a veces sin darnos cuenta. Por ejemplo, y afortunadamente, los datos almacenados en Google Drive, AWS S3 o Microsoft OneDrive están obviamente cifrados. Del mismo modo, cuando está en un sitio web protegido (en HTTPS), los datos que circulan entre su navegador y el servidor que aloja el sitio, están cifrados (mediante SSL), a diferencia de lo que ocurre en un sitio web de tipo HTTP.

El cifrado está en todas partes y aunque es algo bueno para la seguridad de nuestros datos, admitámoslo, no siempre nos hace la vida más fácil.

En términos de gestión de datos, esto también significa varias cosas:

- Los datos no están disponibles tal cual.
- Para explotarlos hay que descifrarlos, lo que lleva cierto tiempo (que puede llegar a ser considerable si se trata de muchos datos).
- La(s) clave(s) de descifrado debe(n) estar disponible(s) o, en caso necesario, los datos cifrados se deben trasladar a un lugar seguro donde se puedan descifrar y almacenar de forma segura.
- No todo el cifrado es sencillo de gestionar y puede requerir ciertos conocimientos, programas específicos o incluso claves físicas externas.

Antes de seguir profundizando en los conceptos de encriptación y cifrado, resulta necesario hacer una pequeña distinción entre estos dos términos, ya que se confunden con mucha facilidad. Hemos visto que el cifrado es un proceso que transforma datos en una secuencia de datos incomprensible. Sin embargo, el proceso opuesto se puede realizar de dos maneras diferentes: mediante un proceso que requiera una clave o bien utilizando un proceso que no requiera clave alguna. Pero para entender mejor este matiz, vamos a desarrollar los dos principales métodos de cifrado: el cifrado simétrico y el asimétrico.

6.2.1 Cifrado simétrico

Cualquier tipo de cifrado se realiza mediante un algoritmo que, a su vez, necesita un programa para ejecutarse. El cifrado es simétrico porque los procesos de cifrado y descifrado utilizan la misma clave (que, por tanto, se utiliza en ambas direcciones). En el cifrado simétrico, los datos se cifran utilizando una clave (que también es un dato en sí misma), y el descifrado utiliza la misma clave.

De ahí, una vez más, la noción de simetría:

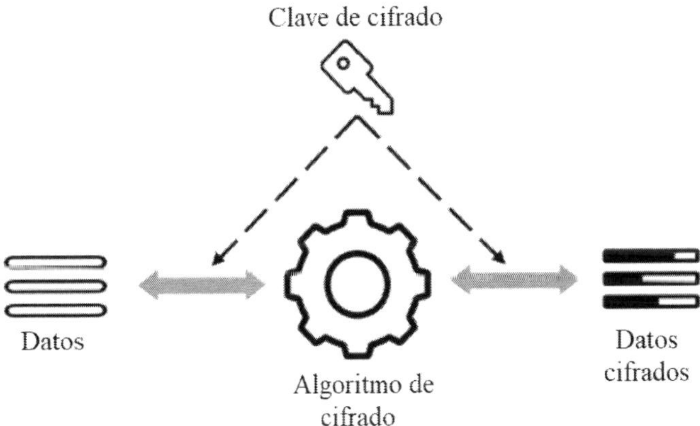

Cifrado simétrico

Sin duda, este tipo de cifrado es el más extendido porque es bastante sencillo de configurar y mantener. Obviamente, su punto débil reside en la clave única de cifrado-descifrado. La gran desventaja es que esta clave se debe compartir con el destinatario (la persona que tiene que descifrar).

Ejemplos de cifrado simétrico: AES, DES, 3DES, Blowfish, ISAAC, IDEA, etc.

6.2.2 Cifrado asimétrico

El cifrado asimétrico requiere dos claves:

- Una clave pública para cifrar los datos. En general, y como su nombre indica, esta clave no es secreta y se utiliza para cifrar los datos.
- Una clave privada que se puede utilizar para descifrar los datos. Por otro lado, esta clave es secreta y mantiene la confidencialidad de los datos, ya que solo la persona que la posee puede descifrarlos.

Observación

Ambas claves (pública y privada) se generan a la vez.

Obviamente, a diferencia del cifrado simétrico, no es necesario compartir la clave de La aplicación de este tipo de cifrado es mucho más compleja, porque requiere poner en marcha un protocolo específico de intercambio de datos y claves.

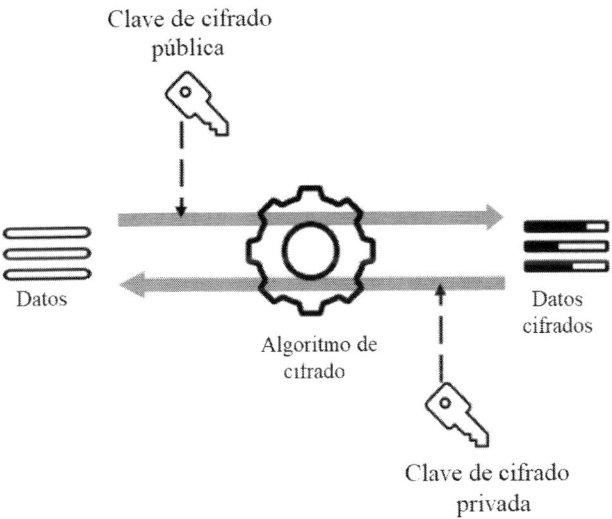

Cifrado asimétrico

Ejemplos de cifrado asimétrico: RSA, DSA, etc.

6.2.3 Funciones de cifrado

Además del algoritmo de cifrado, otra característica importante es el número de bits en los que se codifica la clave. Por supuesto, cuanto mayor sea el número de bits, más potente será la clave, pero también repercutirá en los tiempos de procesamiento del cifrado-descifrado.

Ejemplos: AES 128 bits o AES 256 bits, 3DES 168 bits o 256 bits, etc.

6.3 Enmascaramiento permanente de datos

Volvamos al RGPD y a la necesidad de proteger los datos personales. El reglamento expresa claramente la necesidad de enmascarar estos datos de forma persistente. Por ejemplo, habrá que tener el cuidado de cambiar el nombre y los apellidos de una persona existente. Para ello, ¿vamos a cifrar esta información (seudonimización), corriendo el riesgo de hacerla inutilizable tal cual (o incluso inmanejable para los sistemas que utilicen estos datos) o vamos a sustituirla (anonimización) por información similar pero diferente, como otro apellido y otro nombre?

En realidad, siempre es técnicamente posible elegir si se anonimiza o no, conservando la coherencia de los datos originales. Esta elección se debe guiar únicamente por las normas (RGPD u otras) y las necesidades que rodean a los datos.

Por ejemplo, podemos sustituir:

- un nombre por otro ya existente (John por Peter, o Isabelle por Christine);
- un número de tarjeta bancaria por un número aleatorio (que respeta la fórmula de Luhn);
- una dirección por otra que exista

Pero cuidado, porque, aunque la anonimización con preservación de la coherencia (o del contexto) puede parecer atractiva, también tiene sus defectos. Desde un punto de vista estadístico, por ejemplo, es obvio que si las direcciones se anonimizan al azar (aunque sea parcialmente), será imposible utilizar esos datos con fines estadísticos. De hecho, desde un punto de vista práctico, los datos anonimizados (incluso parcialmente) se deberían considerar inutilizables en entornos operativos o de toma de decisiones de producción.

Por otro lado, es realmente importante desensibilizar los entornos que no son de producción (dedicados a las pruebas, la aceptación o la formación): sobre todo cuando hay que generar conjuntos de datos para los equipos de desarrollo, formación o pruebas de aplicaciones.

En la práctica, cuando se crean entornos de prueba, aceptación o formación, a menudo se clonan las bases de datos operativas de producción y luego se replican tantas veces como sea necesario. O lo que es peor, estos entornos de no producción algunas veces incluso se ponen a disposición de una población de usuarios que normalmente no están autorizados a acceder a producción o incluso son externos a la empresa (por ejemplo, proveedores de servicios o desarrolladores off-shore).

La presencia de datos personales reales en estos entornos no seguros (fuera del alcance y el control de los propietarios reales), es un grave defecto del sistema para mitigar el riesgo de violación de datos personales en el sentido del RGPD (fuga de datos o difusión malintencionada).

En este contexto, es vital utilizar una técnica de anonimización permanente (o enmascaramiento permanente) y aplicar normas de anonimización no reversibles para cumplir las mejores prácticas en materia de minimización de riesgos.

Las ventajas de la anonimización permanente que deben tenerse en cuenta para este tipo de solución son, por tanto:

- gestión centralizada y compartida de las normas de enmascaramiento de datos,
- direccionamiento de todas las tecnologías candidatas (SGBD-R, archivos delimitados, texto variable, XML, Json, Hadoop, BigData, ODBC),
- fácil de configurar en modo web,
- no intrusiva (anonimización en modo cliente-servidor de extracción/inserción o actualización),
- rendimiento (extracción de la fuente y carga del objetivo simultáneas).

6.4 Enmascaramiento dinámico de datos

Si el enmascaramiento permanente es especialmente interesante para los datos que no son de producción, ¿cómo enmascarar los datos de producción operativos o que se utilizan para tomar decisiones, sin inutilizarlos? Imaginemos que ha confiado a una empresa externa el soporte de una aplicación que maneja datos personales y confidenciales. ¿Cómo garantizar que el personal de soporte de esta empresa pueda hacer su trabajo si, por ejemplo, tenemos que bloquear la mayoría de las pantallas debido a este criterio de confidencialidad? De hecho, algunas pantallas de aplicaciones o procesos de datos personales permiten ver o enumerar todos los datos vinculados a una persona, incluidos los que no son absolutamente necesarios. Esto puede ser un verdadero problema.

A veces se autoriza el acceso a un entorno de producción a terceros, como proveedores de servicios, editores de software o usuarios que tienen libertad para ejecutar consultas en tablas y campos (en el caso de Business Intelligence). Este acceso aumenta el riesgo de violación de los datos personales (fuga de datos o distribución malintencionada).

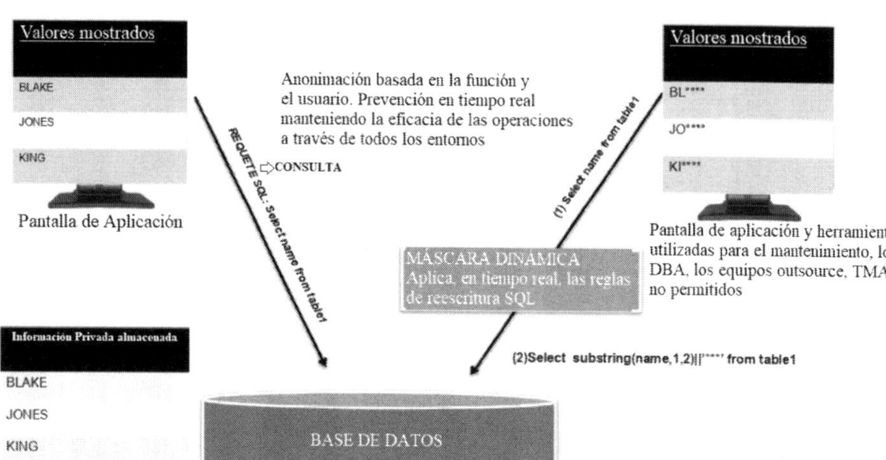

Anonimización dinámica

El enmascaramiento dinámico de datos permite impedir que determinados usuarios vean ciertos datos confidenciales o sensibles si su función o perfil no lo requieren. El principio es sencillo: en lugar de modificar los datos en la fuente, una solución intermediaria (middleware) ocupará el lugar del proveedor de datos y anonimizará los datos sobre la marcha, según las normas (y permisos) que se deban aplicar. Por tanto, la anonimización no es permanente, ya que en ningún momento se altera la fuente de datos, sino contextual. La alteración depende de las normas definidas, del contexto y de los derechos del usuario que la solicita.

Por lo general, las ventajas de la solución de anonimización dinámica son:

- su no intrusividad (el dispositivo desplegado entre el cliente y el servidor),
- su rapidez de implantación: la solución funciona generalmente como un cortafuegos, en el que se definen derechos y reglas

Sin embargo, es importante tener en cuenta los siguientes puntos:

- El impacto en el rendimiento debería ser casi insignificante (pero esto depende de las normas aplicadas).
- Su compatibilidad con una amplia gama de tecnologías de bases de datos, como Oracle, Teradata, Sybase, DB2, Netezza, JDBC, ODBC, SQLServer y Hadoop Hive.
- La posibilidad de recuperar el contexto en la consulta. Este tipo de solución sustituye generalmente a un JDBC/OBDC y se basa en el concepto de modificación de consultas SQL sobre la marcha. Sin embargo, no siempre es fácil recuperar el usuario de la consulta SQL enviada, sobre todo porque a menudo estas consultas han sido generadas automáticamente por las aplicaciones.

6.5 Técnicas y métodos

Existen muchas técnicas de enmascaramiento, dependiendo de la necesidad y del tipo de datos. Algunos ejemplos son:

- Ocultar datos de:
  - una expresión regular
  - una tabla/lista.
  - una fórmula
  - datos aleatorios
- Desenfoque (parcial o total)

Aunque cuando se trata de datos unitarios el enmascaramiento puede parecer bastante sencillo, las cosas se complican cuando surge la necesidad de establecer relaciones entre datos (entre tablas, entre archivos dispares, etc.) ¿Cómo anonimizarlos garantizando a la vez una forma de integridad referencial? Peor aún, a veces los sistemas utilizan claves (primarias o externas) con datos explícitos (por ejemplo, el número de la seguridad social como identificador de una persona). En este caso, hay que modificar el valor de la clave primaria, lo que a menudo implica modificar también las claves extranjeras de las tablas que hacen referencia a ella. Por tanto, el enmascaramiento con integridad referencial implica recuperar información sobre el modelo de datos (especialmente los famosos CIT) para poder realizar las acciones de modificación en retrocascada. Esta operación puede ser extremadamente compleja, ya que en algunos sistemas de aplicación el modelo puede ser como un plato de espaguetis.

Por supuesto, además de la anonimización tradicional existen otros enfoques complementarios para realizar estas operaciones de enmascaramiento:

- Tokenización (con soluciones como Mentis, Protegrity, nuBridges y Voltage).
  - La tokenización sustituye los datos de la base de datos por información considerada no sensible.
  - Esta técnica preserva el formato y el tamaño del registro en la tabla.
  - Es una tecnología muy buena en el ámbito de conformidad para la industrica de las tarjetas de crédito.

- La Database Activity Monitoring (DAM) con soluciones como Imperva, IBM Guardium, Oracle Database Firewall.
  - Estas soluciones controlan y analizan la actividad de las bases de datos, incluido el acceso a datos sensibles.
  - Es una excelente forma de detectar accesos no autorizados.
- El cifrado de datos:
  - Cifrado de datos "en reposo"
  - Cifrado de toda la base de datos
  - No requiere conocimientos detallados de tablas y columnas
  - Excelente opción en caso de pérdida/robo de toda la base de datos o de administración de un sistema no confiable

7. Fábrica de datos (Data Fabric)

Una fábrica de datos (o Data Fabric) es un concepto de arquitectura de datos surgido en la década de 2000 y formalizado por el Instituto Forrester. De hecho, la fábrica de datos es un conjunto de herramientas y prácticas que permiten disponer de datos frescos y de calidad. Las fábricas de datos se basan en el principio de crear un "tejido de datos" coherente que se pueda utilizar directamente por diversos usuarios o consumidores. Sin este modelo, cada unidad de negocio tiene que construir, documentar y gestionar su propio conjunto de datos, lo que en muchos casos tiene sus limitaciones. Además, los tipos de fuentes de datos, los volúmenes y todas las necesidades en términos de datos frescos, aumentan constantemente. Cada vez resulta más complejo y costoso gestionar adecuadamente los activos de datos.

De ahí la idea de aunar todos estos esfuerzos (antes dispersos) reuniéndolos en una única entidad cuya función sería proporcionar datos utilizables. Así nació la fábrica de datos.

Por supuesto, esta fábrica no puede funcionar sin las herramientas adecuadas. Para funcionar, necesita implantar una o varias soluciones que le permitirán:

- **Adquirir** datos que le permitan conectarse a cualquier tipo de sistema para recuperar cualquier tipo de datos necesarios;
- **Integrar** datos procedentes de varias fuentes heterogéneas, para lo que, puede utilizar herramientas como ETL o herramientas de virtualización de datos;
- **Gestionar** los datos dentro de su perímetro. Esto es esencial para garantizar que la información recopilada y publicada cumple todos los criterios de calidad, linaje y seguridad necesarios. Por ejemplo, la disponibilidad de un catálogo de datos es un elemento esencial en la creación de la fábrica. Cabe señalar que este componente de gestión se debe combinar con soluciones de análisis de datos que puedan, en particular, producir indicadores de calidad para los datos entrantes y salientes;
- **Difundir** los datos. La fábrica de datos debe producir datos que posteriormente pondrá disponibles. Esto nos lleva a la noción de autoservicio, que es uno de los pilares del concepto de fábrica de datos.

La fábrica de datos es una solución que debe evolucionar y adaptarse constantemente para gestionar las posibles discrepancias de forma continuada. Si la base de datos original fluctúa (lo que casi siempre ocurre, ya que los datos cambian constantemente), la punta del iceberg (distribución) debe ser estable. Por tanto, la fábrica de datos proporciona un entorno unificado del que los consumidores pueden extraer información estable y de alta calidad.

Desde un punto de vista arquitectónico, Forrester describe Data Fabric como una pila de varias capas:

- La capa de gestión de datos (gestión y seguridad de los datos).
- La capa de ingesta de datos (consolidación de datos heterogéneos de la nube y on-premise).
- La capa de integración de datos.
- La capa de orquestación (gestión en torno a distintas iniciativas como la transformación, la limpieza, etc. para que los "datos sean utilizables").
- Descubrimiento de datos (para comprender y analizar mejor los datos proporcionados y recuperados).

– Acceso a los datos, que los hace consumibles (difusión).

Hoy en día, existen varios editores que cubren este vasto campo: Talend, Informatica, IBM, Oracle, Denodo, etc.

Su principio de encapsulación de la gestión de datos, su control por equipos dedicados y sus procesos operativos coherentes hacen que la fábrica de datos sea más fiable, ágil, segura y, por lo tanto, más capaz de crear la base de datos estable que necesitan las empresas. Parecido a un MDM (para los datos de referencia), la fábrica de datos se basa en una estructura de datos que se alimenta o utiliza una capa de virtualización (o ambas cosas). Esta estructura actúa como una capa de abstracción, aislando las capas inferiores que, a su vez, son modificables (porque están vinculadas a aplicaciones operativas).

Por tanto, por su propia naturaleza, es más capaz de gestionar futuros cambios en los datos, tanto desde un punto de vista estructural como de de volumen. La sostenibilidad de la gestión general de datos está garantizada por la fábrica de datos, que por su propia naturaleza permite integrar nuevas fuentes de forma flexible y fiable, tanto si están desplegadas en la nube, en modo on-premise o en ambas. Esto se consigue, por supuesto, sin afectar a las implantaciones existentes.

Gracias a esta forma de utilizar las distintas soluciones de gestión de datos, las empresas que han optado por utilizar la fábrica de datos son mucho más ágiles. Por ejemplo, esto significa que ya no dependen de soluciones propietarias y que están mucho mejor equipadas para adaptarse a las rápidas y múltiples necesidades que proliferan.

8. Mallado de datos (Data Mesh)

Es un hecho que la cantidad de datos aumenta constantemente y de manera proporcional a las necesidades. A pesar de la creación de Data Lake, que siguen creciendo en tamaño y complejidad, asistimos a la proliferación de múltiples islas pequeñas de datos, a veces sin gestionar. Todo esto es complejo de gestionar y controlar y puede convertise rápidamente en un caos. Aunque el enfoque de fábrica de datos puede remediar ciertos problemas y proporcionar una mayor fluidez en el consumo de datos, a medida que los datos y las soluciones se acumulan y se hacen más complejos, también puede quedar rápidamente obsoleta. De ahí la introducción de un nuevo tipo de arquitectura de datos propuesta en 2019 por Zhamak Dehghani.

Este tipo de arquitectura se basa en cuatro pilares:

1. Creación y gestión de un **dominio** de datos.
2. El principio de los **Data as a Product** (datos como producto).
3. El principio de **Self-Service**.
4. **Gestión federada**.

En pocas palabras...

De forma similar a los microservicios, que han permitido segmentar las aplicaciones por dominio en lugar de por tecnología, el Data Mesh (o malla de datos) propone desglosar la gestión de datos por dominio.

En realidad, la idea subyacente es muy pragmática. Partiendo de la constatación de que es muy complejo hacer coexistir Data Warehouse y Data Lake, y de que las líneas de carga de este último (muy a menudo basadas en scripts ETL) son demasiado engorrosas de mantener, es esencial proponer un enfoque destinado a segmentar la gestión de los datos. Es lo que se conoce como enfoque **domain-driven**. Un dominio es un marco de datos generalmente específico de un área de negocio: finanzas, RRHH, etc.

Así que..:

- la arquitectura y gestión de datos/dominios están descentralizadas;
- cada gestor de dominio puede elegir su propia estrategia y recursos de gestión de dominios,
- por supuesto, la propiedad de los datos también se basa en el modelo,
- la gestión funciona de forma federada. La interoperabilidad de los datos está garantizada por la normalización que se promueve en toda la malla de datos. El principal objetivo de la gestión federada es crear un ecosistema de datos basado en normas específicas de cada dominio;
- no existe una estructura única como en el caso de una fábrica de datos.

Por tanto, los datos se consideran un producto (suministrado por un dominio). Este principio implica que también hay consumidores de datos más allá del propio dominio y que el equipo que lo gestiona también es responsable de satisfacer las necesidades de otros dominios, proporcionando datos de calidad. Básicamente, los datos del dominio se deben tratar como cualquier otro dato público.

Ante todo, el **Data Mesh** es un cambio organizativo en la forma de gestionar los datos. Las responsabilidades de los datos se acercan a los usuarios empresariales, para permitir una toma de decisiones más rápida.

A primera vista, Data Mesh puede parecer muy similar a Data Fabric, ya que ambas ofrecen una plataforma de datos de autoservicio con una gestión adecuada. Sin embargo, si se examina más de cerca, resulta que Data Fabric es un enfoque centralizado e independiente del dominio, lo que contrasta fuertemente con el enfoque descentralizado y centrado en el dominio propuesto por Data Mesh. Por otra parte, Data Fabric se centra mucho en la puesta en común de soluciones de datos, mientras que Data Mesh descarta por completo las soluciones para ofrecer servicios de datos dedicados por negocio o dominio.

Capítulo 6
Saque el máximo partido a sus datos con la IA

1. Introducción

Actualmente es imposible hablar de datos sin hablar de IA. Más que un fenómeno social, la IA está en el centro de las estrategias de comunicación y desarrollo de casi todos los especialistas en datos y editores de software. De hecho, hoy en día apenas se puede leer una revista especializada o incluso abrir un periódico sin ver algo al respecto. Así que tenemos IA en todas sus formas, hasta el punto de que a veces resulta difícil entender de qué se trata exactamente, porque el término se ha distorsionado demasiado, hasta el punto incluso utilizarse en exceso. La inteligencia artificial (o IA) está en el centro de nuestras vidas, nos guste o no, pero ¿qué es realmente? ¿Y qué es el Machine Learning (o Aprendizaje Automático)? ¿Es lo mismo? Todo es muy confuso. Vamos a aclarar las cosas, sin entrar en complejas ecuaciones matemáticas.

De hecho, la primera confusión que encontramos habitualmente es la fusión de IA y ML (Machine Learning). Aunque estos dos conceptos están estrechamente relacionados, son nociones muy diferentes. En pocas palabras, la inteligencia artificial (según la definición de la RAE) es...

... Disciplina científica que se ocupa de crear programas informáticos que ejecutan operaciones comparables a las que realiza la mente humana, como el aprendizaje o el razonamiento lógico.

Por tanto, la IA es un vasto campo de estudio y herramientas para reproducir el comportamiento de una persona, desde el punto de vista informático. Por su parte, el Machine Learning no es más que una de estas disciplinas, un subconjunto en cierto modo, un medio entre otros para lograr este resultado.

El Machine Learning es solo una de las posibilidades que ofrece la IA, que se centra en la noción de aprendizaje automático. En pocas palabras, el Machine Learning pretende imitar nuestra forma de aprender. El ser humano aprende principalmente a través de la experiencia. Se trata, pues, de reproducir los mecanismos de asimilación de esta experiencia, pero reduciéndolos al nivel de una máquina. Hasta ahora, los enfoques informáticos han tendido a ser deterministas. De hecho, los informáticos establecían leyes o reglas bastante fijas que los programas informáticos debían respetar al pie de la letra. Por desgracia, estas leyes pronto alcanzaron sus límites, las excepciones empezaron a proliferar y pronto suplantaron a la regla básica. ¿No se dice precisamente que "la excepción confirma la regla"?

Una cosa es segura, una vez que estas excepciones dominan a la regla, es cuando llega el desastre. El software se transforma en algo imposible de mantener; a veces incluso hay que reescribirlo entero porque el conocimiento de tal maraña de excepciones se ha perdido o simplemente porque se ha vuelto demasiado complejo como para adaptarlo. Está claro que, en muchos casos, estos enfoques deterministas ya no son suficientes porque no se pueden adaptar a una realidad determinada y, sobre todo, porque no son capaces de evolucionar con el tiempo.

Además, si este enfoque de la informática se adapta bastante bien a los datos estructurados, es evidente que alcanza sus límites todavía más rápido cuando se trata de procesar datos no estructurados. Analizar documentos escaneados, fotos, detectar rostros , reconocerlos en un vídeo o simplemente ser capaz de recuperar información básica a partir de textos en bruto (como contratos): todas estas tareas indispensables en un mundo que avanza hacia un todo digital, requieren una respuesta concreta y fiable.

El objetivo es, por tanto, pasar de una lógica rígida y descriptiva a otra de aprendizaje basada en datos experimentales, lo que implica utilizar técnicas radicalmente diferentes, basadas principalmente en la estadística y la probabilidad, o incluso otras (a veces sorprendentes), como el uso de redes neuronales en el Deep Learning. E implicará sobre todo que para implementarlas se necesitarán datos, muchos datos, en algunos casos una enorme cantidad de datos.

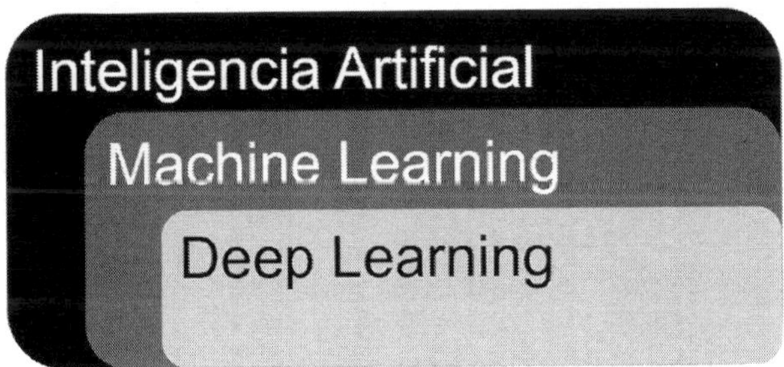

IA y Machine Learning

2. El uso de la IA

En primer lugar, es interesante analizar los ámbitos en los que la IA (y el Machine Learning en particular) se ha impuesto. Muy claramente, hay tres áreas en las que la IA ha demostrado su valía y donde las empresas y los editores de software están invirtiendo hoy en día:

1. Toma de decisiones (en relación con criterios indefinidos o mal definidos) "que permite tomar decisiones basadas más en el histórico que en las normas establecidas".

2. Visión por ordenador (Computer Vision): "que permitar al ordenador ver".

3. Procesamiento de datos de texto (o NLP por *Natural Language Processing*) "que permite al ordenador comprender y escribir textos".

2.1 Tomar decisiones

Por supuesto, la toma de decisiones o la capacidad de elegir no es nada nuevo. En cierto modo, es la esencia de la informática moderna poder ayudar o tomar decisiones. Lo que es nuevo e innovador es la capacidad de tomar decisiones basadas en criterios indefinidos.

Tomemos el ejemplo de un diagnóstico médico. Como sabemos, hacer un diagnóstico puede ser extremadamente complejo debido al gran número de parámetros que intervienen. Estos parámetros pueden ser conocidos, desconocidos o incluso estar sesgados (por el propio paciente, por ejemplo, que no sitúa su dolor con precisión). La función de un algoritmo de Machine Learning es consolidar todos los parámetros conocidos sin sesgos y compararlos con una base de datos de síntomas de pacientes anteriores, para realizar el mejor diagnóstico.

En un ámbito completamente distinto, cabe señalar que hoy la mayoría de los sistemas de recomendación de clientes se basan en algoritmos de Machine Learning. Evidentemente, cuando se navega por una web de venta (o por cualquier otra), los datos de navegación se recogen automáticamente. Las elecciones, las acciones, todo lo que hace en el sitio web se rastrea minuciosamente para poder consolidarlo por ejemplo con un historial de compras o intercambios con el servicio de atención al cliente. Una vez más, la cantidad de información puede ser muy grande y es difícil establecer reglas para determinar, por ejemplo, qué tipo de acción desencadenará una posible compra de un artículo concreto. También en este caso, el Machine Learning es esencial como medio para descubrir y comprender mejor los comportamientos y, por tanto, proponer mejor nuevas compras.

2.2 Visión por ordenador

Se trata de un ámbito en el que, hace solo unos años, se cuestionaban los límites de la digitalización. ¿Cómo se pueden utilizar y explotar los datos visuales? En otras palabras, ¿cómo recuperar información utilizable (y por tanto estructurada) a partir de datos no estructurados como imágenes o vídeos? En términos generales, la visión por ordenador abarca todas las tecnologías que permiten a un ordenador ver como un ser humano. Por supuesto, cuando vemos un documento nos parece obvio y natural recuperar y clasificar la información. Los humanos somos excelentes por naturaleza extrayendo y clasificando datos visuales, pero para un ordenador es un asunto completamente distinto.

Los usos de la visión por ordenador son tantos que resultan casi infinitos. Es más, hoy en día estamos inundados de imágenes, fotos y vídeos de todo tipo y esta información todavía se explota muy poco, por no decir nada. En la actualidad, gracias sobre todo al Deep Learning, pero también, y sobre todo, a la creciente capacidad de los ordenadores, por fin es posible aprovechar al máximo estos datos. No hay más que ver de lo que es capaz su teléfono.

Estas tecnologías ya se utilizan en todos los sectores de actividad y permiten realizar tareas tan variadas como estas:

- **Clasificación de objetos**: a partir de una imagen, determinar por ejemplo si se trata de un gato o un perro.
- **Detección de objetos o reconocimiento de formas** en una imagen o vídeo.

  Aplicaciones: por supuesto en imágenes médicas, pero también para que en ciudades inteligentes se puedan rastrear vehículos y gestionar mejor los semáforos para por ejemplo evitar atascos.

- **Reconocimiento facial**. Es interesante poder encontrar una cara entre otras formas u otros rostros en una foto y todavía más poder reconocer a una persona en ese rostro y poder certificar quién es
- **Reconocimiento de caracteres** (**OCR** - *Optical Character Recognition*): en lo que respecta a textos impresos, las técnicas de reconocimiento de caracteres u OCR han madurado mucho gracias al Deep Learning. Sin embargo, y debido a la diversidad de las escrituras manuscritas, estas tecnologías tienen a veces sus límites, aunque sean cada vez menos para los grandes editores especializados en este subdominio particular.
- **Procesamiento de documentos** (**IDP** – *Intelligent Document Processing*): estas tecnologías se basan en las tecnologías OCR, pero además añaden más inteligencia y contexto al gestionar los documentos en su conjunto. Por ejemplo, el objetivo es poder detectar de qué tipo de documento se trata y, a continuación, extraer de forma inteligente las distintas piezas de información en función de su contexto en el documento.

  Caso práctico: extraer y validar información de facturas, órdenes de compra, contratos, etc.
- **Segmentación de imágenes**: permite recortar grandes zonas de una imagen. Esto permite separar los distintos elementos de gran tamaño de una imagen para, por ejemplo, procesarlos por separado. Existen dos tipos de segmentación: la segmentación semántica, basada en la clasificación de los píxeles de la imagen y la segmentación basada en instancias, que separa diferentes instancias de un mismo objeto (como la separación de varias personas en una foto).
- **Reconstrucción de imágenes**: reconstruir caras o un paisaje a partir de varias fotos, colorear imágenes en blanco y negro, etc.
- **Localización de objetos**: ¿dónde se encuentra exactamente un objeto determinado en una imagen?

Por supuesto, hay muchos más usos, pero aunque las tecnologías están ahí y progresan a la velocidad de la luz, hay que decir que el mundo visual sigue siendo extremadamente complejo. Un objeto se puede ver e interpretar desde varios ángulos, a veces incluso teniendo en cuenta el movimiento, las sombras, un elemento oculto cercano, etc. Interpretar los datos visuales (como cualquier otro dato) a veces requiere una perspectiva más de conjunto. Estas técnicas basadas en el aprendizaje mejoran día a día, ya que se alimentan regularmente con nuevas imágenes. Además, esta sobreabundancia de información es un bien necesario, por no decir una condición de calidad para estas soluciones potenciadas por la Inteligencia Artificial. Tanto es así que, en determinados campos, como la ingeniería médica, la máquina se está haciendo más precisa y fiable que el ser humano.

2.3 Tratamiento de la información textual (NLP)

El **NLP** (*Natural Language Processing*) es una de las ramas de la Inteligencia Artificial (del mismo modo que el Machine Learning) pero dedicada al tratamiento de datos textuales (lenguaje escrito):

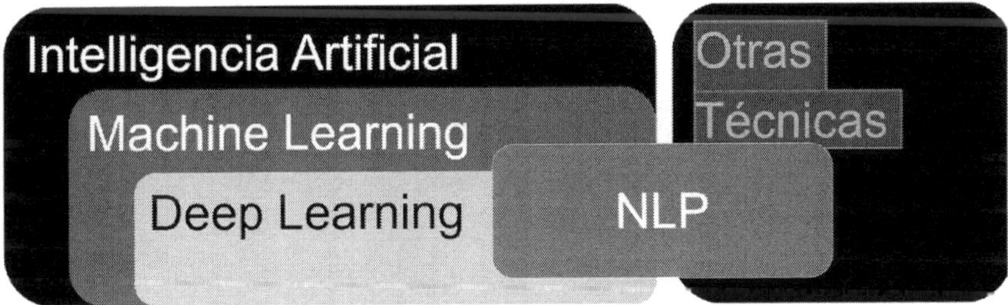

NLP

La gestión de datos textuales es compleja y abarca varios ámbitos en los que la NLP debe aportar soluciones:

- La fonética (pronunciación).
- El campo léxico (diversidad de vocabulario).
- La semántica (dar sentido e interpretación a un conjunto de palabras).
- La sintaxis (y la gramática).

– Y también la prosodia, es decir, la entonación.

Todos estos elementos se deben tener en cuenta de la misma manera que lo hacemos los seres humanos de forma natural y, a veces, incluso inconsciente. Como el ordenador no tiene mente consciente ni inconsciente, habrá que guiarlo para que comprenda mejor, analice e incluso, por qué no, produzca textos. Este es el papel de la NLP, que se puede dividir en dos aplicaciones principales. La **NLU** (*Natural Language Understanding*), que se centra en la comprensión de textos y la **NLG** (*Natural Language Generation*), que crea textos.

El análisis de textos también utiliza una serie de técnicas previas a la aplicación de algoritmos de IA; entre ellas, encontramos:

– la técnica **Bag of Words** para contar palabras,

– la gestión de **Stop Words**, cuyo objetivo es eliminar las palabras que no interesan (artículos, pronombres, etc.),

– la fase de **Tokenización**, que descompone el texto en palabras o frases (aquí se pueden eliminar los signos de puntuación),

– el **Stemming**, que limpia el texto eliminando prefijos, sufijos, etc.,

– la **Lematización** (muy similar al Stemming), pero que tiene en cuenta el contexto al limpiar el texto reencuadrando las palabras en torno a su raíz. Por ejemplo, esto permite agrupar verbos conjugados.

Los casos de uso son infinitos: desde chatbots a sistemas de traducción, pasando por el análisis de reputación (o sentimientos) o la generación de contratos, la NLP puede encontrar su lugar en todas partes.

Tenga cuidado porque la NLP también tiene sus trampas y peligros. Los idiomas están llenos de excepciones, expresiones y complejidades gramaticales, además de evolucionar constantemente en su uso cotidiano. Por ejemplo, analizar tuits para determinar la satisfacción de los clientes o entender mejor las diferencias políticas sería una tarea muy compleja, ya que la gente utiliza abreviaturas, palabras o expresiones groseras que a veces son difíciles de analizar.

3. Machine Learning

Como hemos visto, el Machine Learning es un subconjunto del vasto campo de la IA. El Deep Learning (aprendizaje profundo) es, a su vez, un subconjunto del Machine Learning. En realidad, la IA tiene otros muchos subcampos (como la NLP) que sería totalmente ilusorio abarcar en un solo libro. Echemos simplemente un vistazo a cómo una máquina puede aprender de la experiencia.

Empecemos por el principio: ¿qué es el aprendizaje informático?

3.1 Principio de aprendizaje

Para entenderlo mejor, veamos un experimento sencillo. Tenemos dos recipientes A y B sobre una mesa. En la misma mesa tenemos también tres fichas de formas diferentes: redonda, cuadrada y triangular. Empezaremos por mostrar cómo colocar las fichas en los recipientes correctos: esta es la etapa de aprendizaje propiamente dicha, que se repite varias veces.

En esta etapa, alguien presenta la forma correcta de hacer algo y el aprendiz observa. Esta es exactamente la forma en que los humanos aprendemos cuando vemos o escuchamos a alguien con experiencia (como un profesor) hacer o explicar algo.

A continuación, presentaremos al aprendiz una ficha al azar para ver si lo ha aprendido bien.

Por tanto, el experimento consta de dos fases:

Etapa 1 - Aprendizaje: colocar las fichas en los recipientes adecuados

- La ficha redonda va al recipiente A
- La ficha cuadrada al recipiente B
- Y finalmente la ficha triangular al recipiente B

Etapa 2 - Predicción: se presenta al aprendiz una nueva ficha (cuadrada, por ejemplo).

- Tiene que ponerla en el recipiente B, o no habrá aprendido lo suficiente y habrá que repetir las explicaciones.

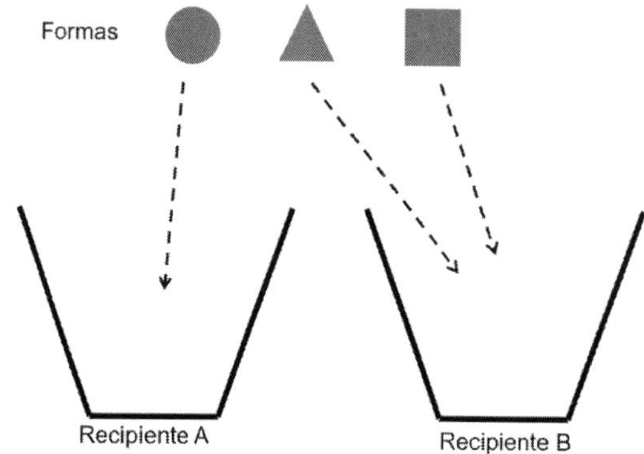

Fase de aprendizaje

¿Y si ahora presentamos una ficha ovalada (una forma que nunca se presentó en el paso 1)? La elección no es obvia. Si estuviéramos experimentando con un enfoque basado en reglas, seguramente dejaríamos a un lado esta excepción. En el caso de nuestro enfoque vía el aprendizaje, es muy probable que se elija el recipiente A. Una cosa es cierta: este tipo de forma nunca se ha presentado antes, así que nos encontramos frente a una situación nueva.

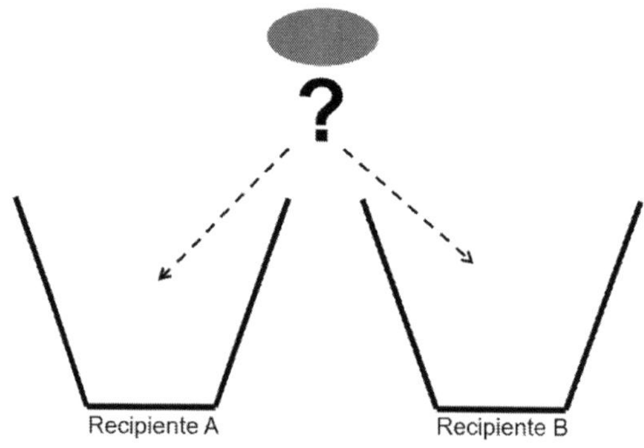

Una nueva ficha, ¿qué hay que elegir?

Entonces, ¿por qué elegir el recipiente A (y no el B)? ¿Cómo podría el algoritmo hacer tal elección si nunca se ha encontrado con este escenario? En lo que respecta a este experimento, podemos imaginar que, a partir de los diferentes casos presentados, (paso 1), el aprendiz dedujo (inconscientemente quizás) que la característica de la elección del recipiente estaba vinculada a si las fichas eran redondas o no. No hay nada sorprendente en ello: así es exactamente como funcionamos los seres humanos todos los días en cuanto empezamos a aprender. Consciente o inconscientemente, cuando vemos hacer algo, retenemos características ocultas que nos incitan a vincularlas inexorablemente a las elecciones posteriores. Por supuesto, este experimento es un ejemplo muy simple. En realidad, hay muchos más escenarios posibles, pero también muchos más parámetros que se deben tener en cuenta. Así es exactamente cómo funciona el Machine Learning o, al menos, el aprendizaje supervisado.

Desde el punto de vista de los datos, cada observación del experimento genera datos, o registros para ser exactos, que se utilizan después para el propio proceso de aprendizaje.

Ficha	Bordes	Recipiente
Ficha redonda	Bordes redondeados	Recipiente A
Ficha cuadrada	Bordes rectos	Recipiente B
Ficha triangular	Bordes rectos	Recipiente B
Ficha ovalada	Bordes redondeados	?

Hablamos entonces de **características** (o **features**), que representan los componentes conocidos del experimento, así como los diferentes resultados de las observaciones (en este caso la elección del recipiente), a los que llamamos etiquetas (**label**).

Observación

Estos dos términos, características/features y etiquetas/labels, se utilizarán regularmente en el vocabulario del Machine learning.

3.2 Enfoque determinista frente a probabilista

En el experimento anterior, hemos esbozado a grandes rasgos cómo puede aprender una máquina. Pero la realidad suele ser mucho más compleja y este tipo de observaciones pueden requerir conjuntos de datos muy grandes para aprender correctamente.

Más casos (y, por tanto, más datos) también significa más errores o, más bien, casos que, por diversas razones (por ejemplo nuevas características), destacarán entre el resto. Imaginemos que en el experimento anterior, la primera fase se llevó a cabo con miles o incluso millones de observaciones. Sería difícil imaginar que no se hubiera "colado" ningún error o imprecisión. Por ejemplo, a veces los bordes pueden ser redondos, pero no lo suficiente como para que se vean a simple vista.

También es posible que otras características o parámetros (antes ocultos) formen parte de la elección real de la distribución (como el tamaño, por ejemplo). En realidad, estas suelen ser las famosas excepciones que todavía nos cuesta gestionar y que hay que añadir a las reglas de forma periódica (a medida que se van descubriendo).

En este caso, un enfoque basado en el aprendizaje y, por tanto, en los datos, es especialmente pertinente, ya que permitirá reducir al mínimo estas excepciones. Para ello, debemos aplicar un enfoque basado en estadísticas y probabilidades, frente a uno estricto basado en reglas.

Resumiendo:

- **El enfoque determinista**: es el que dicta que cada ficha redonda vaya al recipiente A y las demás al B. Tenga cuidado, porque como hemos comentado, esta ley estricta y rígida no trata (o con dificultad) las excepciones. Como mínimo, tendrá que especificar cada excepción manual y explícitamente. En cambio, desde el punto de vista algorítmico, es más sencillo y, sobre todo, nadie puede desviarse de la norma.

- **El enfoque probabilístico o estadístico** es más flexible, porque se basa en observaciones concretas. Se trata de dividir el problema en dos fases: una primera fase de observación (o aprendizaje), en la que se recogen datos y una segunda fase en la que, a partir de esas observaciones, tendremos una regla o ley (más o menos aproximada). En este caso, no conocemos la regla/ley, pero podemos elegir basándonos en elecciones anteriores.

Estos dos enfoques son fundamentalmente diferentes e incluso muy complementarios. Mientras que el primero puede parecer sencillo de aplicar a primera vista, el segundo añade un componente nuevo y esencial: la inclusión de incertidumbres. De hecho, cuando hablamos de probabilidades o estadísticas, también hablamos de riesgos y sesgos. Estas dos nociones, que hasta ahora no teníamos en cuenta, nos permitirán definir modelos analíticos y predictivos que reflejen una realidad observada y no una realidad decretada. La buena noticia es que esta diferencia da lugar a grandes complementariedades, ya que, aunque cierta flexibilidad sea esencial, a veces también es necesario imponer decisiones y elecciones más estrictas.

3.3 Tipos de aprendizaje

Uno de los objetivos del Machine Learning es predecir información (como un comportamiento, una trayectoria, una cifra, etc.), pero también tomar decisiones o comprobar tendencias. También hay otros casos de uso, como la visión por ordenador y la comprensión del lenguaje, que han heredado este enfoque.

Una cosa es cierta: los avances en los conocimientos matemáticos, la capacidad de almacenamiento, la integración de datos y, sencillamente, la potencia de las máquinas, hacen que los resultados actuales sean asombrosos. Más allá de la caja de herramientas del Machine Learning (algoritmos de regresión, clasificación y otros modelos de agrupación), existen varios grandes enfoques de aprendizaje:

- aprendizaje **supervisado**
- aprendizaje **no supervisado**
- aprendizaje **por refuerzo**

El llamado enfoque **supervisado** supone que usted ha hecho observaciones y que también tiene los resultados de esas observaciones (como en el ejemplo de las fichas). Imaginemos otro ejemplo en el mundo de la medicina. A partir de casos clínicos y diagnósticos realizados y confirmados (las etiquetas/labels), se puede enseñar a un algoritmo de Machine Learning a diagnosticar una enfermedad concreta. A continuación, se utilizan los síntomas y las distintas características de los nuevos pacientes (las famosas características/features) para proponer un diagnóstico.

En el caso de un enfoque **no supervisado**, la modelización es distinta por fuerza, porque tenemos casos clínicos sin diagnósticos. La idea es encontrar grupos de pacientes que tengan algo en común (Clustering). Por ejemplo, esto se puede utilizar para aislar grupos de individuos de modo que se puedan proponer tratamientos diferentes.

El aprendizaje por refuerzo (*Reinforcement Learning*) tiene algo en común con el aprendizaje no supervisado y es que se basa en datos sin etiquetas (es decir, sin resultados conocidos). El algoritmo aprende de forma automática y, sobre todo, autónoma. Por otro lado, el algoritmo trabajará con un sistema de recompensas. Cada experimento puede conducir o no a una recompensa o, por el contrario, a memorizar un mal resultado. De esta manera, con el tiempo, el algoritmo mejorará mediante un proceso de aprendizaje en cierto modo supervisado pero gradual.

Este método se inspiró en las investigaciones sobre el aprendizaje humano y animal, en particular las del psicólogo Burrhus Frederic Skinner. Skinner dedicó gran parte de su trabajo al impacto del refuerzo positivo y negativo y al modo en que estos eran esenciales para modificar el comportamiento en humanos y animales.

Sea cual sea el método o el tipo de aprendizaje, una vez concluida esta fase, el diseñador dispone de un **modelo**, construido a partir de los datos de entrenamiento, que se podrá utilizar para hacer predicciones.

3.4 El proyecto de Machine Learning

Un proyecto de Machine Learning no es como un proyecto tradicional de desarrollo de software. De hecho, la modelización por aprendizaje es totalmente diferente de la programación basada en reglas y excepciones (nuestro famoso enfoque determinista). Lo mismo ocurre, naturalmente, con la forma de abordar este tipo de proyectos. Hablaremos principalmente de datos y experiencia en el contexto del aprendizaje, y no de procesos de negocio. También veremos que, para poner en marcha un modelo de alto rendimiento (es decir, que pueda producir predicciones fiables), también tendremos que utilizar un enfoque iterativo.

Estas son las principales etapas de un proyecto de Machine Learning, que describiremos en detalle en esta sección. Estas etapas se inspiran deliberadamente en el método CRISP. Este método (creado en los años 60 por IBM) es actualmente uno de los más conocidos y utilizados en el mundo de la ciencia de datos, y se divide en seis etapas principales, a las que hemos añadido el acceso a los datos (como etapa intermedia):

1. Definición de objetivos

Acceso y análisis de datos

2. Preparación de los datos

3. Desglose del conjunto de datos

4. Formación

5. Evaluación y puntuación

6. Despliegue (reevaluación periódica/iteración)

Por supuesto, estamos en un modo iterativo, por lo que podemos volver del paso 6 al paso 3 para ajustar el modelo o incluso los datos de entrenamiento (esto es muy común).

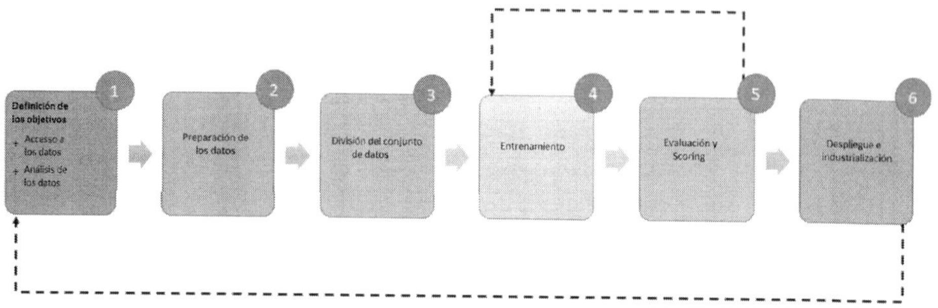

3.4.1 Primera etapa: definición de objetivos

Aunque esta etapa pueda parecer obvia, no deja de ser vital para el éxito del proyecto. Además de la imposibilidad de abordar un problema sin comprenderlo, también se trata de determinar el tipo de problema que hay que resolver. El objetivo puede ser decidir si se concede o no un préstamo. Determinar si es probable que un sensor de temperatura alcance un valor determinado. ¿Quizás quiera saber el valor estimado de un apartamento o el valor de una acción en bolsa¿ ¿O busca reunir información a partir de documentos recopilados¿ Los casos de uso son infinitos pero, una vez más, determinar claramente el objetivo es absolutamente fundamental para las fases posteriores.

Una vez fijado el objetivo, es importante hacer balance de los datos disponibles. El fin aquí es bastante sencillo: ¿se dispone de los datos experimentales necesarios, con o sin resultados (o incluso con resultados parciales)? ¿Se puede determinar el tipo de modo de aprendizaje?

Un modo de aprendizaje supervisado significa que tenemos datos CON sus resultados (etiquetas o labels) mientras que un enfoque no supervisado significa que tenemos datos SIN los resultados.

Datos disponibles para el modo supervisado:

Title ***Feature***	**Name** ***Feature***	**Ticket** ***Feature***	**...** ***Features***	**Survived** ***Label***
female	Cumings, Mrs. John Bradley (Florence Briggs Thayer)	373 450		0

Tomemos los datos de los pasajeros del Titanic (un ejemplo típico que se encuentra en el sitio web kaggle.com). ¿Por qué no intentar determinar a posteriori si un pasajero tenía posibilidades de sobrevivir o no? Por supuesto, para ello tomaremos parte de la lista de pasajeros reales cuya supervivencia se conoce o no. Estamos en modo supervisado y es la columna Survived la que se define como etiqueta (datos de resultado), las demás columnas serán las características/features.

Datos disponibles para un modo no supervisado:

Title	**Name**	**Ticket**	...
Feature	***Feature***	***Feature***	***Features***
female	Cumings, Mrs. John Bradley (Florence Briggs Thayer)	373 450	

Otro ejemplo (utilizando los mismos datos, pero con un enfoque diferente) podría ser ahora encontrar grupos de pasajeros con características similares, lo que también se conoce como segmentación. En este caso, no hay etiquetas, sino características.

Así que está claro que la forma de entender el objetivo puede cambiar totalmente la forma de abordar el problema, aunque sea exactamente con el mismo conjunto de datos, pero utilizándolos de forma diferente.

Es importante ser consciente de que puede haber un bloqueo a nivel de los datos. Los datos disponibles pueden no corresponder a los problemas y objetivos. Imaginemos que tenemos que determinar si se debe conceder un préstamo y no disponemos de la etiqueta: aceptado o denegado. ¿Cómo podemos enseñar algo a nuestro modelo si no tenemos las respuestas correctas? Por eso es importante comprobar en esta fase que los datos disponibles son compatibles con el tipo de objetivo de negocio. Si no es así, sin duda tendremos que pasar por fases de integración para recuperar los datos que faltan (ETL, *Data Preparation*).

Si volvemos a los tipos de problemas encontrados en el Machine Learning, estos son los principales:

- **Regresión (modo supervisado)**: este tipo de problema devuelve la predicción de un valor numérico, como una cantidad, un valor o cualquier otro dato cuantitativo (valor bursátil, valor inmobiliario, etc.).
- **Clasificación (modo supervisado)**: este tipo de problema categoriza un resultado en función de una clase. Se asigna una clase (datos categóricos) a cada resultado posible (como un sí/no, una encuesta, etc.) y la solución distribuirá los datos entre los grupos o clases. Existen dos tipos de clasificación:
  - **Clasificación binaria (o binomial, modo supervisado)**: que ofrece solo dos clases (ejemplo: respuesta Sí o No).
  - **Clasificación multiclase (modo supervisado)**: que ofrece varias clases (ejemplo: reconocimiento óptico de números, por lo que tenemos 10 clases).
- **Agrupación o Clustering (no supervisado)**: este tipo de problema crea grupos de datos (también conocidos como clústeres) con características comunes. Este tipo de enfoque se utiliza ampliamente para la segmentación de marketing, el análisis de datos en redes sociales, la obtención de imágenes médicas, etc.

Por supuesto, existen muchos otros tipos de problemas, como la clasificación (*Ranking*), los sistemas de recomendaciones, la reducción del número de dimensiones, etc.

3.4.2 Etapa intermedia: acceso a los datos y análisis

Como en **cualquier proyecto de datos**, es esencial analizarlos previamente. Este análisis debe ser exhaustivo desde un punto de vista descriptivo y exploratorio, ya que tendrá una enorme repercusión en las fases posteriores del proyecto.

El análisis descriptivo permitirá identificar y comprender mejor, entre otras cosas:

- Para cada variable, su "carné de identidad":
  - Tipología: numérico, temporal, texto, binario, etc.
  - Variable categórica discreta o continua
  - Número de observaciones (número de líneas)
  - Número de columnas, variables o features
  - El número de valores no rellenados (NULL)
- Las frecuencias de distribución de las distintas variables categóricas (esencial para la codificación one-hot)
- Valores atípicos (outliers)
- Cualquier correlación que permita eliminar variables en caso necesario.
- Los tipos de distribución de los distintos valores
- Etc.

El análisis exploratorio permite comprender mejor cómo se definen y fluctúan las variables. Este análisis también proporciona una buena comprensión de los datos (para evitar o minimizar posibles sesgos) y, lo que es más importante, de los problemas de negocio subyacentes.

Además, esta etapa nos permitirá comprender mejor la fase posterior de preparación de los datos.

3.4.3 Segunda etapa: preparación de los datos

A continuación, viene la fase de preparación de los datos (incluida la calidad de los mismos), que es prácticamente inevitable. La preparación de datos (o *Data Preparation*) es, en definitiva, la implementación de procesos de integración de tipo ETL (Flujo de integración) pero a nivel de usuario (el Data Scientist en nuestro caso). Las herramientas de preparación de datos son muy similares a las ETL en cuanto a sus interfaces, capacidades de integración y calidad de los datos, con la diferencia de que permiten a un usuario manejar los datos de manera ad hoc e inicialmente no están pensadas para ser sometidas a una gestión del SI.

Data Prep es una especie de "Data Integration self-service".

En esta fase, a partir de los datos de observación previamente analizados y evaluados, se trata ahora de reelaborarlos (integración y calidad de los datos) para crear nuestro modelo. Se trata de una operación clave, entre otras cosas porque los algoritmos de Machine Learning no aceptan todos los tipos de datos. Por ejemplo, estos algoritmos no entienden el texto y no se llevan bien con los valores ausentes. Por lo tanto, tendremos que convertir los datos a formato numérico y también eliminar cualquier dato que no esté rellenado (NULL).

Estas son algunas de las operaciones de datos que hay que realizar en esta fase de preparación:

- Las variables solo deben tener forma numérica. Desafortunada y obviamente, este no es siempre el caso, por lo que tendrá que encontrar una manera de asegurarse de que solo tiene números. Aquí tiene algunos consejos si tiene tipos no numéricos:
  - **Fecha**. Si es necesario, se pueden aplicar fórmulas para transformar las fechas en periodos, etc. ¿Por qué no añadir también agregados basados en ventanas deslizantes (sobre la semana, el mes o el año anterior)?
  - **Categórica**. Un método excelente es utilizar siempre que sea posible la codificación **One-Hot**. Por desgracia, esta codificación puede causar problemas si el conjunto de datos tiene muchos valores variables (baja frecuencia de distribución en relación con el número de elementos de datos). En este caso, se deben considerar otras técnicas más avanzadas, como la reducción de dimensión.
  - **Texto**. Seguramente será necesario trocear y reformatear los datos para obtener conjuntos de datos categóricos y numéricos. Las técnicas de NLP también pueden ayudar en este caso.

- Los datos faltantes también son un problema, ya que los algoritmos no soportan valores NULL. En este caso, existen varias posibilidades, como:
  - Borrar toda la línea. Esta opción solo es válida si el conjunto de datos es realmente grande (en todos los casos no se recomienda esta solución, pero algunas veces no hay más remedio).
  - Sustituir los NULL por un valor: la mediana, la media, etc.
- Escalado de los valores numéricos (*Feature scaling*). Si los datos numéricos son esenciales, a los algoritmos de aprendizaje automático les gusta especialmente que estén en la misma escala. Por tanto, esta etapa de armonización es muy recomendable para optimizar los resultados.
- Pasar a logaritmos cuando las variables tienen valores extremos, lo que reduce su importancia.
- También es posible desglosar y reelaborar los datos para resaltar determinada información. Por ejemplo, una fecha en una columna se podría desglosar en dos columnas, Mes y Año, porque la información del Día no sea interesante desde el punto de vista empresarial (o porque esta información simplemente no tenga valor). Tenga cuidado con estos ajustes, ya que a menudo es aquí donde se pueden introducir sesgos en el modelo.

Esta etapa se conoce como Feature Engineering.

A continuación, analizaremos dos técnicas de Feature Engineering muy comunes: la codificación one-hot y el escalado de datos (*Data Scaling*):

Codificación one-hot

Esta técnica permite transformar datos categóricos en datos numéricos, lo que es un escenario muy común. Los algoritmos de Machine Learning son incapaces de procesar información no numérica (textos, listas de opciones, fechas, etc.). Estos datos, que no tienen valor numérico, ofrecen sin embargo una información cualitativa igual de importante y que, sin duda, debemos poder tener en cuenta.

El reto consiste en convertir los datos cualitativos en cuantitativos.

A veces esto no es tan fácil porque, para convertir datos cualitativos, hay que conocer su valor y ser capaz de escalarlos en relación con los demás datos disponibles. Parece necesario un enfoque caso por caso, pero hay otras técnicas más sencillas que le pueden ayudar a avanzar. Un ejemplo es la codificación **one-hot**.

Esta técnica es muy común y, afortunadamente, bastante intuitiva a la hora de implementarla. La idea es muy sencilla: crear y añadir columnas (también llamadas dummies) binarias (0 o 1) que se refieran o no al dato. Es como añadir varias columnas booleanas para cada tipo de posibilidad. Tomemos como ejemplo el conjunto de datos Titanic (fácil de encontrar en el sitio web kaggle.com). Tras el análisis, podemos ver que varias columnas contienen variables categóricas: Sex, Cabin, etc. Se pueden añadir columnas adicionales al conjunto de datos especificando si existen o no para cada dato.

El ejemplo del campo Embarked es bastante revelador. En el conjunto de datos, esta variable categórica toma varios valores. También tenemos la columna Sex que, tras el análisis de los datos, solo tiene dos valores. Por lo tanto, podemos tratarla de la misma manera o simplemente sustituir los valores femeninos por 1 y los masculinos por 0. En el caso de las variables categóricas binarias, puede elegir la técnica que prefiera.

Puede comprobarlo simplemente utilizando la librería Pandas de Python, como se indica a continuación:

```
display(titanic.columns)
cols = ['Sex', 'Embarked']
for col in cols:
    display('Columa: ' + col)
    display(titanic[col].value_counts())
data_dummies = pd.get_dummies(titanic, prefix=['S', 'E'],
columns=['Sex', 'Embarked'])
display(data_dummies.columns)
data_dummies.head(5)
```

La librería Pandas leerá los datos de dos campos Sex y Embarked, mirará los diferentes valores posibles en estas columnas y creará tantas columnas nuevas como valores posibles haya por columna:

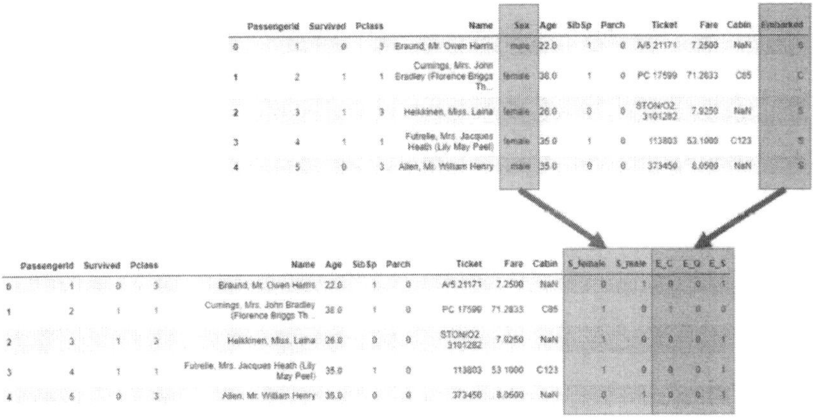

	PassengerId	Survived	Pclass	Name	Sex	Age	SibSp	Parch	Ticket	Fare	Cabin	Embarked
0	1	0	3	Braund, Mr. Owen Harris	male	22.0	1	0	A/5 21171	7.2500	NaN	S
1	2	1	1	Cumings, Mrs. John Bradley (Florence Briggs Th...	female	38.0	1	0	PC 17599	71.2833	C85	C
2	3	1	3	Heikkinen, Miss. Laina	female	26.0	0	0	STON/O2. 3101282	7.9250	NaN	S
3	4	1	1	Futrelle, Mrs. Jacques Heath (Lily May Peel)	female	35.0	1	0	113803	53.1000	C123	S
4	5	0	3	Allen, Mr. William Henry	male	35.0	0	0	373450	8.0500	NaN	S

	PassengerId	Survived	Pclass	Name	Age	SibSp	Parch	Ticket	Fare	Cabin	S_female	S_male	E_C	E_Q	E_S
0	1	0	3	Braund, Mr. Owen Harris	22.0	1	0	A/5 21171	7.2500	NaN	0	1	0	0	1
1	2	1	1	Cumings, Mrs. John Bradley (Florence Briggs Th...	38.0	1	0	PC 17599	71.2833	C85	1	0	1	0	0
2	3	1	3	Heikkinen, Miss. Laina	26.0	0	0	STON/O2. 3101282	7.9250	NaN	1	0	0	0	1
3	4	1	1	Futrelle, Mrs. Jacques Heath (Lily May Peel)	35.0	1	0	113803	53.1000	C123	1	0	0	0	1
4	5	0	3	Allen, Mr. William Henry	35.0	0	0	373450	8.0500	NaN	0	1	0	0	1

Codificación One-hot

Por desgracia, esta técnica tampoco es mágica, e incluso puede llegar a ser inutilizable en el momento en que el número de valores posibles en la columna original sea demasiado grande.

Si observamos detenidamente otras columnas del conjunto de datos, nos preguntaremos por qué no hemos tomado la columna Cabin (o incluso la columna Name) y le hemos aplicado una transformación one-hot. Sencillamente, porque esas columnas tienen demasiados valores diferentes. De hecho, si añadiéramos columnas ficticias, correríamos el riesgo de añadir casi tantas columnas como filas (especialmente en el caso de Name) y, por lo tanto, no tendría sentido para el tratamiento posterior.

Una solución intermedia podría consistir en seccionar los datos textuales para agruparlos en clústeres más amplios, lo que permitiría aplicar el método anterior.

Para la columna Name, ¿por qué no analizar este nombre y recuperar el apellido? Es posible que la frecuencia con la que se distribuyen los apellidos permita crear un grupo suficiente (aunque esto hay que comprobarlo, por supuesto). Para la columna Cabin, ¿por qué no analizar/recuperar la primera letra? Es muy probable que la primera letra corresponda por ejemplo a un puente del barco. Este último ejemplo muestra claramente la necesidad de reelaborar los datos. Y una vez más, sobra decir que esta etapa de preparación de los datos requiere un buen conocimiento del contexto y de los datos.

Escalado Feature scaling

El Feature Scaling es una etapa necesaria, y en algunos casos esencial, en la armonización numérica de las características del modelo de Machine Learning, sencillamente porque detrás de cada algoritmo se esconden fórmulas matemáticas y estadísticas/probabilidades. Por desgracia, estas fórmulas matemáticas no aprecian las variaciones de amplitud de valores entre diferentes características o valores.

Observación

Esto es especialmente cierto en el caso del descenso por gradiente

Pongamos un ejemplo para ilustrar el problema. Imaginemos que estamos trabajando en un modelo basado en datos inmobiliarios. Seguramente tenemos características como: precio, superficie, número de habitaciones, etc. Por supuesto, los valores de estos datos son totalmente diferentes en función de las características y se distribuyen de forma igualmente diferente, pero tendremos que procesarlos todos utilizando el mismo algoritmo.

Aquí es donde podemos encontrarnos con un problema. El algoritmo tendrá que mezclar precios de 0 a 100.000 euros, superficies de 0 a 300 m2, y números de habitaciones de 1 a 10.

El escalado (o normalización) consiste en poner estos datos al mismo nivel y en distribuciones similares.

Afortunadamente, herramientas y librerías de Machine Learning como Scikit-Learn volverán a facilitar este trabajo. Pero antes de utilizar una u otra técnica, debe entender cómo funciona cada una y ser consciente de que existen varias técnicas para escalar datos.

Veamos una de las más comunes: el MinMaxScaler. A grandes rasgos, esta técnica de escalado ajusta el valor más pequeño a un valor mínimo de 0 y el más grande a un valor máximo de 1. Esta técnica transforma los valores (xi) escalando cada uno a un rango determinado (por defecto [-1 .. 1]) que se puede modificar mediante los parámetros feature_range=(min, max).

A continuación, se muestra la fórmula de transformación para cada característica: $\frac{x_i - min(x)}{max(x) - min(x)}$

En Python, aquí se muestra cómo ver la diferencia entre el conjunto de datos antes y después del escalado:

```
np.random.seed(1)
NUMROWS = 5000
df = pd.DataFrame({
    'A': np.random.normal(0, 2, NUMROWS),
    'B': np.random.normal(5, 3, NUMROWS),
    'C': np.random.normal(-5, 5, NUMROWS)
}
scaler = MinMaxScaler()
keepCols = ['A', 'B', 'C']
scaled_df = scaler.fit_transform(df[keepCols])
scaled_df = pd.DataFrame(scaled_df, columns=keepCols)
plotGraph(df[keepCols], scaled_df)
```

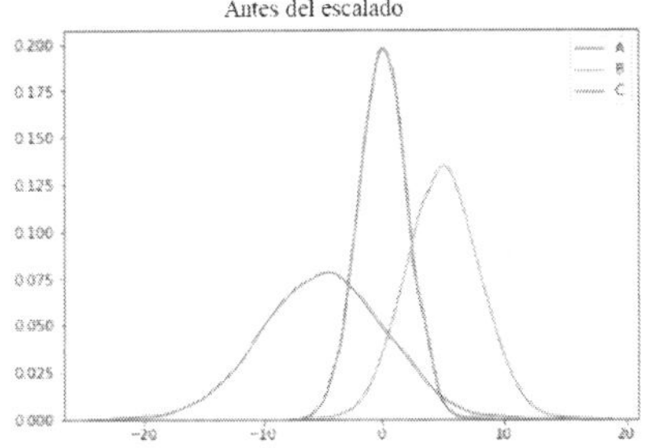

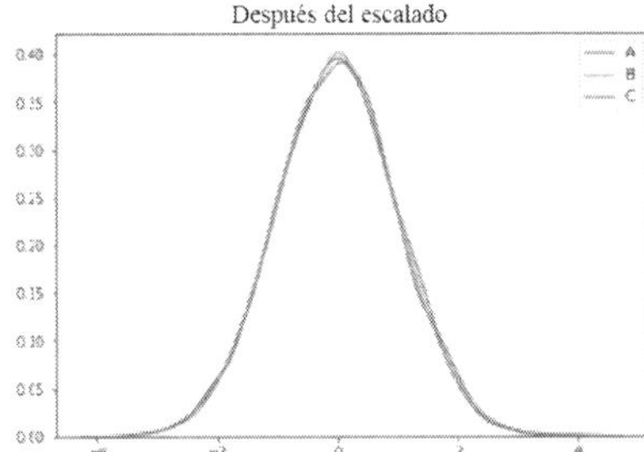

Escalado

Es evidente que los tres conjuntos de datos (A, B y C) tienen distribuciones y amplitudes diferentes. El escalado los devuelve al mismo nivel.

3.4.4 Tercera etapa: desglose del conjunto de datos

Ya que el Machine Learning se basa en aprender de los datos, vamos a hacernos una pregunta concreta y vital: ¿qué datos vamos a utilizar para enseñar a nuestro modelo y, sobre todo, con qué otro conjunto de datos vamos a probarlo después? Es importante probar nuestro modelo en un conjunto de datos distinto del que se ha utilizado para enseñarle. De lo contrario, es probable que todo vaya perfectamente bien durante la fase de desarrollo, pero que haya grandes sorpresas cuando pasemos a producción. En la jerga del Machine Learning, esto se conoce como Over-Fitting (o **sobreajuste**). Para evitar este tipo de problemas, es necesario utilizar el conjunto de datos de forma inteligente.

Por otro lado, el **Under-Fitting** (o **infraajuste**) es un problema que surge cuando un modelo no consigue capturar correctamente las relaciones entre diferentes características. Esto se puede deber, por ejemplo, a la inclusión de variables incorrectas o a la elección de un algoritmo de aprendizaje automático inadecuado para un problema determinado. La buena noticia es que el Underfitting es bastante fácil de detectar, ya que los resultados son pobres tanto en los juegos de entrenamiento como en los de prueba.

En la práctica, a menudo solo disponemos de un único conjunto de datos, por lo que habrá que dividirlos.

Existen dos tipos de conjuntos de datos:

- **Datos de entrenamiento**: subconjunto utilizado para entrenar un modelo.
- **Datos de prueba**: subconjunto utilizado para evaluar el modelo. En ningún caso se debe utilizar este conjunto de datos al crear el modelo.

El reparto habitual es 70% - 30%, como sigue:

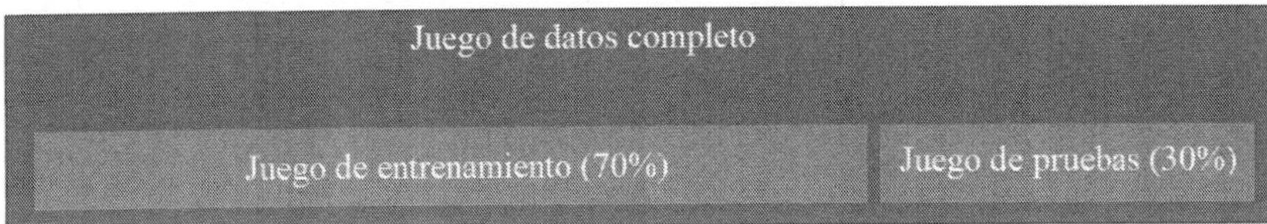

Reparto del conjunto de datos

Se plantea entonces una cuestión importante: ¿cómo repartir el conjunto de datos manteniendo cierto grado de coherencia y, sobre todo, una verdadera representatividad del conjunto de datos completo? En realidad, se trata de una tarea difícil, si no imposible, en el momento en que el conjunto de datos alcanza un tamaño considerable. Vamos a ver una serie de técnicas para superar este problema. La más obvia, y a menudo la más fiable, es distribuir los datos aleatoriamente.

Afortunadamente, las soluciones o librerías (como scikit-learn con Python) ofrecen para esto funciones listas para usar, lo que es la solución más simple (y más común). Utilizando los datos del Titanic y Python y Sickit Learn, así es como básicamente se corta el conjunto de datos:

```
import pandas as pd
from sklearn.model_selection import train_test_split
train = pd.read_csv("../datasources/titanic/train.csv")
X = train.drop(['Survived', 'Name', 'Sex', 'Ticket', 'Cabin',
'Embarked' ], axis=1)
X['Pclass'] = X['Pclass'].fillna(5)
X['Age'] = X['Age'].fillna(X['Age'].mean())
X['Fare'] = X['Fare'].fillna(X['Fare'].mean())
y = train['Survived']
X_train, X_test, y_train, y_test = train_test_split(X, y,
test_size=0.33, random_state=42)
print ("Train=" + str(X_train.shape) + ", Test=" + str(X_test.shape))
```

```
> Train=(596, 6), Test=(295, 6)
```

La función `train_test_split` devuelve dos conjuntos de datos, uno de entrenamiento y otro de prueba, subdivididos a su vez en etiquetas (labels) y características (features). Ajustando los parámetros `random_state` y `shuffle`, se puede incluso establecer el grado de elección (aleatorio) de la distribución en cualquiera de los dos conjuntos de datos.

También es posible utilizar otras herramientas (gráficas) como Orange para hacerlo:

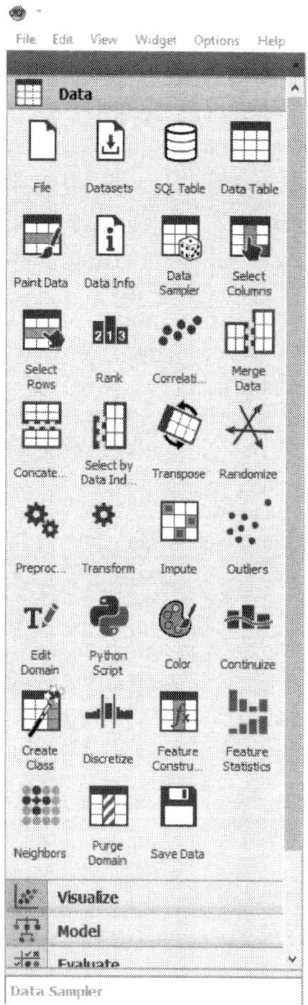

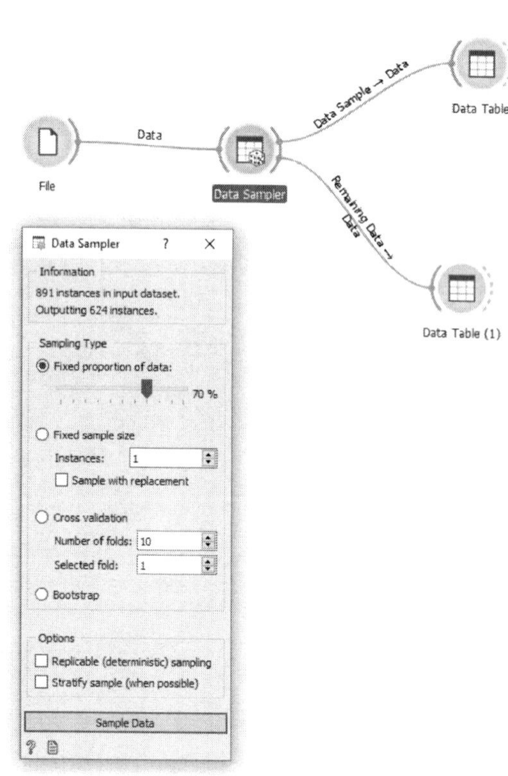

Uso de Orange para crear conjuntos de datos

Aunque esta primera división es esencial, desgraciadamente no siempre es suficiente (o incluso rara vez lo es), precisamente por el problema de la representatividad del conjunto de datos completo. Para optimizar el ajuste del modelo, durante la fase de entrenamiento, a menudo es necesario recortar el conjunto de datos varias veces más para asegurarse de que el modelo no se ajusta demasiado a los datos utilizados, limitando así el Over-Fitting.

Para optimizar el entrenamiento y comprobar la coherencia global del modelo, habrá que dividir varias veces el conjunto de datos de entrenamiento y, a continuación, entrenarlo (por iteración). De este modo, podremos comprobar si el rendimiento es coherente en todos los cortes realizados:

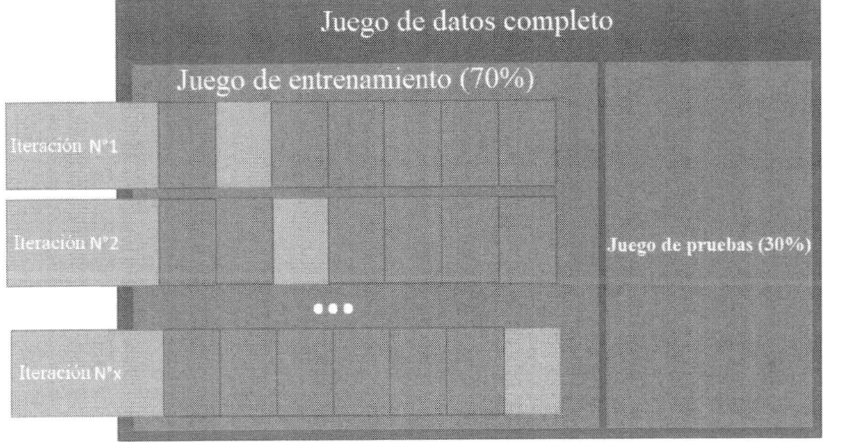

Corte múltiple

Existen muchas otras técnicas de división, pero lo importante es recordar que esta fase es muy importante en cualquier proyecto de Machine Learning, ya que garantiza que el aprendizaje se llevará a cabo sin ideas preconcebidas sobre cualquier extracto del conjunto de datos.

3.4.5 Cuarta etapa: formación

Es el corazón del proyecto de Machine Learning, y algunos incluso dirían o pensarían que es la parte noble de dicho proyecto. En realidad, no es más que una etapa, y aunque importante, tanto como las demás. La modelización consiste en aprender un algoritmo a partir de los datos. Pero a diferencia de un programa tradicional, aquí no se trata de reproducir un proceso más o menos complejo. Incluso es probable que no tengamos ni idea del tratamiento que hay que realizar.

El enfoque del aprendizaje se divide en dos fases: el aprendizaje propiamente dicho (o modelización) y, a continuación, la utilización del modelo. La primera fase de aprendizaje se utiliza para encontrar los denominados parámetros del modelo o algoritmo. Son estos parámetros (o pesos del modelo) los que determinan cómo se comportará el algoritmo, y se calculan a partir de los datos de entrenamiento de forma totalmente automática.

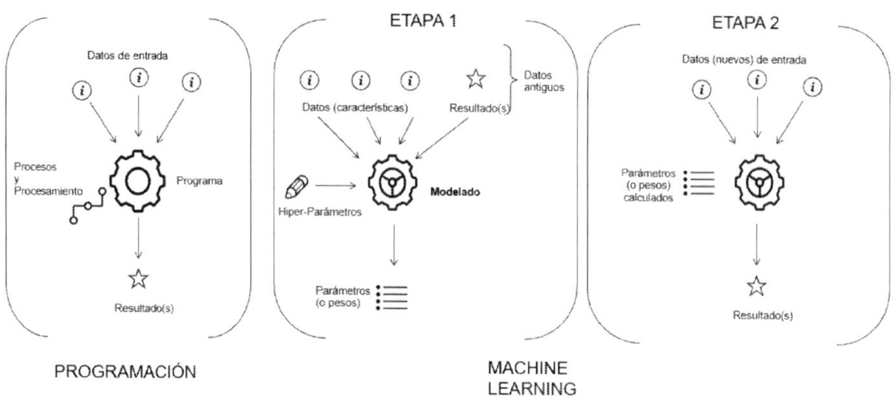

Programación vs Machine Learning

En primer lugar, debe decidir qué algoritmo de Machine Learning va a utilizar, ya que los parámetros que se calcularán durante la fase de aprendizaje están íntimamente ligados al algoritmo elegido. Por lo tanto, la elección del algoritmo es importante y, por supuesto, debe depender del tipo de problema que se vaya a abordar. Es posible que varios algoritmos sean adecuados, en cuyo caso, sin duda será necesario probarlos con los datos y determinar cuál lo es más.

Una vez elegido el algoritmo, es necesario ajustarlo para obtener buenos resultados. Este ajuste se realiza modificando los **hiperparámetros**, que son en realidad las variables de ajuste del algoritmo, que influirán en su rendimiento. Hay que tener cuidado de no confundir los parámetros (que se calculan automáticamente en función de los datos de entrenamiento) y los hiperparámetros, que habrá que ajustar manualmente, a veces por ensayo y error, a menudo a través de la experiencia. Pero veremos que también hay algunos trucos para compensar este enfoque excesivamente manual.

Esta fase puede ser larga (en términos de tiempo) porque el entrenamiento es una tarea muy costosa, sobre todo cuando se dispone de muchos datos (lo que por otra parte es muy recomendable). Muy a menudo, es necesario poseer o tener acceso a máquinas bastante potentes o, en caso contrario, tener bastante paciencia.

Los distintos algoritmos de Machine Learning

No se trata aquí de enumerar todos los algoritmos posibles, ya que hay demasiados, debido a los distintos ajustes y optimizaciones que los estadísticos han introducido en los llamados básicos.

A continuación, se muestra una lista de los más comunes:

Algoritmo	Modo de aprendizaje/ Tipo de problema	Observación
Regresión lineal simple	Supervisión/Regresión	Regresión (recta lineal) con una única variable de entrada.
Regresión lineal multivariable	Supervisión/Regresión	Regresión (recta lineal) con varias variables de entrada.
Regresión polinómica	Supervisión/Regresión	Regresión (curva no lineal) con varias variables de entrada.

Algoritmo	Modo de aprendizaje/ Tipo de problema	Observación
Regresión logística	Supervisión/Clasificación	Una herramienta de clasificación clásica, muy sencilla de utilizar, que aplica un principio de regresión a la clasificación.
Naive Bayes	Supervisión/Clasificación	Basado en el teorema de Bayes (probabilidad).
Árboles de decisión (Decision tree)	Supervisado/Regresión o Clasificación	Se trata, sin duda, del enfoque más intuitivo, ya que ofrece una descripción visual del planteamiento gradual de las opciones que conducen a una decisión.
Bosque aleatorio (Random Forest)	Supervisión/Regresión o Clasificación	Combina varios árboles de decisión para ofrecer un mejor rendimiento. Es un enfoque interesante y de alto rendimiento porque se puede paralelizar.
SVM (Support Vector Machine)	Supervisión/Regresión o Clasificación	Separa los datos en dos clases maximizando el margen entre el hiperplano y los puntos de datos más cercanos de cada clase.
Gradient Boosting	Supervisión/Regresión o Clasificación	Preciso y rápido, este algoritmo se basa en la experiencia de aprender mediante un enfoque iterativo de la modelización. La idea es aprender cometiendo errores (boosting).

Algoritmo	Modo de aprendizaje/ Tipo de problema	Observación
KNN (K-Nearest Neighbor)	Supervisión	Método que agrupa puntos de datos en función de la distancia.
K-Means	No supervisado	Algoritmo de agrupación no jerárquica.
Reducción de dimensiones	No supervisado	Los datos de alta dimensión pueden provocar la llamada maldición de la dimensión, que aumenta el riesgo de sobreajuste y reduce el rendimiento del modelo. El objetivo es, por tanto, reducir el número de variables.

El objetivo de este libro no es explicar o describir cada algoritmo, pero dedicaremos algo de tiempo a algunos algoritmos sencillos para explicar mejor cómo funcionan estos modelos. A continuación, echaremos un vistazo rápido a la noción de descenso de gradiente, que es un método operativo fundamental en Machine Learning (y también en Deep Learning).

Regresión lineal univariante

Es imposible hablar de Machine Learning sin empezar por la regresión lineal, sin duda porque es el algoritmo más sencillo o, quizá, porque por sí solo explica a la perfección cómo funcionan estos algoritmos supervisados. Como veremos, hay varios tipos de regresión. Pero veamos la más sencilla, que consiste en relacionar linealmente una etiqueta con unas características. En otras palabras: cómo se puede definir una recta como la relación lineal más estrecha entre una característica y una etiqueta.

El principio de regresión lineal es, como hemos dicho, bastante sencillo, porque retoma un concepto que todos conocemos: el principio de proporcionalidad. Habiendo observado un fenómeno por ejemplo a raíz de un experimento, el objetivo es encontrar el vínculo (lineal en un primer momento) entre la característica de las observaciones (estamos en el caso de la regresión lineal univariante) y el resultado observado (la etiqueta). Por tanto, volvemos a la noción de proporcionalidad, pero añadiendo un sesgo (es decir, un desplazamiento fijo).

En el caso de la regresión lineal multivariante, la filosofía es exactamente la misma, salvo que tenemos varias características en lugar de una sola. Obviamente, se trata de un caso más frecuente.

Para que la explicación sea visual, es interesante utilizar la geometría y situar los resultados (puntos) en un gráfico. En el eje x está la característica y en el eje y el resultado (etiqueta).

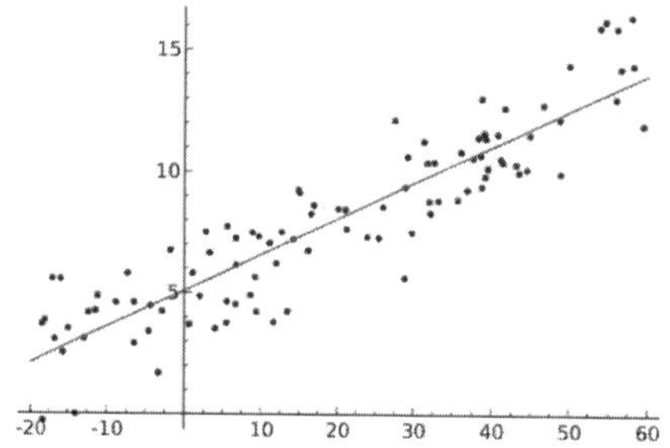

Regresión lineal univariante

Si disponemos de datos reales (de un experimento, por ejemplo), es poco probable que estos puntos formen una línea recta o incluso una curva perfecta. Si nos alejamos literalmente del gráfico, nuestro ojo humano puede ver cómo se forma una línea (una recta lineal), ciertamente bastante aproximada pero muy presente (en el gráfico anterior, esta línea está trazada arbitrariamente para ilustrar el punto).

Es la línea recta que representa (dentro de los límites de las aproximaciones o los errores de medición) la ley que vincula la característica con la etiqueta.

Y si somos capaces de encontrar esta línea, también significa que seremos capaces de encontrar el valor de todas las etiquetas en el momento que conozcamos el valor de la característica.

Así que estamos buscando una ecuación de la recta:

y = ax + b

- x representa la característica y la etiqueta.
- a y b son los parámetros (a es la relación lineal y b el sesgo)

Si volvemos a mirar de cerca nuestro gráfico, veremos que realmente hay muchos puntos. Así que, a menos que hagamos el trazo más grueso, realmente hay muchos candidatos potenciales para una recta. Si tuviéramos que resumir nuestro problema aquí, sería decir qué línea elegir y, sobre todo, cómo elegir la mejor.

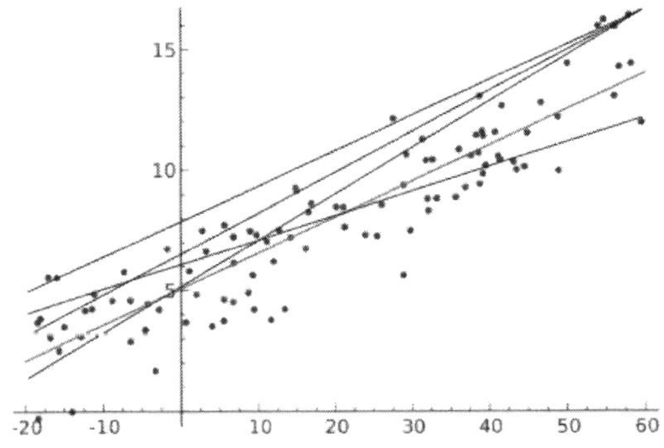

Múltiples posibilidades para las líneas rectas

Esta elección se basará en la línea que proporcione menos errores en relación con los datos de entrenamiento, ya que los datos de entrenamiento proporcionan ejemplos concretos y los resultados asociados. Dependiendo de la línea trazada, es evidente que el nivel global de error no será el mismo. Lo único que hay que hacer es elegir la recta con el error global más bajo, es decir, la que más se aproxime a todos los puntos.

Esto nos lleva a una noción fundamental en el Machine Learning: la tasa de error o el coste de este error. Veremos que el objetivo en relación con los datos observacionales será casi siempre minimizar este error, para lo que lo primero de todo será calcular esta tasa.

A priori, el error es bastante sencillo de calcular, basándonos en la distancia entre el resultado real y el resultado calculado (mediante la línea recta). Esto significa tomar la diferencia entre el valor calculado por el algoritmo y el valor esperado (el valor de la etiqueta). Por supuesto, esta operación se debe realizar para cada valor, y luego agregarse para obtener un error global.

Sin embargo, esto no tiene en cuenta el hecho de que determinados valores de la distribución penalizan si por ejemplo están muy alejados. Tampoco hay nada que impida penalizar determinados rangos de valores en función de factores de dispersión, por ejemplo. Por tanto, la forma de calcular el error también depende del Data Scientist. Para ello, hay que calcular los errores unitarios (es decir, la distancia entre el valor calculado y el dato esperado: la etiqueta). A continuación, estos errores unitarios se suman para obtener el error global. De este modo, podremos saber (utilizando los datos de entrenamiento) si nuestro acierto responde al 80, al 90 o incluso al 99% de los casos.

Ahora vamos a poner en práctica el módulo Python de Scikit-Learn. Para ilustrar lo que acabamos de decir, utilizaremos un conjunto de datos sencillo, en dos columnas (col1 y col2) con datos numéricos.

Empecemos por observar la relación visual entre estas dos variables utilizando la librería matplotlib de Python:

```
import pandas as pd
import matplotlib.pyplot as plt
data = pd.read_csv('./data/
univariate_linear_regression_dataset.csv')
plt.scatter (data.col2, data.col1)
plt.grid()
```

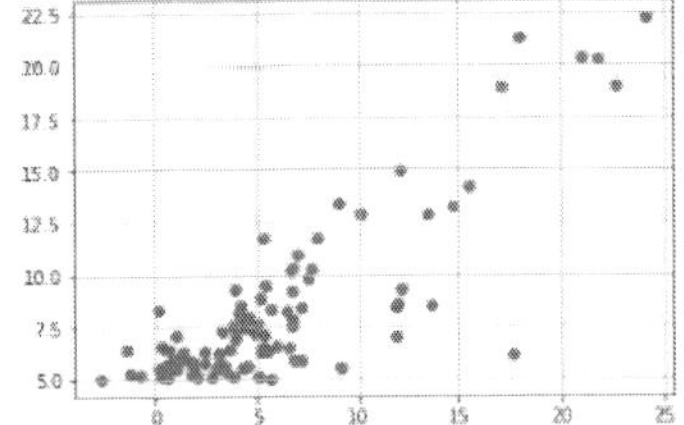

Regresión con Python

Es fácil imaginar cómo nuestra línea recta toma forma. Utilicemos la librería Scikit-learn para calcular la regresión lineal (y por tanto calcular los parámetros a y b de nuestra ecuación de la recta) sobre estos datos (de entrenamiento). Utilizar scikit-learn es realmente muy sencillo y oculta toda la complejidad y los cálculos subyacentes (error, descenso de gradiente, etc.).

```
from sklearn import linear_model
X = data.col2.values.reshape(-1, 1)
y = data.col1.values.reshape(-1, 1)
regr = linear_model.LinearRegression()
regr.fit(X, y)
regr.predict(30)
```

La última línea hace una predicción con el valor 30 para ver el resultado.

Esto da un valor de 22,37, que no es realmente incoherente teniendo en cuenta los datos. Ahora, para ver el resultado con más claridad, añadamos algunos valores (de 30 nuevas características):

```
predictions = range(30,51)
results = []
for pr in predictions:
    results.append([pr, regr.predict(pr)[0][0]])
myResult = pd.DataFrame(results, columns=['col1', 'col2'])
myResult.head(5)
```

Ahora podemos ver muy claramente que los 30 nuevos valores (excluyendo el conjunto de entrenamiento) siguen perfectamente una línea recta:

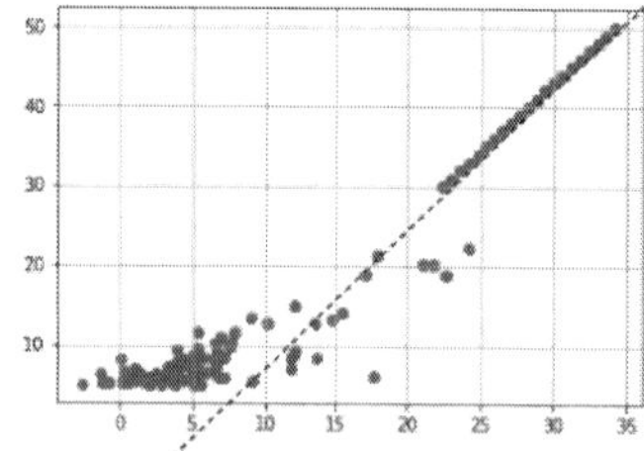

Nuevos valores previstos mediante regresión lineal

Regresión logística

Contrariamente a lo que su nombre podría sugerir, la regresión logística es un algoritmo de clasificación supervisada. Sin embargo, no se llama regresión por casualidad, sino porque este algoritmo utiliza un precedente de regresión para clasificar los datos. La regresión logística (o **logit**) se utiliza a menudo para estimar la probabilidad de que una observación pertenezca a una clase determinada (el ejemplo típico es la detección de spam). Por lo tanto, se trata de un clasificador binario.

Su principio es sencillo: el algoritmo calcula una puntuación (o probabilidad); si esta puntuación estimada supera un umbral (por ejemplo, el 50%), el modelo predice que la observación pertenece a esa clase (denominada clase positiva, con etiqueta 1). En caso contrario, simplemente predice que pertenece a la otra clase (la clase negativa, con etiqueta 0). Esto no es muy distinto de lo que ocurre con las conversiones analógico-digitales.

$$logit(x)|^{1 si f(x)\geq 1}_{0 si f(x)<0.5}$$

La sutileza reside en la forma de determinar el umbral. Demasiado brusco (como se muestra arriba) puede no ser lo mejor. Por eso suele ser buena idea elegir una forma más suave de pasar de un valor de clase a otro. En lugar de elegir una función en escalera, puede ser más eficaz una función sigmoidea (tangente hiperbólica o curva de Gompertz, por ejemplo):

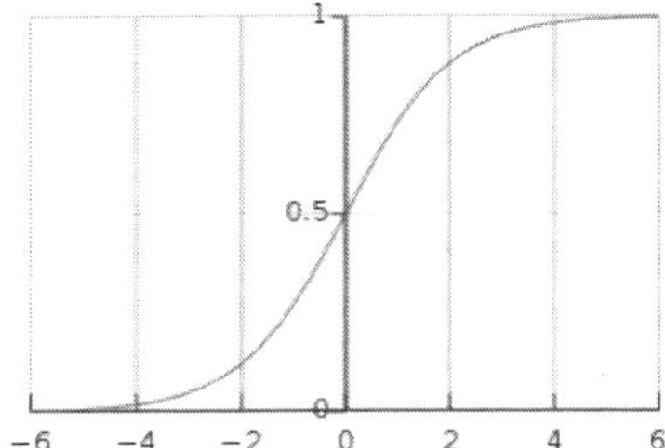

Función sigmoidea

Árboles de decisión

Los árboles de decisión (o **Decision tree**) rara vez se utilizan tal cual en el Machine Learning, sino que es preferible combinarlos con algoritmos más complejos y potentes como Random Forest. No obstante, el concepto de árbol de decisión es un concepto fundamental que es necesario comprender.

Un árbol de decisión no es ni más ni menos que el recorrido de una elección o cálculo por unas características conocidas. La ventaja de este enfoque es que es muy visual. Es muy fácil dibujar un árbol jerárquico descendente que explique las diferentes elecciones realizadas para llegar a una decisión final. Por poner un ejemplo sencillo, imaginemos que quiere ir a cenar a un restaurante. Como estamos cansados y somos bastante exigentes desde el punto de vista gastronómico, nos damos dos criterios de elección: la distancia (variable cuantitativa) que tenemos que recorrer para llegar y el tipo de restaurante (variable categórica).

Nuestra elección puede ilustrarse del siguiente modo:

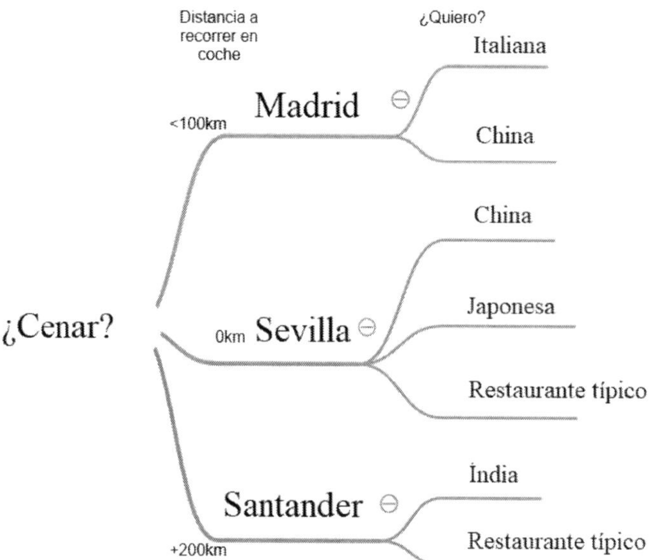

Ejemplo de árbol de decisión

Aquí es donde vemos que el uso de un único árbol limita las opciones y que, por otra parte, la construcción del árbol también tiene una gran influencia en la decisión final. Elegir el criterio de la distancia como prioritario limita la segunda elección. Por ejemplo, si decide que la distancia sea inferior a 100 km, nunca elegirá un restaurante japonés. ¿Y si lo que de verdad quiere comer es comida japonesa?

El valor de los umbrales elegidos también puede ser un problema. En este caso, los umbrales se han elegido arbitrariamente con los valores 0 km, <100 km o +200 km, pero se podrían haber elegido otros que hubieran permitido por ejemplo agrupar varios restaurantes (como los de Madrid y Santander).

Por lo tanto, está claro que, aunque los árboles de decisión son sencillos de entender, la forma en que se construyen ofrece un sinfín de posibilidades. Se puede jugar:

- Sobre la elección de las características que influyen en la decisión (aunque tampoco tienen que estar presentes todas)
- Sobre el tratamiento de variables continuas (como en este caso, la distancia)
- Sobre la priorización de estas características en la construcción del árbol
- El tamaño o la profundidad del árbol

Afortunadamente, existen muchos algoritmos para crear estos árboles: CHAID, CART, C4.5, etc.

Una de las razones por las que es tan interesante combinar varias estrategias es que hay muchas formas de construir un árbol.

K-Means

K-means es un algoritmo de agrupación no jerárquica en modo de aprendizaje no supervisado.

El objetivo es agrupar valores similares de un conjunto de datos en varios (k) grupos, también conocidos como clústeres. Hay que señalar que una observación solo se puede encontrar en un grupo, lo cual es un aspecto a tener en cuenta en función del problema a resolver.

Este algoritmo calcula la similitud entre los distintos datos, lo que desde un punto de vista gráfico, se puede ver como un cálculo de la distancia (euclídea, Manhattan u otra) entre los mismos datos. Por tanto, los datos más cercanos formarán grupos distintos. Aquí hay que tener en cuenta dos consideraciones: el número de grupos (se trata de un hiperparámetro que no es tan fácil de definir) y los datos centrales (llamados centroides) de cada grupo.

K-Means es un algoritmo iterativo cuyo objetivo es minimizar la suma de las distancias entre cada dato y el centro del grupo. Para ello, cada nuevo dato (fila) se asigna al grupo al que está más próximo y el centro de cada grupo se recalcula iterativamente. El final del algoritmo se puede decidir por un número definido de iteraciones o en cuanto los centroides sean estables.

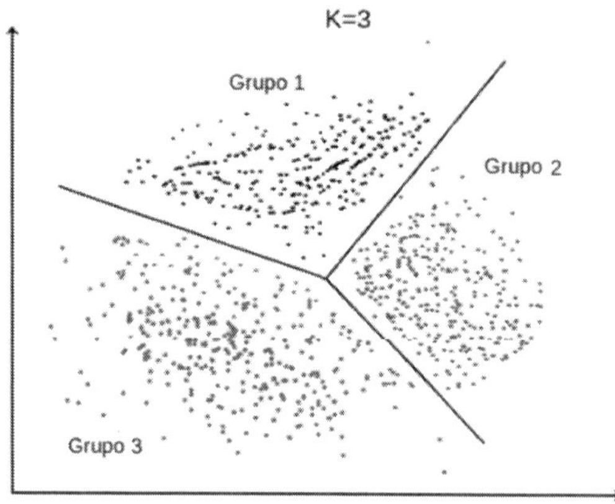

K-Means

Descenso de gradiente

Es imposible hablar de Machine Learning o incluso de Deep Learning sin mencionar el algoritmo fundamental de descenso de gradiente. Este modo de funcionamiento es esencial para encontrar la ley matemática (por ejemplo, los parámetros de la ecuación de la recta en el caso de la regresión lineal) a partir de datos de observación. Tenemos conjuntos de datos, pero ¿cómo encontramos la mejor función matemática que se ajuste a ellos?

En primer lugar, debemos tener en cuenta la noción de error o función de coste. Una función de coste mide el error entre la estimación que hacemos (la predicción) y el valor real (porque estamos en un modo de aprendizaje supervisado). Las fórmulas más habituales son MSE (Mean Square Error) y RMSE (Root Mean Square Error). La fórmula MSE calcula simplemente la diferencia cuadrática media entre el valor predicho y el valor real de una característica o variable. La principal similitud entre estas dos métricas es simplemente que el RMSE se deriva del MSE sacando su raíz cuadrada.

$$MSE = \frac{1}{n}\sum_{i=0}^{n} (y|_i^{pred} - y|_i^{label})^2$$

Esta función calcula la diferencia (al cuadrado, de ahí la fuerte penalización mencionada anteriormente) entre cada resultado y la etiqueta esperada. Los valores xi e yi son los valores de los puntos (observaciones) que ya se han registrado.

Tomemos de nuevo el caso de la regresión lineal. Hay muchas posibilidades, pero solo una limitará al máximo los errores (entre los datos experimentales y los calculados).

¿Por qué no probar todas las líneas posibles? Calculamos su tasa (o coste) de error, probamos otra y vemos si su error es menor. Si es así, la mantenemos como referencia para la comparación, y continuamos de la misma manera con otra línea. Si es paciente, incluso mucho, acabará encontrando el candidato adecuado. Pero, ¿cómo podemos abordar esta lógica de una forma más estructurada y, sobre todo, más eficaz? Utilizando el descenso por gradiente. Echemos un vistazo al proceso iterativo del descenso de gradiente, que funciona perfectamente cuando la función de error es convexa (como es el caso aquí).

Para explicar qué es el descenso por gradiente, primero tenemos que entender por qué y de dónde viene esta idea. A menudo utilizamos el ejemplo de un caminante en la cima de una montaña que se ha perdido y necesita encontrar su pueblo abajo. Pero el terreno es escarpado y hay muchos árboles. ¿Cómo puede volver? Por supuesto, puede tantear el terreno, probar en una dirección y si después de un rato no lo ha conseguido, probar en otra, pero para ser francos, esto no sería muy eficaz.

En su lugar, ¿por qué no poner un pie hacia la superficie más baja que le rodea? Y después hacer lo mismo a cada paso que dé.

A continuación, se muestra una representación de la función de coste convexa y los diferentes pasos para encontrar finalmente su mínimo:

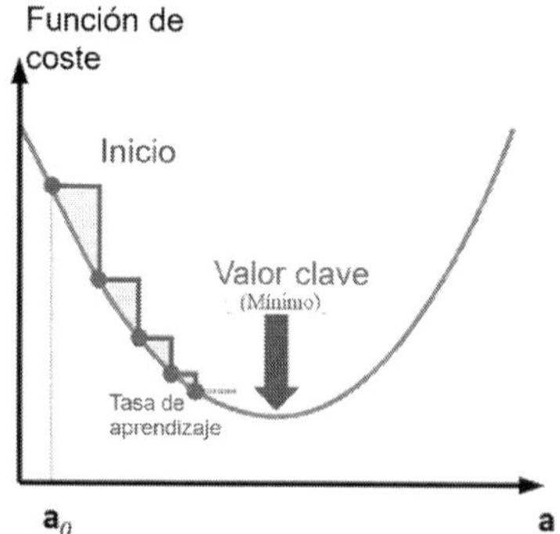

Descenso gradual

Desde un punto de vista operativo, tomaremos un valor inicial (al azar) del conjunto de datos y, a continuación, calcularemos su predicción y, en consecuencia, su coste. A continuación, iniciamos las iteraciones moviéndonos con una longitud de paso igual a la tasa de aprendizaje (es el **Learning Rate**).

Ajuste de los hiperparámetros

Una vez que los conjuntos de datos están listos y se ha elegido el tipo de algoritmo, es hora de entrar en la fase real de entrenamiento del modelo. Sin embargo, esta fase de entrenamiento no suele producir los resultados esperados inmediatamente, sino que hay que optimizarla realizando varias iteraciones de ajustes para garantizar el buen funcionamiento del modelo. Llegados a este punto, hay que jugar con los hiperparámetros que, por supuesto, influirán en el comportamiento del algoritmo.

Por ejemplo, si utilizamos el algoritmo de clasificación Gradient Boosting propuesto por Scikit-Learn, será necesario definir algunos hiperparámetros. Los hay ya predefinidos con valores por defecto, pero algunas veces será esencial modificar y optimizar estos valores para alcanzar el rendimiento esperado.

Ejemplo de hiperparámetros en Python con Scikit-Learn:

```
class sklearn.ensemble.GradientBoostingClassifier(
loss='deviance',
learning_rate=0.1,
n_estimators=100,
subsample=1.0,
criterion='friedman_mse',
min_samples_split=2,
min_samples_leaf=1,
min_weight_fraction_leaf=0.0,
max_depth=3,
min_impurity_decrease=0.0,
min_impurity_split=None,
init=None,
random_state=None,
max_features=None,
verbose=0,
max_leaf_nodes=None,
warm_start=False,
presort='auto')
```

Estos hiperparámetros no siempre son fáciles de ajustar, así que, como hemos dicho, hay que probar y equivocarse.

En lugar de probar todos los valores o mejor dicho, todas las combinaciones de valores (lo que llevaría una cantidad de tiempo considerable), un primer enfoque consiste en utilizar la búsqueda en cuadrícula (o **Grid Search**). En realidad, la idea es bastante sencilla: se coloca una lista de posibilidades para cada uno de los hiperparámetros y para cada una de las combinaciones se entrena el modelo y luego se calcula su puntuación. Al final, solo se queda con la mejor configuración de parámetros.

Se trata de una técnica interesante y potente, pero que tiene un gran inconveniente. Hay que armarse de paciencia porque el algoritmo se tendrá que entrenar con todas las combinaciones de manera sucesiva, lo que puede suponer un gran número de ensayos.

Para probar estas distintas combinaciones, recomendamos utilizar la librería scikit-learn, que proporciona la función `GridSearchCV`. A continuación, se muestra un ejemplo con RandomForest en el que buscamos los tres mejores hiperparámetros: n_estimators, max_features y random_state:

```
param_grid_rf = { 'n_estimators': [800, 1000],
                'max_features': [1, 0.5, 0.2],
                'random_state': [3, 4, 5]}
grid_search_rf = GridSearchCV(RandomForestClassifier(),
param_grid_rf, cv=5)
grid_search_rf.fit(Xtrain, y)
```

Por supuesto, este enfoque, por práctico que sea, no es mágico y no puede sustituir al saber hacer y a la experiencia, sobre todo porque no puede transmitirle todos los parámetros posibles, y tendrá que ser muy paciente. Ahora bien, si esta búsqueda por cuadrícula no le permite encontrar enseguida los parámetros adecuados (porque, como ya se ha dicho, hay demasiadas combinaciones), también puede adoptar un enfoque paso a paso:

- Primero tomamos los parámetros importantes (empezando, por supuesto, por los obligatorios) y luego ajustamos los parámetros opcionales.
- El enfoque dicotómico también es muy eficaz: primero se toman los valores que están espaciados y luego se reduce la distancia.

3.4.6 Quinta etapa: evaluación y puntuación

Con el algoritmo elegido y los hiperparámetros ajustados, ahora es esencial ver cómo evaluar o validar el modelo. Como hemos visto antes, un proyecto de Machine Learning es iterativo, y es en este momento cuando sabremos si son necesarias más iteraciones o no. Puede ser necesario cambiar los hiperparámetros, la forma en que se han preparado los datos (Feature Ingineering) o el algoritmo. En este punto del proyecto y en función de la evaluación realizada, será posible tomar una decisión u otra.

Aquí es donde se habla de sobreajuste (Over-Fitting) o incluso de infraajuste (Under Fitting).

Observación

Sobre todo, tenga cuidado con el over-fitting (o sobreentrenamiento), que le dará la ilusión de tener un buen modelo.

De hecho, si supera una determinada puntuación (por encima del 95%, por ejemplo) durante la fase de entrenamiento, es probable que su modelo esté funcionando muy bien, incluso puede que demasiado. Desgraciadamente, esta puntuación solo es válida para los datos de entrenamiento: es lo que se conoce como Over-Fitting, la bestia negra de los Data scientists.

Por lo tanto, es esencial (como mínimo) probar el modelo con los datos de prueba. Además, si la puntuación es mucho peor, se confirmará que efectivamente estamos ante un caso de manual de Over-Fitting.

La forma de medir el rendimiento difiere según el tipo de problema y también según lo que realmente se quiera medir

Existen varias medidas (la lista no es exhaustiva):

- Problema de clasificación
  - Matriz de confusión
  - Curva ROC
  - Precisión/Recuperación

- Problema de regresión
  - Error de predicción
  - Gráfico XY de valor previsto/valor pronosticado
- Búsqueda de agrupaciones/segmentación o Clustering
  - Varianza dentro de una clase y entre clases
  - Número de arcos cortados

Medición del rendimiento de un problema de regresión

El objetivo de un problema de regresión es calcular un valor a partir de datos existentes (a menudo basados en datos históricos). Por tanto, la mejor forma de evaluar la calidad del algoritmo es calcular el error (es decir, la diferencia) entre los valores predichos y los valores reales o medir la correlación entre estos valores.

Existen varias fórmulas y métodos para calcular el error (vimos los más comunes (MSE y RMSE) en la sección sobre el descenso de gradiente). Nótese aquí que existen otras fórmulas como la suma de cuadrados residual (RSS: *Residual Sum of Squares*) o o RMSLE (*Root Mean Squared Log Error*). La elección de cómo calcular el error depende obviamente de los datos y de la naturaleza del problema que se va a evaluar.

También puede ser pertinente evaluar el vínculo entre los valores reales y los previstos: es lo que se conoce como correlación. En este caso, podemos calcular el coeficiente de determinación (a partir del error cuadrático relativo RSE), que da un buen indicador de la naturaleza de este vínculo.

Medición del rendimiento de un problema de clasificación binaria

Afortunadamente, existen varias herramientas para medir el rendimiento de un modelo de clasificación binaria:

- Precisión y recuperación
- La matriz de confusión
- Curvas ROC y AUC

Precisión y recuperación

Una puntuación global es importante, pero cuando se trata de clasificación también lo es ir más allá. Si la clasificación es binaria, hay que evaluar los errores más de cerca, porque la importancia de un falso positivo no será la misma que la de un falso negativo. Incluso se puede jugar con el cursor entre estos dos tipos de error. Pero, ¿qué es un falso positivo? ¿Y un falso negativo?

Un falso positivo es una mala predicción positiva. Un falso negativo es una mala predicción negativa.

Tenemos que contar el número de predicciones correctas e incorrectas para cada clase (en el caso de una clasificación binaria, solo tenemos dos, pero por supuesto, el principio se puede ampliar a varias clases).

Simplifiquémoslo con un ejemplo concreto. Imaginemos que estamos haciendo un cribado para detectar alguna enfermedad:

- Un veredicto falso positivo significa que usted está enfermo cuando no lo está.
- Un veredicto falso negativo significa que no está enfermo, cuando en realidad sí lo está, que es mucho peor.

En nuestro caso, una puntuación global podría ser útil, pero lo que realmente hay que medir es la tasa de falsos negativos, ya que esto puede tener un gran impacto en su predicción. Es lo que llamamos maximizar la recuperación. Este equilibrio es importante porque corregir ambos errores al mismo tiempo es muy complejo, si no imposible: a menudo hay que elegir y favorecer uno en detrimento del otro.

Cálculo de la recuperación (resalta los falsos negativos):

$$Recuperación = \frac{VerdaderosPositivos}{VerdaderosPositivos + FalsosNegativos}$$

Cálculo de la precisión (destaca los falsos positivos):

$$Precisión = \frac{VerdaderosPositivos}{VerdaderosPositivos + FalsosPositivos}$$

En concreto, la precisión mide la capacidad del modelo para rechazar resultados irrelevantes.

Si aun así desea una puntuación global, también puede calcular la medida f, que combina precisión y recuperación:

$$fmedia = \frac{Precisión \, x \, Recuperación}{Precisión + Recuperación}$$

Matriz de confusión

La matriz de confusión se utiliza para visualizar y organizar la colección de verdaderos/falsos positivos/negativos. Simplemente se coloca en una tabla cada resultado con el resultado de clasificación/predicción (etiquetas de datos de aprendizaje/prueba) en la fila y cada valor de clase en la columna:

		Respuesta del experto	
		p	**n**
Respuesta del Modelo	**Y**	Verdadero Positivo	Falso Positivo
	N	Falso Negativo	Verdadero Negativo

Matriz de confusión

La diagonal descendente muestra las predicciones correctas y la diagonal ascendente los errores.

Ejemplo de modelo de clasificación (con datos del Titanic) utilizando scikit-learn (Python). Estos datos recogen las características de los pasajeros del Titanic y si sobrevivieron o no tras el hundimiento:

```
import pandas as pd
from sklearn.ensemble import RandomForestClassifier

titanic = pd.read_csv("../titanic/data/train.csv")

def Prepare_Modele(X, cabin):
    target = X.Survived
    sexo = pd.get_dummies(X['Sex'], prefix='sex')
    camarote = pd.get_dummies(cabin.str[0], prefix='Cabin')
    edad = X['Age'].fillna(X['Age'].mean())
    X = X[['Pclass',
'SibSp']].join(camarote).join(sexo).join(edad)
    return X, target

camarote = titanic['Cabin'].fillna('X')
X, y = Prepare_Modele(titanic, cabin)
tree = RandomForestClassifier(n_estimators=100, random_state=0,
max_features=2)
tree.fit(X, y)
c_tr = confusion_matrix (y, p_tr)
print ("Matriz de confusión/Random Foret\n", c_tr)
```

Matriz de confusión/Random Forest

[[525 24]

[46 296]]

La clasificación es binaria, por lo que se devuelve una matriz de 2x2 (en caso de clasificación múltiple, tenemos una matriz con la dimensión del número de clases). Tenemos 46 falsos negativos (46 personas detectadas como no supervivientes aunque sobrevivieron y 24 falsos positivos.

Curvas ROC y AUC

Aunque la matriz de confusión ya da muchas indicaciones sobre los errores de clasificación, a veces también es necesario visualizar la sensibilidad global del modelo. Esta es la función de la curva **ROC** (*Receiver Operating Characteristic*), que representa el rendimiento del modelo en todos los umbrales de clasificación. Esta curva muestra la tasa de verdaderos positivos comparada con la tasa de falsos positivos, o lo que es lo mismo, la verdadera sensibilidad comparada con la falsa sensibilidad del modelo.

Una vez entrenado el modelo, es fácil trazar las curvas ROC utilizando la librería scikit-learn (Python). En el siguiente ejemplo, trazamos las curvas ROC de tres modelos diferentes:

```
from sklearn.metrics import roc_curve
import matplotlib.pyplot as plt
false_positives_rl, true_positives_rl, threshold_rl = roc_curve
(y,
lr1.decision_function(X))
plt.plot(false_positives_rl, true_positives_rl, label="Regresión lineal")
false_positives_tr, true_positives_tr, threshold_tr = roc_curve(y,
tree.predict_proba(X)[:,1])
plt.plot(false_positive_tr, true_positive_tr, label="Random Forest")
false_positive_dm, true_positive_dm, threshold_dm = roc_curve(y,
dummy.predict_proba(X)[:,1]) plt
.plot(falso_positivo_dm, verdadero_positivo_dm, label="Dummy")
plt.xlabel ("Falsos positivos")
plt.ylabel ("Verdaderos positivos")
plt.legend ()
```

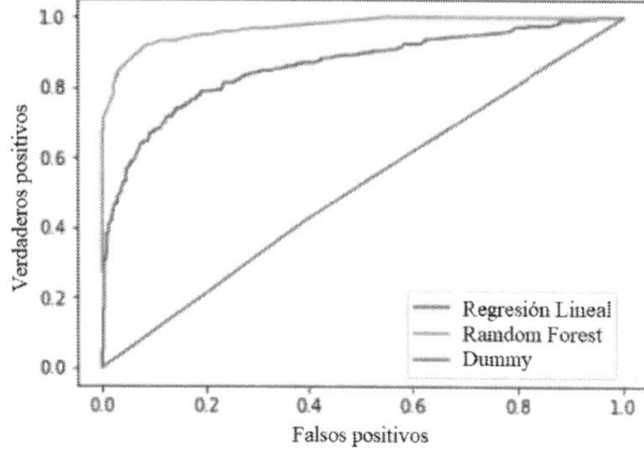

Curva ROC

La lectura de esta curva es bastante sencilla: hay que entender que cuanto más se aplasta la curva hacia el borde superior izquierdo, mejor es el modelo. En los ejemplos anteriores, esto es bastante obvio porque se puede ver claramente la diferencia entre los tres modelos. Algunas veces es menos obvio visualmente, y hay que medir el área bajo la curva para determinarla exactamente. Esta área se denomina AUC. Para medirla, puede utilizar el método metrics.auc de scikit-learn:

```
from sklearn import metrics
print ("AUC Dummy: ",metrics.auc(falso_positivos_dm,
verdaro_positivos_dm))
print ("AUC Reg. lineal: ",metrics.auc(falso_positivos_rl,
verdadero_positivos_rl))
print ("AUC Random Forest: ",metrics.auc(falso_positivos_tr,
verdaderos_positivos_tr))
```

Dummy AUC: 0.5134454989933851

AUC Reg. lineal: 0,860642422693041

AUC Random Forest: 0,9708374609870152

El valor más cercano a 1 indica el modelo con mejor rendimiento. En este caso, el algoritmo Random Forest obtuvo el mejor resultado con un 97,08%.

Trucos y consejos

Desgraciadamente, aquí no hay soluciones mágicas. Entramos claramente en una fase de optimización basada en un enfoque por fuerza iterativo, sin duda guiado por la experiencia e incluso por la intuición. No obstante, he aquí algunos elementos o pistas de mejora y/u optimización a tener en cuenta.

- Cambiar el algoritmo.
- ¿La distribución de los conjuntos de pruebas/formación es coherente, homogénea y representativa?
- ¿Quizás haya que añadir o eliminar variables?
- En la fase de preparación de los datos, puede ser útil agrupar (o dividir) valores: añadir medias, sumas, crear grupos, desglosar fechas, etc.
- Añadir o eliminar filas (con nuevas fuentes de datos).

- Ajustar los hiperparámetros una y otra vez.
- Añadir combinaciones de variables difíciles de aprender para un modelo (como un ratio).
- Agregar períodos más largos (es decir, cambiar la granularidad de los datos).
- Utilizar los resultados de otros modelos de aprendizaje automático.
- Buscar información que pueda ayudar a un modelo a corregir errores.
- Revisar la gestión de los valores atípicos.
- Revisar la forma en la que se han gestionado los valores nulos.

3.4.7 Sexta etapa: despliegue e industrialización

El modelo ya es óptimo y se han completado las iteraciones de optimización. Ahora es el momento de desplegarlo a través de una API o integrarlo directamente en un programa. Para ello, es importante conservar la información (los parámetros) que se calcularon durante la fase de aprendizaje y que componen el modelo, para poder reutilizarlos directamente. Para ello, basta con exportar esos parámetros a través de un volcado del modelo, que colocará los pesos calculados en un archivo.

Con scikit-learn, esto se hace en una sola línea. Tomemos el ejemplo de una regresión lineal simple:

```
import pandas as pd
from joblib import dump, load
import matplotlib.pyplot as plt
from sklearn import linear_model
data = pd.read_csv("./data/
univariate_linear_regression_dataset.csv")
plt.scatter (data.col2, data.col1)
X = data.col2.values.reshape(-1, 1)
y = data.col1.values.reshape(-1, 1)
regr = linear_model.LinearRegression()
regr.fit(X, y)

dump(regr, 'mimodelo.modelo')
```

Los pesos o parámetros del modelo entrenado se guardan en un archivo binario (en este caso miprimermodelo.model). Ahora es posible utilizar el modelo (sin entrenarlo previamente, por supuesto) y hacer predicciones simplemente haciendo referencia a este archivo. Para ello, utilizamos el método `load()` combinado con el fichero previamente guardado en disco:

```
regr2 = load('miprimermodelo.model')
regr2.predict([[30]])
```

Sin embargo, tenga cuidado porque, por su propia naturaleza, un modelo no vive para siempre (se basa en el aprendizaje a partir de datos..; y no hay que olvidar que los datos evolucionan constantemente). Sin duda, será necesario recopilar regularmente nuevos datos de entrenamiento y desarrollar el modelo (mediante nuevos entrenamientos).

3.5 Sesgo y varianza

En el momento en que se empiezan a desarrollar modelos de aprendizaje automático, pronto nos enfrentamos a la noción de sesgo, así como a la de varianza (que es menos popular). Esto es especialmente cierto durante la fase de ajuste del modelo. Los datos disponibles nos obligan a preocuparnos por los sutiles y delicados problemas de equilibrio entre el ajuste del sesgo y la varianza. Encontrar este famoso equilibrio es el ingrediente principal de un buen modelo, y pronto se convierte en una de las mayores preocupaciones de todo Data Scientist.

Por desgracia, y una vez más, no existe una receta milagrosa. El conocimiento, la experiencia e incluso la intuición, siguen siendo indispensables en esta difícil pero apasionante tarea. Dicho esto, no vamos a centrarnos en los métodos de ajuste de estos dos indicadores esenciales, sino en lo que significan.

Además, ¿nos vemos obligados a elegir o a llegar a un compromiso entre ajustar el sesgo y la varianza? En primer lugar, veamos exactamente de qué estamos hablando.

3.5.1 El sesgo

En cierto modo, el sesgo es una medida del error.

Cuando se trabaja en un problema de Machine Learning, es obvio que no se busca una regla que proporcione una respuesta exacta a un problema determinado. Es más, encontrar tal regla es realmente ilusorio, porque los datos que alimentan los modelos tampoco son totalmente exactos, sino que a menudo ha sido necesario reelaborarlos o incluso reajustarlos, lo que por supuesto da lugar a errores.

Además, como hemos visto en el enfoque por proyectos, el aprendizaje a partir de los datos se consigue mediante un ajuste gradual e iterativo del modelo; dicho ajuste se consigue a su vez minimizando el error entre lo que el modelo puede producir y el valor real. Estos diversos ajustes y el trabajo sobre los datos también pueden dar lugar a nuevos errores, por pequeños que sean: es lo que se conoce como sesgo.

Para ilustrarlo, imaginemos a una persona que practica el tiro con arco. Por desgracia para él, hace viento y, como es de esperar, esto puede tener una influencia real en su tiro. Evidentemente, aunque el tirador no lo noter, es un verdadero factor adicional a tener en cuenta. Además (o por desgracia para ellos), nuestro tirador está protegido y no puede notar el viento, ni dispone de un indicador visual. Una vez lanzadas las flechas, el tirador se encuentra con la sorpresa de que todas están desviadas, como en la imagen de a continuación a la derecha.

Este parámetro del viento que el tirador no ha tenido en cuenta es un sesgo. Y este sesgo provoca un cambio problemático en el resultado.

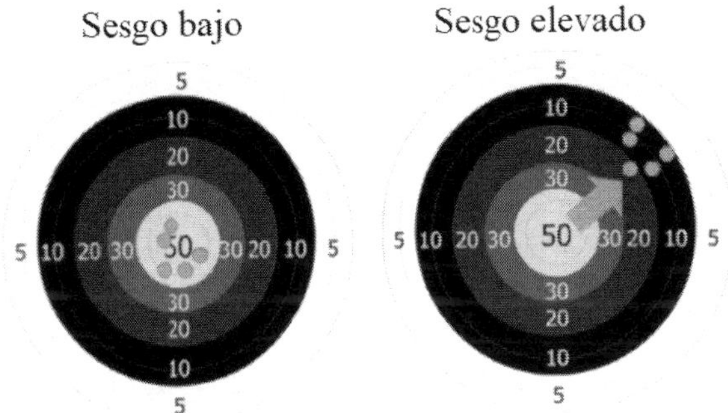

Sesgo de tiro con arco

El ajuste de un modelo de Machine Learning se consigue mediante la minimización iterativa del error (véase el descenso de gradiente). Por tanto, tener en cuenta el sesgo es de vital importancia, aunque algunas veces este sesgo sea difícil de determinar (como en el caso del arquero que no podía sentir el viento antes de disparar).

Tomemos otro ejemplo sencillo de distribución sobre unos puntos (véanse los diagramas siguientes). A primera vista, y como se muestra en el diagrama de la izquierda, una regresión lineal parecería responder bastante bien a este tipo de problema.

Observemos en esta hipótesis la línea recta (gráfico del centro) y calculemos su error en relación con la realidad (el valor real observado en nuestra modelización supervisada). El error global (o sesgo) no es cero, por supuesto, porque la recta no puede pasar por todos los puntos a la vez.

Por lo tanto, tenemos un sesgo más o menos alto en este modelo. Digamos que una puntuación del 95%.

¿Y si ahora acabamos encontrando el modelo ideal para esta distribución? Fíjese en el gráfico de la derecha: el error y por tanto el sesgo son cero:

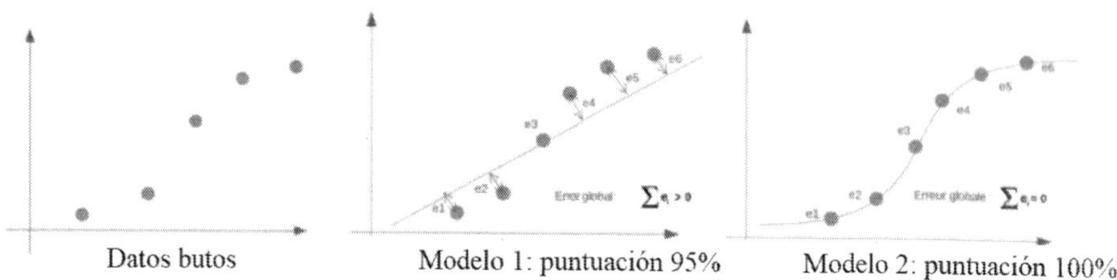
Datos butos   Modelo 1: puntuación 95%   Modelo 2: puntuación 100%

Reducción del sesgo

Para este último modelo, tenemos una puntuación del **100%**. Esto puede parecer ideal, ya que podríamos pensar que hemos encontrado el modelo perfecto. En cualquier caso, nuestro sesgo es cero pero, ¿no hemos ido demasiado lejos? Para comprobarlo (aunque parezca bastante obvio que estamos en un caso de Over-Fitting), tenemos que utilizar otro indicador importante: la varianza.

3.5.2 Varianza

La varianza es otro indicador utilizado para medir la dispersión de una lista de valores y no un desfase como el sesgo. Si volvemos a tomar el ejemplo del tiro con arco, ahora tengamos en cuenta el viento, pero imaginemos que el tirador ha olvidado sus gafas.

Viendo borroso, es muy probable que nuestro resultado sea algo así:

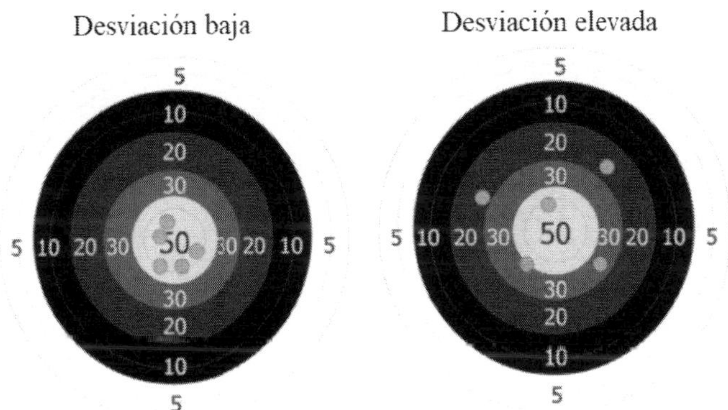

Desviación

Las flechas están dispersas en torno al centro (en estadística, para la varianza se habla de dispersión en torno a la media).

Veamos qué significa esto en el caso de un proyecto de Machine Learning. En la sección anterior vimos que teníamos que minimizar el sesgo al máximo. Tenga en cuenta que este modelo se calculó a partir de un conjunto de datos de entrenamiento (datos en forma de cuadrado). Ahora probaremos este modelo con el conjunto de datos de prueba (en los gráficos siguientes, los datos de prueba están representados por puntos).

Si aplicamos el modelo anterior con una puntuación del 100% y calculamos el error, vemos sobre todo que el sesgo dista mucho de ser cero (diagrama central). Incluso es muy probable que la puntuación sea ahora bastante mala, ya que el error es sin duda mayor que el de nuestra línea (regresión lineal) en el diagrama de la derecha.

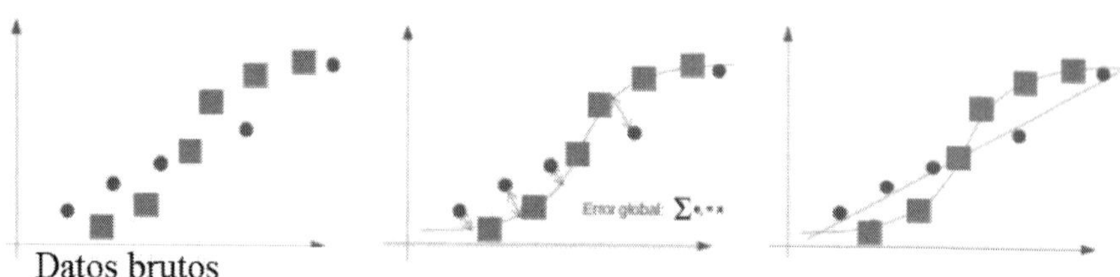

Varianza y modelos

A continuación, se muestra un ejemplo de sobreajuste (*Over-Fitting*), la maldición de los Data Scientists.

3.5.3 ¿Sesgo y/o varianza?

Mientras que el sesgo se utiliza para calcular el error de un modelo, la varianza sirve para calcular su resiliencia, es decir, su capacidad de generalizarse en todos los datos. El reto de un buen modelo es encontrar el mejor equilibrio entre un error aceptable y una buena capacidad de generalización, aunque por desgracia, no sea posible el equilibro perfecto entre ambos indicadores. Por lo tanto, no se trata de un dilema (ni de una elección) en la medida en que estos dos indicadores se deben ajustar entre sí para disponer de un buen modelo.

Lo único que sigue siendo complejo es que no se pueden ajustar estos dos parámetros a la vez. Primero hay que diseñar el modelo (sin ser demasiado exigente en la puntuación con los datos de entrenamiento) y luego probarlo en otros conjuntos de datos (de prueba).

Así que se necesita tiempo y paciencia; esta última es otra virtud necesaria para crear un modelo de Machine Learning.

4. Redes neuronales

Las redes neuronales, hoy en día, son esenciales, siempre que necesitemos llevar a cabo procesamientos o tomar decisiones complejas, o incluso muy complejas, basadas en datos. De hecho, el aprendizaje profundo mediante redes neuronales o Deep Learning es un subconjunto del Machine Learning que permite llevar a cabo tareas que antes habrían parecido casi imposibles para una máquina. Hoy en día, este tipo de algoritmos se utiliza sobre todo en el tratamiento de imágenes, pero también en el tratamiento del lenguaje.

4.1 ¿Qué es una red neuronal?

La idea inicial de una red neuronal (propuesta por McCullogh y Pits en 1943, y luego por Donald Hebb en 1949) era reproducir el funcionamiento del cerebro humano, con sus neuronas, axones, sinapsis, etc. Sin embargo, la realidad tecnológica ha puesto sus límites a esta idea de propagación de señales, porque la creación de redes neuronales (o NN - *Neural Network*) está en realidad bastante alejada del cerebro humano (que, por cierto, tiene más de 80.000 millones de neuronas y es mucho más complejo). Pero la idea de unidades microinformáticas (o neuronas) que reciben y transmiten señales en determinadas condiciones sigue siendo el elemento fundador de estas redes. Cada neurona recibe información como entrada y produce un resultado como salida. Esta salida se propaga a otras neuronas a través de otras capas de la red hasta que se produce un resultado final.

Afortunadamente, hoy en día existen varios frameworks para desarrollar y crear redes neuronales. Estos frameworks facilitan enormemente el diseño de redes neuronales, así como incluyen todo lo necesario para su entrenamiento, mantenimiento, monitorización, etc.

Entre los más utilizados se encuentran TensorFlow (Google) y PyTorch (Meta).

4.2 Cómo funciona una neurona

Empecemos por el elemento más pequeño de la red: la neurona. Una neurona funciona de forma bastante sencilla y en dos etapas. Para entender su modo de funcionamiento, primero hay que comprender que una neurona se caracteriza por unos pesos y una función de activación. Los pesos representan su carné de identidad y se calcularán (para cada neurona de la red) durante la fase de entrenamiento. El papel de la función de activación es romper la linealidad en la decisión final. De hecho, las elecciones o decisiones son algunas veces (incluso a menudo) muy complejas y, como veremos, el cálculo ponderado de las variables de entrada no permitiría por sí solo ofrecer posibilidades complejas. También hay que tener en cuenta que cada neurona es independiente.

Este es el modo de funcionamiento de una neurona:

1. Recuperar los parámetros Ei o las variables de entrada, luego calcular el peso

$$Suma_i = \sum_i (E_i * W_i) + b$$

en relación con los pesos Wi (calculados durante el entrenamiento). Se añade un valor de sesgo b.

2. La suma calculada se compara con la función de activación, que devuelve el resultado final.

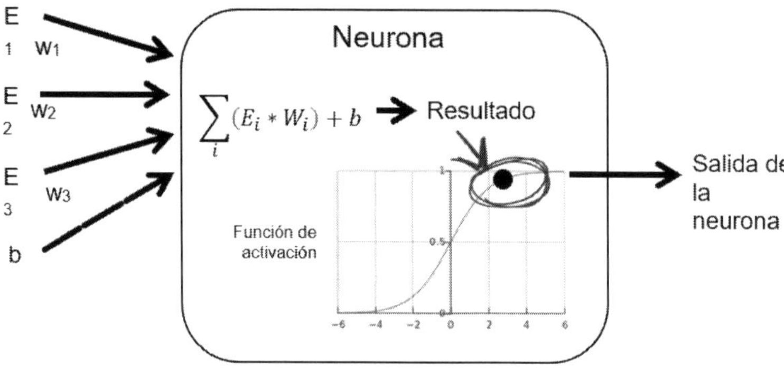

Cómo funciona una neurona

La función de activación (la misma en toda la capa) se elige en función del tipo de operación que se vaya a realizar. Su papel es bastante simple, y consiste en decidir si se permite o no el paso de la información si se alcanza el umbral de estimulación. Concretamente, su papel es decidir si se activa o no una respuesta de la neurona. También tiene un papel fundamental: romper la linealidad de la red. Sin ella, tendríamos una función puramente lineal entre los parámetros de entrada y la(s) salida(s).

Existen varias funciones de activación, entre ellas:

- **La función lineal (y = ax)** que, por supuesto, se utiliza como capa de salida en el caso de un problema de regresión. Se puede describir como cero, ya que las unidades de salida serán idénticas a su nivel de entrada.

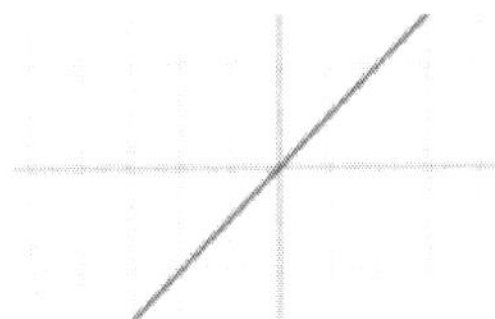

Función lineal

- **La función Sigmoidea**: es una de las funciones más populares y probablemente la más utilizada en el pasado, en particular para los problemas de clasificación binaria. Hoy en día se utiliza menos debido a diversos problemas, en particular su comportamiento con respecto al fenómeno conocido como desaparición del gradiente.

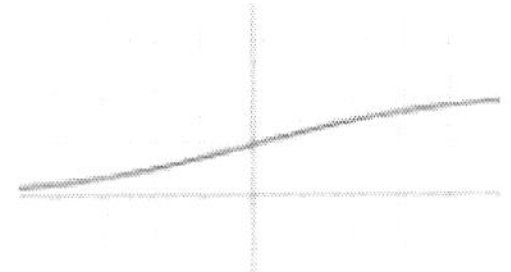

Función Sigmoidea

- **La función ReLU (Rectified Linear Unit)**: esta función es muy utilizada y agiliza y facilita el entrenamiento, entre otras cosas porque es muy fácil de calcular.

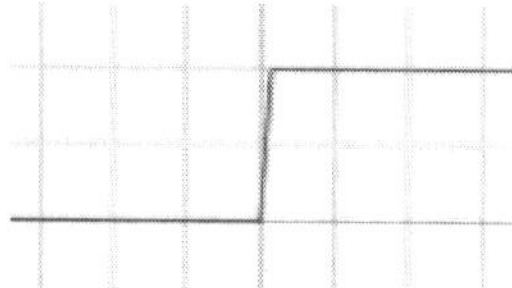

Función ReLU

Existen muchas otras funciones de activación que no se describirán aquí, como: la tangente hiperbólica (tanh), Softmax, Leaky ReLU, PReReLU, TreReLU, ELU, etc.

4.3 Arquitecturas de redes neuronales

Por supuesto, una sola neurona (como un Perceptrón) no puede realizar operaciones o elecciones complejas. Por eso necesitamos poder utilizar varias neuronas juntas y para ello las organizamos en una red. La estructura de la red neuronal se denomina arquitectura.

Antes de repasar en las siguientes secciones las arquitecturas de redes neuronales más comunes, es interesante ver cómo se entrenan.

4.3.1 Entrenamiento de redes neuronales

El método de entrenamiento de redes neuronales sigue los mismos principios que otros algoritmos de Machine Learning. El objetivo de la fase de entrenamiento es calcular todos los pesos y sesgos de la red (y, por tanto, de todas las neuronas), lo que lleva a descubrir el valor de varios miles de parámetros (o incluso muchos más). Por lo tanto, es una fase pesada que consume muchos recursos y mucho tiempo. Tanto, de hecho, que hoy preferimos utilizar procesadores específicos, como las famosas GPU.

A partir de una función de coste de error global, este error global se transmite proporcionalmente a toda la red. En el caso de las redes neuronales, utilizamos la técnica o algoritmo de la **retropropagación** (*Back Propagation*), que permite a la red mejorar iterativamente su precisión final.

En resumen, la retropropagación es la aplicación del descenso de gradiente a las redes neuronales.

El principio de este algoritmo es muy sencillo:

- En primer lugar, los pesos y sesgos de la red se fijan al azar.
- Los datos se propagan a partir de los datos de entrenamiento (es decir, de izquierda a derecha).
- Se recupera el resultado (capa de salida).
- Se calcula el error entre el valor esperado y el calculado.
- Si el valor difiere del resultado esperado (modo supervisado), lo que es casi seguro, los pesos y los sesgos se corrigen propagando el error hacia atrás y hacia la izquierda (de ahí el término retropropagación). La idea es ajustar los pesos progresiva y retroactivamente teniendo en cuenta el error global. Este ajuste se pondera en función de la magnitud del error en cada conexión. Así, el peso de una conexión que ha tenido un gran error se ajustará con más fuerza.
- El proceso se repite hasta que se obtiene un error mínimo. Estas iteraciones se denominan epochs. El número de epochs es un hiperparámetro elegido y ajustado por el diseñador del modelo.

4.3.2 Redes neuronales artificiales (ANN)

Las redes neuronales más sencillas se organizan en varias capas sucesivas, totalmente interconectadas y monodireccionales. Cada capa comporta un cierto número de neuronas unidas entre sí por conexiones. Cada conexión representa un peso, y es la totalidad de estos pesos lo que determina la función de la red neuronal.

A continuación, se muestra un ejemplo de red neuronal artificial (**ANN**: *Artificial Neural Network*) del tipo Feed Forward. Este tipo de red propaga los cálculos (o la señal) solo de izquierda a derecha.

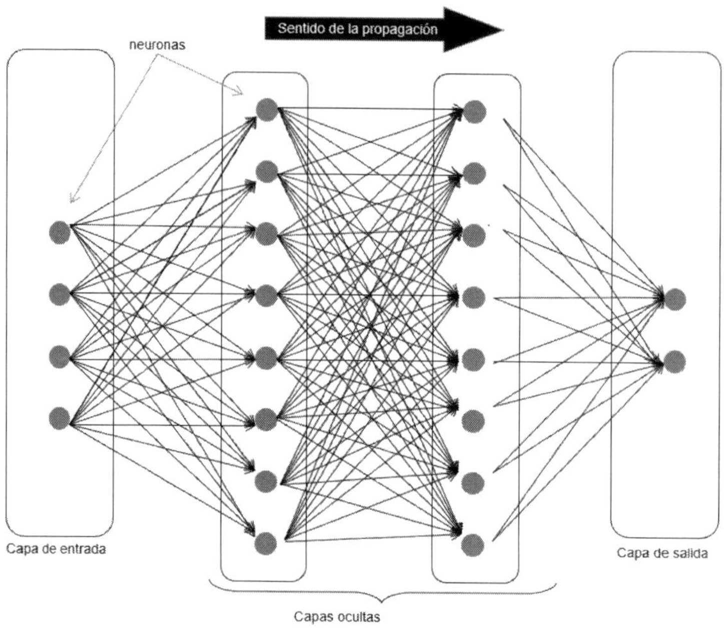

ANN de tipo Feed forward

Existen tres tipos de capas:

- La **capa de entrada**, cuyo número de neuronas se corresponde con el número de parámetros de entrada.
- La **capa o capas ocultas** (*Hidden Layer*) o intermedias, que pueden ser muy numerosas y que se apilan entre la capa de entrada y la capa de salida (véase el diagrama anterior) con un número variable de neuronas. Cuando hay más de dos capas ocultas, hablamos de una red neuronal profunda (de ahí la terminología Deep Learning).
- La **capa de salida**, cuyo número de neuronas se corresponde exactamente con el número de resultados que la red debe calcular.

Por tanto, cada una de las capas (verticales) que componen la red tiene un número importante de neuronas interconectadas. En cierto modo, es el valor o más bien el peso de la conexión de estas neuronas, sumado a los sesgos, lo que conducirá a un resultado final determinado.

Existen otras arquitecturas de ANN:

- **ANN de tipo FeedBack**: en este tipo de redes, la salida se realimenta en la red para optimizar los resultados. La red reinyecta así su propia información, lo que hace que se adapte muy bien para resolver problemas de optimización. Las ANN de tipo Feedback se utilizan para corregir errores en el sistema interno.
- **ANN de tipo Classification-Prediction**: muy utilizadas en el Data Mining, este tipo de red se entrena para identificar y agrupar determinados modelos y, a continuación, reclasificarlos en nuevos modelos.

De hecho, se puede contemplar cualquier tipo de arquitectura o configuración de neuronas y capas. Aquí solo hablaremos de las más comunes y utilizadas, como las CNN o las RNN.

4.3.3 Redes neuronales convolucionales (CNN)

Una **CNN** (*Convolutional Neural Networks*) o Red Neuronal de Convolución, es un tipo de red neuronal artificial que tiene al menos una capa de convolución. Esta capa de convolución es una capa en la que se aplica como entrada un cierto número de filtros de convolución a los mismos datos (a menudo una imagen). Por supuesto, este tipo de arquitecturas de redes neuronales se utiliza mucho en el tratamiento de imágenes (de datos bidimensionales), pero también se encuentra en el tratamiento de datos textuales (datos unidimensionales).

¿Por qué aplicar filtros en lugar de conservar los pesos tradicionales de la ANN?

Sencillamente porque una imagen (o un texto) contiene muchos datos de entrada. Imaginemos una pequeña imagen en color de 100 x 100 píxeles a color, lo que son 100 x 100 x 3 , por tanto 30.000 datos que se deben enviar a la red neuronal (aunque sea una imagen muy pequeña). Al apilar capas y neuronas de esta forma, el número de parámetros (o pesos) de la red se disparará rápidamente y el número de cálculos crecerá de forma exponencial, lo suficiente como para acabar con una enorme máquina de entrenamiento.

Así que había que encontrar otro enfoque, distinto de las redes ANN (o Perceptrón Multicapa), y reducir el número de incógnitas a calcular. Además, las ANN tienen un gran inconveniente cuando se trata del tratamiento de imágenes. De hecho, las imágenes son datos rasterizados (mínimo dos dimensiones) y, para que quepan en una red neuronal, hay que aplanarlas. Por desgracia, este aplanamiento de los datos conlleva la pérdida de mucha información, sobre todo espacial. Si utilizamos una ANN para procesar datos de imágenes, por ejemplo, tenemos que asegurarnos de que las imágenes estén bien centradas y, sobre todo, que sean muy similares. El uso de filtros ayuda a reducir la cantidad de datos, pero también tienen otras virtudes, como ayudarnos a encontrar patrones, formas o contornos en las imágenes o a reducir los problemas de resolución.

La verdadera revolución es que el aprendizaje y descubrimiento de estos patrones o formas mediante filtros es completamente automático. Las CNN se pueden utilizar para determinar progresivamente distintas formas y luego ensamblarlas para encontrar otras nuevas. El ejemplo clásico es que las primeras capas de una red de este tipo encuentran las formas básicas de una cara (los rasgos principales), después la red neuronal detecta las primeras formas: nariz, boca, ojos, etc., y finalmente, en las últimas capas de la red neuronal, detecta el rostro y, por qué no, la persona.

A continuación, se muestra un ejemplo de detección progresiva de varios objetos:

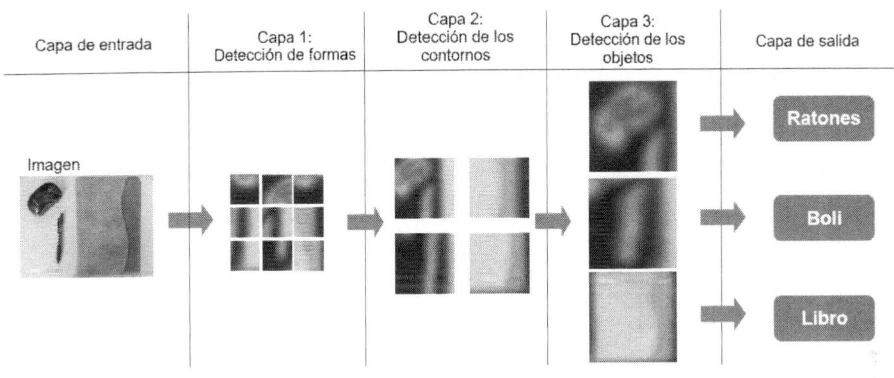

Imagen en una red neuronal convolucional (CNN)

El filtro de convolución

Antes de examinar la red neuronal convolucional como tal, veamos cómo funciona un filtro de convolución. Recordemos que una imagen se puede representar simplemente mediante una matriz (de dos o más dimensiones). Por tanto, la idea de un filtro sobre una imagen es colocar otra matriz (más pequeña y llamada kernel) que se deslizará sobre toda la imagen para transformarla. En el caso de un filtro de convolución, aprovecharemos al máximo este principio de la ventana deslizante y lo generalizaremos, añadiendo operaciones sobre los valores de los píxeles (valores de la matriz).

Estos son los pasos de filtrado:

1. El kernel se superpone en la esquina izquierda de la matriz de la imagen, como se muestra a continuación. A título informativo, en la siguiente ilustración, el kernel es la pequeña matriz "móvil" de 3x3, que se muestra abajo a la izquierda:

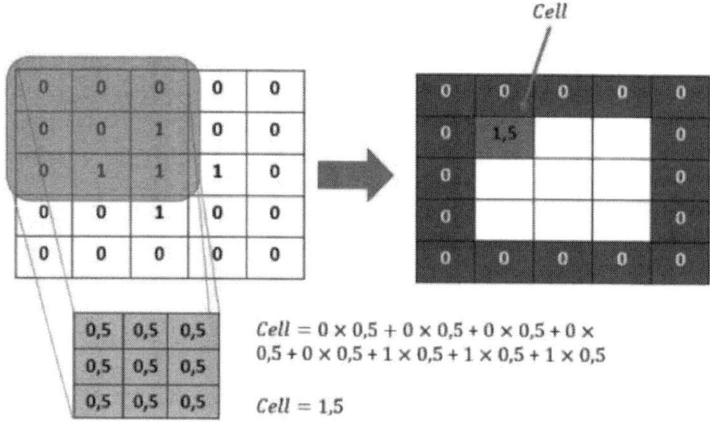

Filtro de convolución, 1er píxel

2. A continuación, multiplique cada número superpuesto y sume todo.

3. El resultado ocupa su lugar naturalmente en la esquina izquierda, como se muestra en la figura.

4. A continuación, pasamos al siguiente píxel. Para ello, movemos el kernel un segmento:

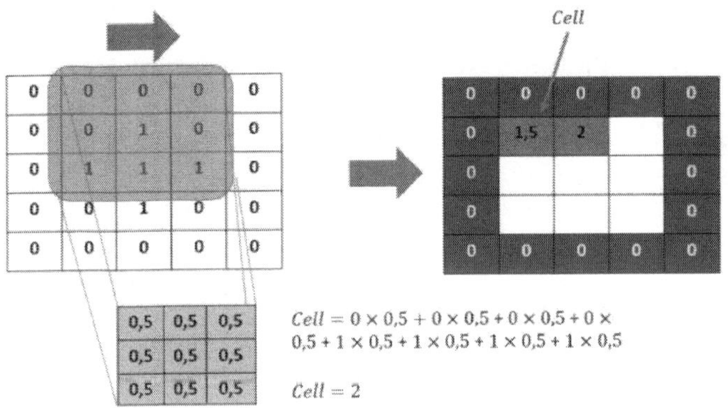

Filtro de convolución, 2º píxel

5. Repita exactamente la misma operación para todos los píxeles.

Al final del proceso (una vez recalculados todos los píxeles), se obtendrá una nueva imagen (matriz) filtrada.

Acabamos de realizar lo que se conoce como producto de convolución.

Este proceso es realmente eficaz y, además, es muy poco costoso para la máquina, porque solo se realizan sumas y multiplicaciones. Por último, esta operación es una aplicación bilineal, asociativa y conmutativa.

Sin embargo, hay un detalle que no se ha tratado. ¿Cómo se calculan los píxeles del borde? El proceso no permite encontrarlos (aunque, afortunadamente, rara vez los bordes contienen píxeles importantes en una imagen y además son relativamente pocos en comparación con el resto de la imagen). Hay varias estrategias para tratar este problema de relleno. Puede dejarlos a cero, replicar los valores que hay junto a ellos o, por qué no, calcular una media de los píxeles que los rodean.

Lo importante aquí es recordar que la clave del filtrado es el kernel. Y son todos estos kernels los que la CNN encontrará por nosotros a medida que vaya aprendiendo.

Las capas de una CNN

La arquitectura de una red neuronal convolucional (CNN) se basa muy a menudo en una pila de capas convolucionales, seguidas de capas profundas clásicas (o densas) que harán el trabajo final de toma de decisiones. En resumen, las capas convolucionales encuentran las formas grandes en la imagen y las capas finales realizan el trabajo de toma de decisiones (como por ejemplo la clasificación). Las capas de convolución constan de varios filtros, cada uno de los cuales (como hemos explicado antes) dentro de la misma capa, extraerá o detectará una característica de la imagen. De esta manera, a la salida de una capa de convolución, la red ha detectado un conjunto de características que se materializan mediante lo que se conoce como **Features Maps**. Estas características (o imágenes resultantes de los filtros de convolución) se reenvían a otros filtros en otras capas, y así sucesivamente.

A diferencia de una ANN, no todas las neuronas están totalmente conectadas, sino que se conectan a un grupo de otras neuronas en la capa siguiente (de esta forma se convierten en filtros). A continuación, se muestra una pila de capas de una red CNN (con tres capas de convolución, con un número progresivo de filtros: 32, 64 y luego 128)

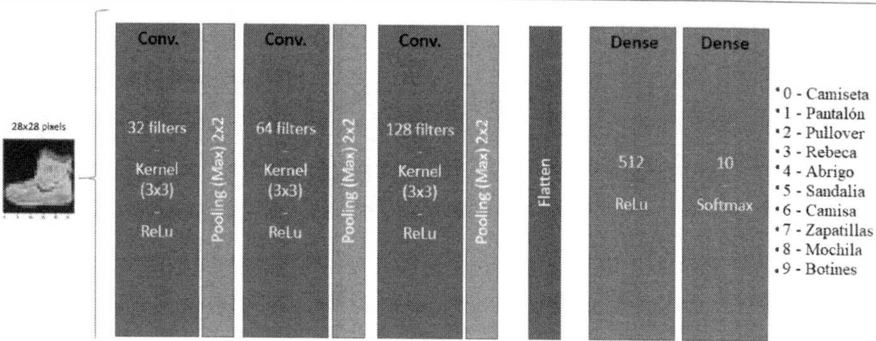

Clasificación de imágenes con una CNN

Observación

Para un modelo como este, habrá que calcular 94.154 parámetros durante la fase de entrenamiento.

Muy a menudo, las capas de convolución se apilan unas sobre otras (más adelante veremos la utilidad de la capa de agrupación). Esta elección de arquitectura permite descubrir patrones dentro de otros patrones: la idea es poder encontrar formas cada vez más complejas.

Observación

Algunas CNN famosas: AlexNet, VGGxx, GoogleNet, Xception, ResNet, etc.

La capa de Pooling

En la red anterior, insertamos las llamadas capas de Pooling entre cada capa de convolución. Estas capas tienen una finalidad muy concreta: reducir el número de parámetros globales de la red (y, por tanto, reducir el tiempo de aprendizaje).

El principio de la capa de Pooling es el de una ventana deslizante sobre la matriz (o imagen original). Esta ventana se desplaza (como una convolución) por toda la matriz y realiza cálculos sencillos sobre los datos. Para cada elemento situado bajo la ventana móvil, se toma el valor máximo (Max Pooling), el valor mínimo (Min Pooling) o el valor medio (Average Pooling).

En el siguiente ejemplo, tenemos una ventana de Pooling de 2 x 2 con un tamaño de incremento de 2:

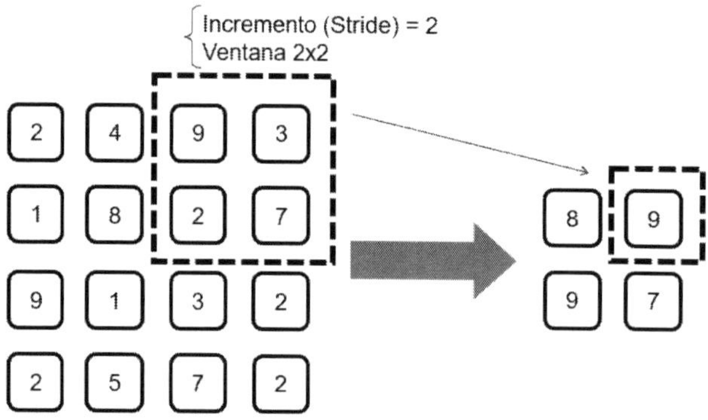

Capa de Pooling

Tenga cuidado, porque este mecanismo reduce considerablemente los datos, por lo que deberá elegir los hiperparámetros (Stride y tamaño de la ventana Pooling) en función de sus necesidades.

4.3.4 Redes neuronales recurrentes (RNN)

Las redes neuronales comentadas hasta ahora, tienen una limitación real que, en algunos casos, es realmente insalvable: no tienen memoria. Son incapaces de recordar estados anteriores. Por supuesto, en algunos casos esto no plantea ningún problema, pero en cuanto se trata de datos temporales o de una sucesión de informaciones (como en el estudio de trayectorias, latidos, etc.), nuestras redes ANN o incluso CNN son incapaces de tomar la decisión correcta, porque no tienen en cuenta la noción de secuencia. Esta noción se plasma en la noción de estados sucesivos. Los resultados se suceden y tienen un impacto progresivo unos sobre otros. Si se plantea una pregunta del tipo: ¿sería posible estimar un volumen de negocios? Sin esta noción de secuencia, es probable que sea un ejercicio complejo y que la estimación final no sea más que una aproximación. En cambio, si conoce los datos de años anteriores, puede apostar a que las predicciones serán mucho mejores.

Por tanto, necesitamos un tipo de red neuronal que tenga en cuenta esta noción de estado y la memorice, lo que es la función de las RNN.

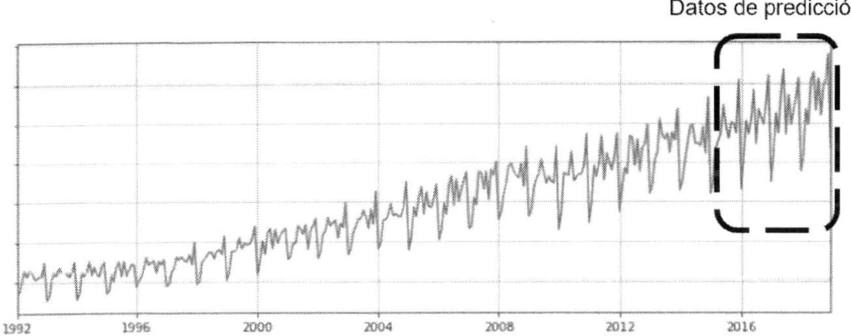

Predicciones sobre datos secuenciales

Para establecer un paralelismo con las CNN, que son eficaces para imágenes bidimensionales, las RNN son más apropiadas para datos secuenciales (como datos de ventas, secuencias de texto, información con fecha y hora, información cardiaca, etc.).

También podemos encontrar esta lógica secuencial en un texto, por ejemplo, si tenemos que completar una frase según su comienzo:

Me llamo Ángel, vivo en Madrid, soy ???

En este caso, cabría esperar que las ??? se completen con "español", pero es imposible adivinarlo si no se conoce el inicio del contexto (en este caso, la frase).

Para crear esta noción de memoria de la neurona de la información pasada, necesitamos hacer que la neurona "conozca" la historia de sus salidas anteriores. La mejor manera de hacerlo es reinyectar los datos de salida en las entradas de la neurona: abandonamos entonces el enfoque Feed Forward inicial de nuestras ANN y CNN para añadir esta recurrencia.

Se crea un nuevo tipo de neurona recurrente.

Las neuronas recurrentes tienen una memoria corta o inmediata. De hecho, son capaces de tener en cuenta los datos que justo les preceden. Pero, ¿qué ocurre cuando necesitamos una memoria más larga, cuando la secuencia ya no es inmediata? Por eso necesitamos añadir nuevas capacidades a las neuronas que componen la red y permitirles almacenar en algún lugar los resultados de su ejecución. Hoy en día, los tipos de neuronas más comunes para gestionar una noción de memoria son las neuronas **LSTM** (*Long Short Term Memory*) y **GRU** (*Gate Recurrent Unit*).

Este tipo de neuronas (mucho más complejas), tendrán la función de desarrollar tanto una memoria corta como una memoria larga para paliar este problema. Son mucho más complejas en su funcionamiento interno, pero también porque disponen de varias puertas (de entrada, de olvido, de salida, de estado, etc.).

4.3.5 Redes de tipo AutoEncoder

Hasta ahora, se podría pensar que, por su propia naturaleza, las redes neuronales están destinadas a utilizarse únicamente en modo supervisado, lo que sería cierto sin tener en cuenta las redes de tipo AutoEncoder. De hecho, estas redes son bastante sencillas y se parecen a las redes de tipo Perceptron multicapa. Una de sus particularidades es que estas redes tienen el mismo número de neuronas de entrada que de salida.

El objetivo es reproducir los datos de entrada en la salida. En otras palabras, crear un sistema descompuesto en dos partes que sea capaz de codificar la información y luego descodificarla para, por supuesto, recuperar la información inicial. Puede sonar extraño, pero si podemos crear un sistema capaz de codificar y luego descodificar cualquier información, podríamos abordar estos casos de uso de forma bastante sencilla:

- Eliminación de ruido (sobre todo en el caso de las imágenes). Este tipo de red puede, por ejemplo, eliminar elementos que no son importantes, como los bordes, o simplemente eliminar partes de las imágenes que no tienen nada que ver con la decisión final (como la identificación de una forma).
- Reducción de la dimensión: al reducir el número de parámetros, podemos seleccionar claramente solo la información importante y, por tanto, filtrar las características que contribuyen a la decisión.

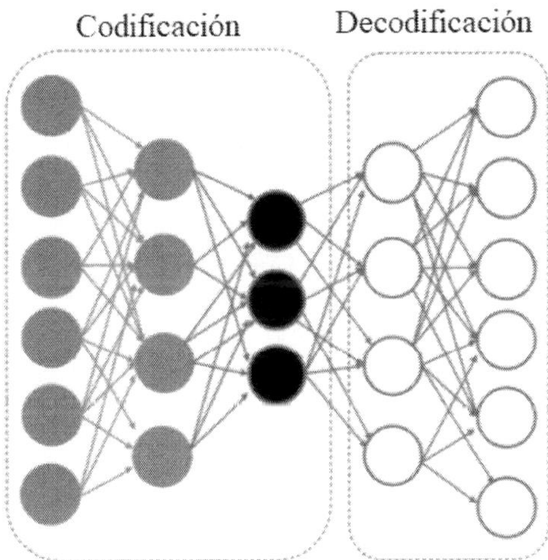

Red AutoEncoder

Así es como funciona:

1. Creamos una red neuronal con el mismo número de entradas y de salidas. Esta red se compone de dos partes distintas: la sección Encoder, que crea un nuevo conjunto de datos reducido al mínimo necesario y la sección Decoder, cuya función es certificar que el Encoder funciona correctamente.

2. Realizamos un aprendizaje en modo supervisado con la salida que es la misma que la entrada (en el caso de la imagen, tomamos exactamente la misma).

3. Una vez finalizado el entrenamiento, puede utilizar la red dividida (Encoder y Decoder) y utilizar únicamente la parte del Encoder.

4.3.6 Redes GAN

Las redes **GAN** (*Generative Adversarial Networks*) utilizan el principio de comparación para generar datos a partir de un modelo de datos existente (y no de un modelo de Machine Learning en este caso). En cierto modo, son redes neuronales creativas.

Estas redes están formadas por dos redes neuronales (o subredes) que trabajan y aprenden juntas:

- **La subred Generadora**: esta parte genera datos aleatoriamente, normalmente a partir de ruido u otras imágenes, y produce una salida. Su objetivo es claramente intentar reproducir una imagen similar a la imagen de entrada (observe que esta subred nunca tendrá acceso a la imagen o los datos originales). Por lo tanto, intenta reproducir la imagen de entrada utilizando los gradientes procedentes del Discriminador. En otras palabras, se beneficiará del aprendizaje del Discriminador para llevar a cabo su contraposición o falsificación.
- **La subred Discriminadora**: esta parte de la red recupera los datos producidos por el processo generador, así como los datos de entrada (normalmente una imagen).

El GAN funciona como un clasificador binario. Las imágenes de entrada se etiquetan como verdaderas y las del processo generador como falsas. Las dos subredes se oponen constantemente (de ahí el nombre GAN), pero también colaboran, en el sentido de que comparten el aprendizaje.

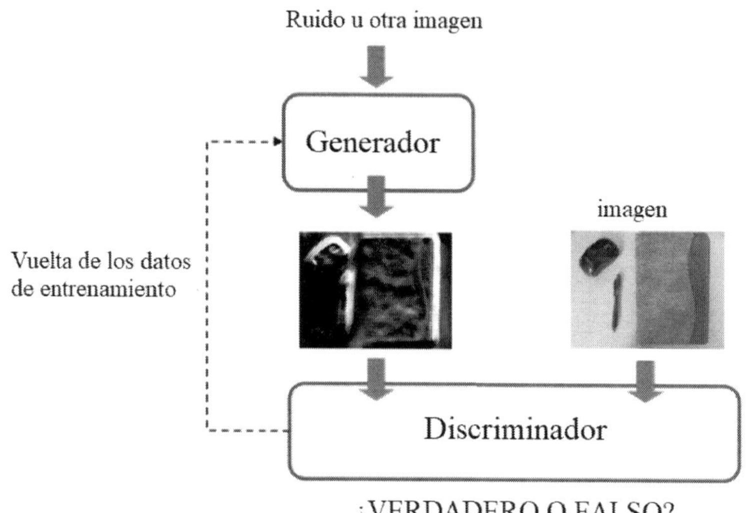

Red GAN

Principio de entrenamiento:

1. Se desactiva la subred Generador y se inicia la subred Discriminador, que analiza y aprende de las imágenes de entrada.

2. El Discriminador se detiene y el Processo Generador se reinicia, produciendo sus propias imágenes.

3. Las imágenes producidas por el Processo Generador (falsificaciones) se envían al Discriminador y se determina si son verdaderas o falsas.

4. Los resultados del aprendizaje se envían de nuevo a la subred Generadora para su mejora y el proceso comienza de nuevo.

De este modo, la red global se puede entrenar para saber qué es verdadero y qué es falso, de manera que tras muchas iteraciones de este tipo, será capaz de reconocer si una imagen es falsa o no.

Los casos de uso son muy variados, sobre todo en multimedia y por ejemplo, se pueden utilizar para la predicción de vídeo (crear o completar un vídeo), mejorar o reconstruir parte de una imagen, crear nuevos productos e incluso, por qué no, generar nuevos textos (historias o descripciones de productos).

4.4 Transfer Learning

Si quiere obtener buenos resultados con una red neuronal, necesita muchos datos, pero también muchos recursos. Como hemos visto, una red neuronal puede tener miles (millones) de parámetros que calcular durante el entrenamiento, por lo que enseguida tendremos que apilar muchas capas en nuestra red neuronal profunda para conseguir la precisión correcta. Del mismo modo, necesita muchos datos para aprender correctamente. Todo esto tiene un coste, que incluye el tiempo de aprendizaje y el consumo de recursos de la máquina. Dicho de otro modo, la cuestión del tiempo y los recursos, así como la elección de los hiperparámetros de la red neuronal, se pueden convertir en un obstáculo para muchos proyectos. Por tanto, la mejor solución es poder reutilizar fragmentos de redes existentes para beneficiarse de su aprendizaje.

Observación

El Transfer Learning ofrece una solución al permitir la reutilización de una parte de una red neuronal que ya ha sido entrenada.

Hay muchas redes neuronales ya disponibles. El principio consiste en recuperar los pesos ya calculados de una red existente (como VGG16, por ejemplo) y añadir nuevas capas para perfeccionarla o especializarla.

En el caso de una CNN, comprendemos rápidamente que reutilizar la detección de ciertas formas puede permitirnos detectar otras nuevas. Imaginemos, por ejemplo, que queremos crear un detector de frutas. No disponemos de ninguna red para ello, pero sí de un conjunto de imágenes de frutas etiquetadas. Si utilizamos una red neuronal existente (como VGG), podemos reutilizar los mecanismos de detección de formas (Feature Map) utilizados por dicha red, además de añadir la capacidad de detectar otras formas, como la fruta.

5. La IA eXplainable

No cabe duda de que hoy en día el Machine Learning da miedo, sobre todo por su lado de caja negra. De hecho, los algoritmos no se basan en un enfoque determinista, sino probabilístico, estadístico o, como en el caso de las redes neuronales, muy matemático. Es un enfoque totalmente nuevo, y que puede resultar desconcertante, sobre todo para los usuarios que siempre ven su decisión o comprensión de un determinado problema en términos de una lógica que parece clara y no siempre, explicable. Seamos claros: a menudo se critica el Machine Learning por su falta de transparencia.

Su utilización y, sobre todo, su aceptación, dependen de la confianza que sus "clientes" depositen en él. Para ganarse esta confianza, es importante poder explicar cómo y por qué un modelo ha tomado una determinada decisión, ya que aunque no exista una respuesta perfecta, hay varias maneras de explicar cómo reacciona un modelo.

5.1 Por qué y cómo explicar un modelo

El método basado en el aprendizaje se aleja completamente de lo que se podría describir como el enfoque tradicional basado en reglas. En muchos casos, este último ha llegado a su límite, ya que con el tiempo se parece más a un cúmulo de excepciones que a reglas bien establecidas y controladas. Por desgracia, esta transparencia heredada de las reglas que conocemos y somos capaces de elaborar rápidamente, no se aplica en el caso del aprendizaje automático. Con el Machine Learning, ahora resulta complejo dibujar y explicar por qué y cómo un modelo ha tomado tal o cual decisión, se trata de un verdadero cambio cultural. Como ocurre con cualquier cambio, se necesita tiempo para que todo el mundo lo acepte, aunque el Machine Learning parece ofrecer infinidad de nuevas perspectivas (ya no se pone en duda su eficacia en determinados campos).

Este enfoque, muy influenciado por las matemáticas (estadística/probabilidad), da miedo porque no siempre entendemos lo que pasa detrás de la escena, aunque los resultados sean a menudo (muy a menudo) pertinentes y justificados. ¿Cómo puede un modelo de Machine Learning tomar las decisiones correctas cuando la lógica que subyace a las elecciones no está claramente expresada? Y, sobre todo, ¿cómo justificar y convencer de la eficacia de un modelo? De ahora en adelante es esencial explicar estos resultados y hacerlos más transparentes.

Es fácil decirlo, pero esto supone un verdadero reto ya que, en el caso de ciertos modelos, encontrar esa explicación es casi imposible. Por el contrario, sí será posible dar información suficiente a los usuarios y expertos empresariales para que puedan entender cómo ha funcionado el modelo. Este es el principio en el que se basa una nueva disciplina relacionada con el Machine Learning: la eXplainable **AI** (o **XAI**).

El principio de XAI es sencillo: en lugar de intentar explicar cómo funciona un modelo (lo que entra más bien en el campo de las matemáticas y, por tanto, no muy "user friendly"), nos centraremos en la influencia de las distintas variables en el modelo para explicar cómo el algoritmo toma sus decisiones. Y la guinda del pastel, dar a los usuarios alguna indicación sobre la influencia de los datos les ayudará a entender mejor el modelo y, por tanto, contribuirá a que confíen en él. Esto también permitirá al Data Scientist optimizar su modelización, con lo que se cierra el círculo.

Al fin y al cabo, esta es la esencia del Machine Learning. La gestión basada en datos implica encontrar los elementos/variables que han llevado a tomar una elección o decisión. Se trata de un reto crucial, ya que combatir el escepticismo sobre el Machine Learning está resultando ser uno de los principales desafíos de los próximos años, y la condición "sine qua non" para que el Machine Learning llegue a todos.

En primer lugar, es importante entender que los algoritmos se pueden dividir en dos familias en relación con la XAI:

- **Modelos Glassbox**: estos modelos proporcionan intrínsecamente la información necesaria para su interpretación.
- **Modelos Blackbox**: estos modelos funcionan como cajas negras, en las que solo se conocen las variables de entrada y salida.

Observación

Incluso hoy en día, debido a su falta de interpretabilidad y a pesar de que su eficacia es muy superior, algunos algoritmos de tipo Blackbox se ignoran deliberadamente. Las empresas prefieren la interpretabilidad a la eficacia.

Un último punto importante que hay que tener en cuenta es la diversidad de opciones y soluciones de interpretación. De hecho, hay muchos enfoques diferentes, que pueden ser complementarios, pero que sobre todo dependen de la necesidad de interpretación y del modelo utilizado.

Antes de embarcarse en la interpretación de un modelo de Machine Learning, es importante plantearse estas preguntas:

- **¿Antes o después de modelizar?** A menudo, un modelo se interpreta después de haber sido modelizado. Por este motivo, pero también debido a los modelos Blackbox, se han desarrollado nuevas soluciones externas independientes de los modelos. Estas soluciones permiten proporcionar un máximo de datos de interpretación totalmente independientes del tipo de modelo elegido. Así pues, se debe preguntar si desea interpretar su modelo antes o después del entrenamiento.
- **¿Datos individuales o conjunto de datos global?** El modelo se puede interpretar en su conjunto o a partir de algunas predicciones.
  - Los **métodos locales** describen el impacto de las características en un nivel de observación.
  - Se dispone de los siguientes métodos/técnicas: PDP, *Accumulated Local Effects* (ALE), Feature Interaction, Permutation Feature Importance, Global Surrogate, etc.
  - Los **métodos globales** describen el impacto de las características en el conjunto de datos.
  - Se pueden encontrar los siguientes métodos/técnicas: LIME, *Individual Conditional Expectation* (ICE), Shapley, SHAP, Counterfactual Explanations, etc.

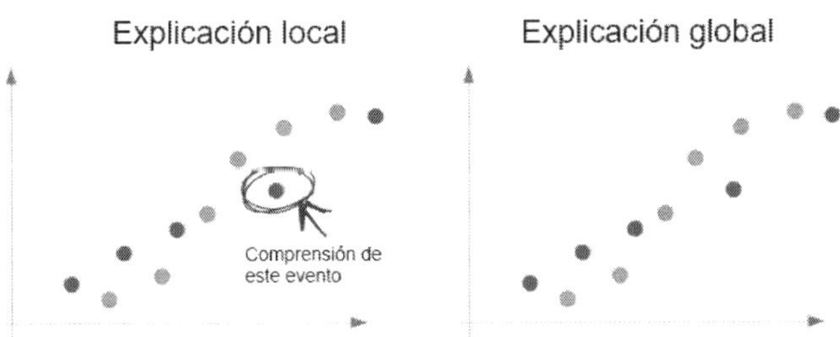

Explicación local vs global

- **¿Resultado vinculado al modelo o agnóstico/independiente?** ¿La interpretación debe ser agnóstica del modelo (y, por tanto, de la modelización) o se debe recuperar la información del modelo (siempre que sea posible), como se ha mencionado anteriormente?

En función de las opciones elegidas, se preferirá una solución determinada, pero también habrá ciertas limitaciones o incluso complementariedades que encontrar entre estos distintos enfoques. En las siguientes secciones, examinaremos brevemente algunas técnicas habituales.

5.2 Algoritmos interpretables

En primer lugar, nos centraremos en los modelos que se pueden interpretar directamente, como la regresión lineal, la regresión logística y Random Forest. Estos algoritmos proporcionan de forma nativa la información necesaria para su interpretación. Esta información determina la importancia de las variables en la decisión final. Sabiendo qué variables influyen realmente en esta elección, es posible ofrecer una explicación empresarial coherente.

La mejor forma de ilustrarlo es con un ejemplo. Tomemos el conocido conjunto de datos Kagglers de precios de la propiedad en California (este conjunto de datos también se proporciona con Google colab). Utilizaremos Python y la librería scikit-learn.

En este problema, el objetivo es predecir el precio de la vivienda en función de distintos criterios. Por tanto, se trata de un problema de tipo regresión supervisada (la etiqueta es la columna median_house_value).

```
from sklearn.model_selection import train_test_split, cross_val_score
from sklearn.preprocessing import StandardScaler
from sklearn.ensemble import RandomForestRegressor

import matplotlib.pyplot as plt
import pandas as pd
from google.colab import data_table

train = pd.read_csv('/content/sample_data/
california_housing_train.csv')
test = pd.read_csv('/content/sample_data/california_housing_test.csv')
all_data = pd.concat([train, test], axis=0)
```

En este ejemplo, concatenamos los conjuntos de datos de entrenamiento y de prueba (lo que puede horrorizar a algunas personas). Pero no se preocupe, porque volveremos a dividirlo todo más adelante, solo lo hacemos para poder comprobar la calidad de los datos en una sola ejecución.

En primer lugar, examinamos la distribución de los datos:

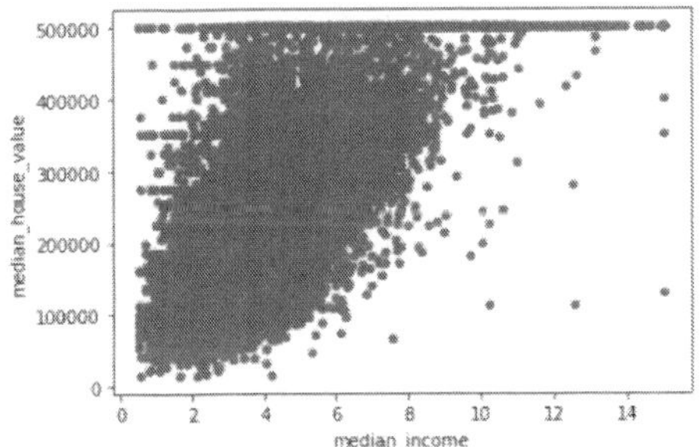

Correlación entre median_income y median_house_value

Podemos observar una ligera correlación (aunque relativamente distante) entre las dos variables: `median_income` y `median_house_value`. Por tanto, este conjunto de datos parece un buen candidato para la regresión lineal univariante entre estas dos variables.

Ahora vamos a realizar unos sencillos pasos de preparación de datos (y sobre todo, en este caso, una operación de escalado):

```
scaler = StandardScaler()
def prepare_data(data, scale=True):
  names = data.columns
  if (scale == True):
    scaled_data = scaler.fit_transform(data)
    data = pd.DataFrame(scaled_data, columns=names)
  y_label = ["median_house_value"]
  X = data[names]
  del X["median_house_value"]
  y = data[y_label]
  x_train,x_test,y_train,y_test=train_test_split(X, y,
test_size=0.2, random_state=1)
  return x_train,x_test,y_train,y_test
x_train, x_test, y_train, y_test = prepare_data(all_data)
```

A continuación, veremos cómo funciona con un algoritmo Random Forest:

```
model_2_rforest = RandomForestRegressor()
model_2_rforest.fit(x_train, y_train)
print(f"Score / training data:
{round(model_2_rforest.score(x_train, y_train)*100, 1)} %")
print(f"Score / test data:
{round(model_2_rforest.score(x_test, y_test)*100, 1)} %")
```

```
Score/training data: 97,5 %

Score/test data: 81,0 %
```

Observación

Una puntuación importante. Por otro lado, es posible que nos encontremos ante un caso de Over-Fitting ya que las puntuaciones de los juegos de datos de entrenamiento y de prueba están demasiado alejadas, con un claro descenso en el juego de datos de prueba.

Veamos ahora cómo ha influido cada variable en el modelo, utilizando los datos que proporciona el propio modelo:

```
def display_feat_imp_rforest(rforest):
  feat_imp = rforest.feature_importances_
  df_featimp = pd.DataFrame(feat_imp, columns = {"Feature Importance"})
  df_featimp["Feature Name"] = x_train.columns
  df_featimp = df_featimp.sort_values(by="Feature Importance",
ascending=False)
  print(df_featimp)
  df_featimp.plot.barh(y="Feature Importance", x="Feature Name",
title="Feature importance", color="red")
display_feat_imp_rforest(model_2_rforest)
```

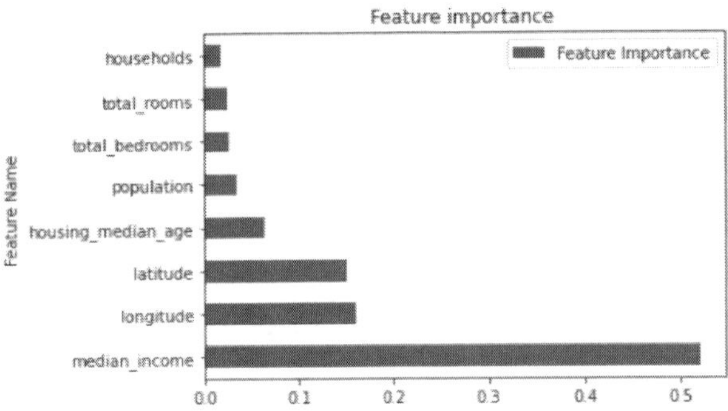

Importancia de las variables en el modelo

La variable (columna) median_income es claramente la más influyente en la obtención de este resultado. A continuación, vemos que las coordenadas geográficas también tienen una influencia significativa (negativa) en el resultado, lo que en este caso parece bastante lógico.

5.3 LIME

LIME, siglas de *Local Interpretable Model-Agnostic Explanations*, es una herramienta externa de interpretación de modelos de Machine Learning. Se trata de una solución que puede funcionar con cualquier tipo de modelo (modo agnóstico) y que trabaja a nivel individual. Su principio es sencillo y se asemeja a la reproducción microscópica de un fenómeno macroscópico para simplificar la comprensión de un modelo.

Así funciona LIME:

- A partir de un determinado individuo, LIME generará aleatoriamente otros individuos nuevos, fuera por supuesto del conjunto de datos de origen, pero próximos al individuo inicial.
- A continuación, LIME ponderará estos individuos (generados) en función de su proximidad al individuo inicial.

- Por último, LIME construye un modelo lineal a partir de los datos calculados. Debido a que los datos están muy próximos, ya no es un problema utilizar un modelo interpretable, porque ahora trabajamos a nivel microscópico.

Por tanto, este último modelo (lineal) es sencillo y fácil de entender y permite a LIME devolver información sobre la interpretación del modelo de forma microlocalizada.

A continuación, se muestra un ejemplo del resultado obtenido por LIME en el conjunto de datos inmobiliarios de California:

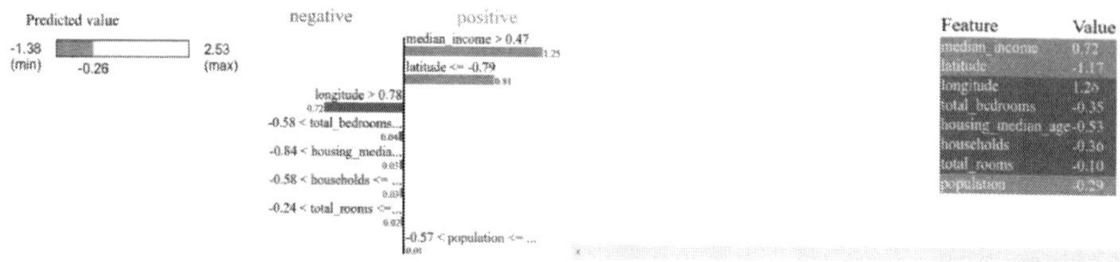

Restitución LIME

5.4 SHAP

SHAP es un algoritmo creado en 2017 por Lundberg y Lee y significa *SHapley Additive exPlanations*. Este algoritmo (que funciona con un método local) se basa en los valores de Shapley, que es un enfoque muy utilizado en la teoría de juegos. Los valores de Shapley miden la contribución al resultado final de cada característica por separado, de todos los datos de entrada.

En términos prácticos, un valor Shapely se utiliza para entender cómo se calcula un valor previsto a partir de las variables de entrada. Para ello, el algoritmo distribuirá equitativamente las ganancias y los costes (véase la teoría de juegos) entre las distintas variables, en relación con una decisión/elección. Dado que cada variable contribuye de forma diferente a la decisión final, el valor de Shapley garantiza que cada variable o característica reciba una parte equitativa en función de su contribución.

El enfoque SHAP es aditivo, lo que significa que una predicción se puede escribir como la suma de los distintos efectos de las variables, añadidos a la media de todas las predicciones del conjunto de datos.

5.5 PDP

PDP, acrónimo de *Partial Dependence Plot*, es un método para la interpretabilidad global de un modelo de Machine Learning. Por lo tanto, se trata de un método que pretende ofrecer una explicación completa de todo el conjunto de datos. PDP describe la contribución de las distintas variables o características al valor predicho del modelo, marginando los valores de todas las demás características de entrada (características "complementarias").

Capítulo 7
Principales soluciones de gestión de datos

1. Introducción

En los capítulos anteriores hemos examinado las principales herramientas o soluciones para acceder a los datos, moverlos, analizarlos, rectificarlos, almacenarlos y añadirles valor. Hay muchos enfoques diferentes que se pueden utilizar para abordar las distintas naturalezas y características de los datos y, sobre todo, para satisfacer necesidades múltiples y diversas.

Así pues, disponemos de un conjunto de herramientas y soluciones lo suficientemente completo como para responder a prácticamente todos los casos de uso de datos. Por otra parte, aunque las posibilidades de entrelazar estas herramientas y soluciones son prácticamente infinitas, existen algunos patrones clásicos de arquitectura de datos, como:

- Data Warehouse (o almacén de datos),
- Data Lake,
- soluciones de repositorio o MDM (Master Data Management),
- Data Hub,
- Herramientas EDI.

2. El Data Warehouse

El Data Warehouse responde claramente a las necesidades de análisis de datos (Analytics). Es lo contrario de las aplicaciones o plataformas de intercambio de datos como el Data Hub, más orientadas a la gestión de datos operativos (datos calientes). La diferencia es significativa, ya que el objetivo de este tipo de almacenamiento de información es permitir a los usuarios analizar datos fríos (estables) para que puedan deducir tendencias, comprender acontecimientos pasados y, por qué no, hacer predicciones.

El almacén de datos tiene un nombre muy apropiado, ya que su propósito es almacenar datos estratégicos en un espacio gigante para su posterior análisis. Por tanto, los datos operativos se copiarán en él de forma regular, construyendo un historial de datos accesible. La consecuencia inmediata es que este almacén crecerá en volumen, y es en esta acumulación de datos donde reside su riqueza. Otra característica real del Data Warehouse es que los datos que se introducen en él nunca se modifican. En realidad, lo único que se hace es añadir información. Nunca borrará físicamente datos de la base de datos, sino que será preferible borrarlos de manera lógica (mediante una marca), por ejemplo.

Además de estas características ligadas al almacenamiento de datos (volumen e inserción por sí sola), hay una tercera propiedad esencial que tendrá consecuencias estructurales: la capacidad de realizar consultas eficaces (mediante herramientas analíticas) sobre los datos almacenados. Desde una perspectiva más analítica que operativa, cabe pensar que el tiempo de respuesta ya no será siempre el factor más importante. Teniendo en cuenta que el tiempo de respuesta de un análisis es diferente del que se espera en una aplicación operativa, los analistas no van a esperar varios minutos o incluso horas para obtener sus resultados. La escala de valores de los tiempos de respuesta no es la misma, como tampoco lo son los volúmenes almacenados. En un almacén de datos, los volúmenes de datos pueden estallar rápidamente (alcanzando varios Tera Bytes, o incluso más) lo que es un parámetro importante a tener en cuenta, ya que es vital que cada consulta tenga los tiempos de respuesta correctos.

2.1 Principios generales de cargar de un Data Warehouse

La carga de un almacén de datos también es un verdadero problema. Dadas las cantidades de datos y las limitaciones de los distintos sistemas implicados (a menudo operativos y heterogéneos) en la fase previa, es importante disponer de una solución adaptada. Las empresas utilizan generalmente un ETL o un ELT para efectuar estas cargas. A este respecto, hay que señalar que estas cargas se realizan a menudo por batch (lotes), por la noche y/o los fines de semana, para, por ejemplo, cargar todos los datos operativos del día (como las transacciones). Como los datos son a menudo interdependientes, es raro que todas las cargas se realicen a la vez, y a menudo es imprescindible cargar algunos conjuntos de datos antes que otros. Además, como veremos enseguida, hay que respetar las etapas de carga. Por todas estas razones, los equipos que gestionan el Data Warehouse definen un calendario de carga con "ventanas de entradas" en las que se realizan las distintas cargas.

A continuación, se muestran las principales etapas, distintas y secuenciales, de la carga de un Data Warehouse (véase el diagrama siguiente):

- Zona de **Staging** (temporal): su función es recoger los datos en bruto (es decir, sin transformar). La zona de staging refleja la estructura de los datos de origen. Aquí estamos en un modo puramente replicativo, de la fuente a la zona de preparación. La única transformación permitida es el filtrado de los datos (en columnas y/o filas).
- El **ODS** (*Operational Data Store*): en esta etapa intermedia se archivan los datos que se han importado a lo largo de varias cargas. Esta etapa puede implicar transformaciones complejas, generalmente realizadas por un ETL. Esta zona también tiene la virtud de armonizar datos que pueden llegar (a lo largo de varias importaciones) con latencias diferentes.
- El **Data Warehouse** propiamente dicho, compuesto por varios **Data Marts**. Estos Data Marts son el corazón del almacén de datos y almacenarán los datos listos para ser consumidos por el analista. Es interesante señalar aquí que puede haber varias agregaciones posibles para los mismos datos.

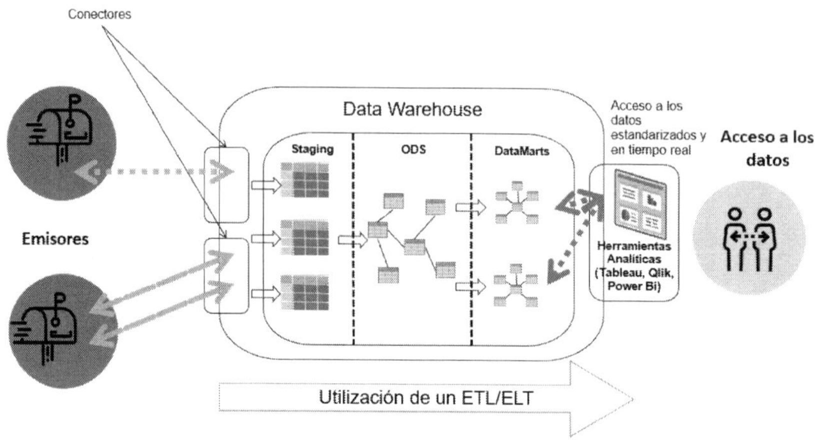

Principio de carga de un Data Warehouse

Es importante mencionar que cada una de estas etapas debe disponer de su propia área de almacenamiento temporal o permanente, lo que es un parámetro que también se debe tener en cuenta a la hora de diseñar el Data Warehouse.

Por supuesto, existen muchas variantes de este tipo de arquitectura, en particular las que incluyen la inserción de zonas intermedias entre el SAD y el Data Mart, lo que permite desplegar almacenes de datos tanto en modo central como departamental. También es posible cargar un Data Warehouse de forma periódica: es lo que se conoce como **Real Time Data Warehouse**. Al final, y con el tiempo, las empresas suelen adoptar un enfoque híbrido de carga por batchs y en tiempo real. Esto reduce considerablemente la duración de las ventanas de carga por batchs, a la vez que garantiza la coherencia y la exhaustividad de los datos cargados.

2.2 Modelización

Dadas las limitaciones (sobre todo las relativas a los volúmenes), resulta esencial modelizar los datos de otra forma. Cuando modelamos los datos correctamente, generalmente respetamos, al menos, la tercera forma normal (3FN). Esto garantiza que los datos del modelo sean coherentes y no se dupliquen, pero a su vez también añade un muchos nuevos enlaces y tablas al modelo. Por desgracia, cuando se consultan datos voluminosos, recorrer varias tablas rápidamente resulta muy costoso en tiempo y recursos.

Por lo tanto, habrá que **desnormalizar el modelo** para que se ajuste a la forma en que se va a utilizar y no a la forma en que debería estructurarse lógicamente.

Esto es lo que se conoce como **modelización en estrella (Star Schema)**, porque a la vez que se olvida la tercera forma normal, se duplican ciertos datos para que se adapten mejor a la forma en que se van a consultar (mediante consultas SQL). Para ello, vamos a centrarnos en el objeto en sí de estas consultas, que llamamos hecho o fact. Un hecho puede ser un importe, un impuesto o una medida. Se trata de un dato continuo (variable) que se puede utilizar para medir algo. Por supuesto, es posible agrupar varios hechos relacionados en una tabla de hechos.

Una línea de la tabla de hechos representa una medida.

Cada medición se debe almacenar con la misma granularidad.

Una vez que sabemos en qué aspecto funcional se centrará el análisis, tenemos que definir todos sus ejes. Los distintos ejes de análisis de un mismo hecho se denominan dimensiones y se almacenarán en tablas satélite. Por ejemplo, una cifra de ventas (el hecho) se puede estudiar en función de distintas dimensiones, como la fecha, la ubicación de las tiendas, el personal de ventas, etc.

Gracias a este modelo en estrella, basta con agregar los datos para recuperar (por ejemplo) la suma de las ventas por región y a lo largo del mes de abril, mediante consultas sencillas y menos costosas para una base de datos. Al agregar estas cifras, por supuesto cambiamos el nivel de granularidad.

Cada dimensión está representada por una nueva tabla.

Para cada dimensión, se crea una clave extranjera en la tabla de hechos.

A continuación, se muestra un ejemplo muy sencillo de un modelo en estrella que almacena los importes de los pedidos y las reducciones (tabla de hechos) por Vendedor, Pedido, Producto, Empresa (dimensiones):

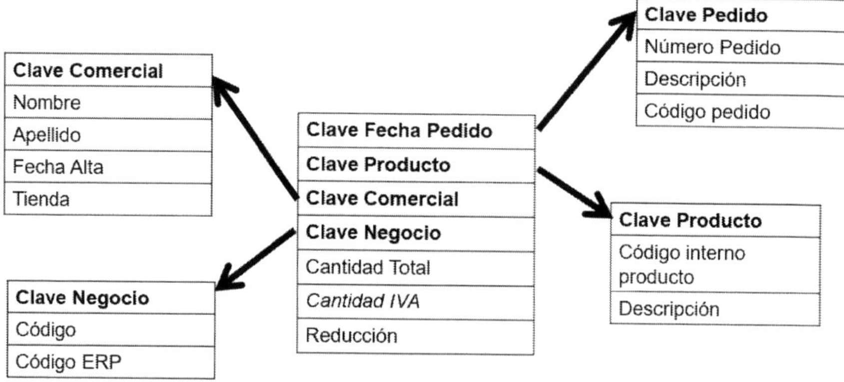

Ejemplo de modelo de estrella

2.3 Data Marts

Acabamos de ver que la modelización en un Data Warehouse no se debe guiar por la estructura funcional, sino por la forma de consultar los datos. Esto también significa que, muchas veces, la información se tendrá que duplicar antes de ponerla a disposición de los analistas. Muy a menudo, el almacén de datos se tendrá que subdividir en varios conjuntos (según la definición de Ralph Kimball, que no se debe confundir con la de Bill Inmon, que define el Data Mart como el flujo de datos del almacén). Cada subconjunto se utiliza para analizar un aspecto funcional concreto, o simplemente para ofrecer los mismos datos, pero con granularidades diferentes (por ejemplo, tablas preagregadas de ventas por año, mes, etc.). Esta subdivisión se denomina Data Mart.

En un Data Mart se pueden encontrar uno o varios modelos en estrella, correspondientes a estas vistas funcionales.

Algunos ejemplos de Data Marts:

- Data Marts de recursos humanos
- Data Marts de ventas (comercial)
- Data Marts sobre movimientos de stock
- etc.

2.4 Los cubos/OLAP

No hay que confundir Cubo y Data Mart. Mientras que el segundo permite modelar y organizar los datos en un almacén de datos, el primero permite preguntar por estos datos. Es lo que se conoce como análisis multidimensional y está disponible a través de la tecnología **OLAP** (*OnLine Analytical Processing*).

Por tanto, un cubo OLAP es una base de datos multidimensional diseñada y pensada para responder a los análisis de forma reactiva y flexible. Como SQL ya no es realmente adecuado, hubo que crear un lenguaje específico de consulta de datos: **MDX** (*Multi Dimensional eXpressions*). Este lenguaje, creado originalmente por Microsoft en los años 90, se ha convertido poco a poco en la norma.

Hoy en día, aunque esta tecnología está perdiendo claramente terreno en el mercado, existen varios tipos de soluciones OLAP:

- **MOLAP** (*Multidimentional OnLine Analytical Processing*): para modelizar datos de un entorno multidimensional. Esto significa que los datos procedentes de bases de datos relacionales, se deben trasladar al cubo utilizando este tipo de solución. Muy a menudo, el formato de almacenamiento de estas soluciones es propietario y se imponen los modos de carga en los cubos.
- **ROLAP** (*Relational OnLine Analytical Processing*): para acceder directamente a los datos almacenados en bases de datos relacionales. La solución ROLAP se basa entonces en SQL, lo que en algunos casos puede suponer un verdadero inconveniente en términos de rendimiento.

- **HTAP** (*Hybrid Transaction Analytical Processing*): este tipo de solución (en memoria) más reciente permite gestionar datos OLTP y OLAP.

3. Data Lake

Un **lago de datos** (*Data Lake*) es un espacio de almacenamiento generalizado para toda la empresa. Su objetivo es permitir la agregación de datos de cualquier tipo, en cualquier momento y sin límites reales. Por lo tanto, un Data Lake debe permitir y facilitar la ingestión y el almacenamiento de todo tipo de datos, ya sean estructurados, semiestructurados o no estructurados. Asimismo, debe ser muy flexible por lo que la consecuencia inmediata de esta condición, es que no se impone ninguna modelización.

Así pues, no hay esquema de almacenamiento ni normalización de datos, y los flujos de datos entrantes se limitan a depositar sus datos en el Data Lake. Por tanto, la fase de integración se simplifica enormemente desde el punto de vista del control, aunque se tenga que hacer frente a la limitación del volumen. Además, el Data Lake debe ofrecer a los usuarios una serie de herramientas para encontrar, procesar y transformar la información depositada, a menudo en bruto.

El verdadero inconveniente de esta flexibilidad es que el Data Lake se puede convertir rápidamente en un caos. De hecho, como no hay una catalogación estricta de los datos entrantes, el Data Lake pronto puede contener datos duplicados, incoherentes o, peor aún, totalmente desconocidos (o por lo pronto datos cuyo significado u origen nadie conoce). Es también por este motivo que las soluciones suelen estar muy bien equipadas en términos de análisis de datos (Profiling), catalogación y, por supuesto, gestión.

3.1 El lago de datos

Mucha gente confunde Data Lake con Data Warehouse. O lo que es peor, no es raro leer o escuchar que se puede utilizar un lago de datos como un almacén de datos. Si bien es cierto que ambos permiten almacenar grandes volúmenes de datos, una vez más, su naturaleza es muy diferente.

El almacén de datos requiere previamente muchas transformaciones de los datos operacionales (durante la carga por batchs, que suelen ser muy largos), con el fin de ofrecer datos listos para su uso. De este modo, los datos están disponibles para el análisis y los cuadros de mando que, a menudo, ya están preparados para ello. Aunque esta estructura es indispensable (en particular, para las herramientas analíticas), por desgracia también es el talón de Aquiles de los almacenes de datos en términos de agilidad y, por tanto, de costes de mantenimiento.

En cambio, el lago de datos no requiere ninguna transformación previa y almacena datos operativos en bruto. La introducción de estos datos operativos, que además puede tener lugar de forma periódica (es decir, a medida que suceden), arroja nueva luz sobre las capacidades de análisis de datos. Este toque operativo, que también permite al lago de datos interactuar bidireccionalmente con sistemas externos, hace que los lagos de datos sean cada vez más populares entre las empresas. Sin embargo, esta agilidad recién descubierta tiene un gran inconveniente: corresponde a los consumidores de datos (Data Engineer, Data Scientists o incluso analistas de negocio) llevar a cabo el trabajo de transformación. Por supuesto, esto es posible gracias a lenguajes como Python y R, aunque estas tareas se han vuelto más accesibles con la aparición y democratización de **herramientas de preparación** de datos (como Alteryx o KNIME, por ejemplo), que a menudo son soluciones no code o low code.

3.2 Base tecnológica

Los lagos de datos nacieron con la tecnología Hadoop. De hecho, Hadoop se diseñó precisamente para responder a los retos de los Data Lake, es decir, para absorber y almacenar grandes volúmenes de datos (HDFS) de todo tipo y, a continuación, permitir el análisis y las distintas transformaciones (MapReduce, Spark, etc.) necesarias para explotarlos.

Hoy en día, puede encontrar en la nube un gran número de soluciones listas para usar para gestionar un Data Lake de la A a la Z. La ventaja de este enfoque es que permite gestionar el aprovisionamiento de los recursos que se necesitarán de forma muy sencilla y flexible. Además, la mayoría de las plataformas en la nube ofrecen hoy muchas herramientas satélite para gestionar y analizar los datos almacenados.

Ejemplos de plataformas en la nube: Google Cloud, Microsoft Azure, etc.

3.3 ¿Lago o almacén de datos?

¿Data Lake o Data Warehouse? Algunas veces, dependiendo de la aplicación, puede haber confusión y dudas sobre las diferencias entre ambos. Por supuesto, los dos abordan la cuestión del Big Data y, por tanto, permiten almacenar datos de forma masiva, pero en realidad son dos enfoques muy diferentes del almacenamiento. De hecho, lo único que tienen en común es su capacidad para almacenar muchos datos, nada más.

Hay que tener en cuenta los siguientes puntos:

- **Los almacenes de datos** (o *Data Warehouse*) están diseñados para que los datos estén disponibles con fines analíticos (apoyo a la toma de decisiones). Estos Data Warehouse existen desde hace mucho tiempo, están estructurados y, por tanto, son poco ágiles.
- **Los lagos de datos** (o *Data Lake*), que surgieron con la llegada del Big Data, están diseñados para almacenar y poner a disposición datos en bruto en todas sus formas, independientemente de su latencia. Sin embargo, sin gestión, los Data Lakes pueden convertirse rápidamente en un caos.

4. El repositorio (MDM)

4.1 Introducción

Abordar los repositorios empresariales es como tocar el Santo Grial de la gestión de los datos de referencia. No olvidemos la idea principal que subyace a la gestión de los datos: garantizar la fiabilidad y el control de la gestión de los datos y su conocimiento, a lo largo del tiempo. Ya hemos visto cómo las soluciones de gestión permiten cartografiar, auditar y comprender mejor los datos a medida que se almacenan en el sistema de información. También hemos analizado los recursos que hay que poner en marcha para poder ofrecer datos de calidad, en los que se pueda confiar en todo momento. A pesar de todas estas iniciativas, pronto nos damos cuenta de que es realmente complejo, si no imposible, controlar el crecimiento de datos procedentes de múltiples fuentes operativas (como Big Data, sensores, IOT, logs, etc.). Por lo tanto, nos enfrentamos a un gran reto global, que consiste en dominar estos datos. Para lograrlo, merece la pena empezar por una parte de ellos. ¿Por qué no empezar por controlar la más estable y constante, es decir, los datos de referencia?

A diferencia de los datos transaccionales u operativos, los datos de referencia constituyen una base de datos básicos en la que las aplicaciones operativas y de inteligencia empresarial pueden y deben confiar plenamente. Por tanto, los datos de referencia son el denominador común de los datos corporativos. Están destinados a ser compartidos y reutilizados por varios sistemas y varias organizaciones internas.

Por ejemplo, una factura. Una factura es un conjunto de datos operativos como la fecha de facturación, el importe y las cantidades. Pero nuestra factura también utiliza otros datos, como las referencias y descripciones de los productos adquiridos, información sobre el proveedor, etc. Por supuesto, esta información de referencia puede ser reutilizada por otras aplicaciones (ajenas a la facturación), como la gestión de stocks, etc.

Por tanto, el MDM (Master Data Management) es un medio o solución para gestionar datos de referencia, a menudo con fines interfuncionales.

Históricamente, las soluciones MDM se han dividido en dos tipos. Hay que decir que cuando MDM se desarrolló por primera vez, estos dos tipos de información estaban (y siguen estando) en el centro de los principales retos a los que se enfrentan las empresas.

- **CDI** (*Customer Data Information*): este tipo de solución se centra en la consolidación de datos de referencia sobre terceros o personas físicas (jurídicas y/ o físicas).
- **PIM** (*Product Information Management*): estas soluciones permiten gestionar de forma centralizada la información sobre los productos.

Hay que tener en cuenta que la gran variedad de necesidades y expectativas en función del tipo de datos que se trate, hacen que la flexibilidad sea una cuestión importante para cualquier proveedor de MDM. Por ello, estas soluciones han evolucionado considerablemente, ganando en flexibilidad y madurez, siendo ahora capaces de gestionar todo tipo de datos de referencia. Son las llamadas soluciones multi**dominio** (por ejemplo, Informatica, Stibo, Tibco EBX, Riversand).

Además, la creación de reglas de limpieza para datos de productos y datos de terceros difiere completamente, al igual que los procesos que los gestionan. Los datos de los empleados y los datos de los productos suelen proceder de una única fuente y se gestionan de forma centralizada, mientras que los datos de los clientes y los posibles clientes se deben gestionar de forma más reactiva, ya que suelen proceder de multitud de fuentes distintas. Las soluciones MDM denominadas multidominio, tienen en cuenta estas diferencias y proporcionan una plataforma flexible y agnóstica para modelar y describir las relaciones y los procesos de gestión de datos, dentro de una estructura lógica y orientada al negocio.

A medida que las empresas amplían sus necesidades más allá de los límites tradicionales de Cliente y Producto para englobar a la Organización, al Empleado o sectores específicos como I+D o la gestión de datos de pruebas, el enfoque flexible y agnóstico de una solución MDM puede simplificar estas ampliaciones, incluso en las áreas más complejas. Además, esta extensibilidad permite enriquecer considerablemente la información básica del repositorio: es lo que se conoce como una visión de 360° (del cliente o del producto).

Un MDM no es solo una herramienta para agregar datos de referencia, sino que también tiene que dar vida a esos datos. Por tanto, es igual de esencial gestionar de forma sencilla la secuencia de tareas empresariales sobre los datos operados (entre otros) por los Data Steward. Estos procesos empresariales, o Workflows, también se deben poder configurar de forma sencilla o integrarse perfectamente en las soluciones para describir las necesidades específicas de una actividad concreta.

Las soluciones MDM suelen ofrecer una interfaz de usuario bien equipada, que permite al administrador de datos (o Data Steward) gestionar los ciclos de vida de creación y aprobación de datos, algunas veces complejos. Esta interfaz también se puede utilizar para gestionar anomalías y poner de relieve posibles duplicados.

Observación

Este tipo de aplicación es absolutamente indispensable a la hora de implantar soluciones MDM centralizadas.

La flexibilidad del sistema de de una solución MDM para implementar vínculos entre entidades, permite establecer y gestionar relaciones críticas. En su forma más simple, se trata de jerarquías de empresas, productos, listas de piezas o cualquier otro conjunto de objetos empresariales que se puedan vincular entre sí mediante un sistema relacional.

Por extensión, las soluciones MDM también son capaces de poner de relieve los vínculos complejos que existan (por ejemplo, entre un producto y quienes lo consumen, así como los contratos vigentes) para gestionar las relaciones comerciales. También permiten tener en cuenta la modelización de entidades complejas, como fábricas y centros de distribución, que se encuentran en la Supply Chain. Todas estas entidades están vinculadas a proveedores y suministran bienes a los empleados que trabajan en esas instalaciones. En resumen, las relaciones pronto se pueden volver complejas, y la modelización debe ser capaz de responder a este reto.

La gestión de datos de referencia es realmente eficaz solo si los datos pertinentes se facilitan en el momento oportuno y en el formato adecuado. Tomando como ejemplo un repositorio de clientes, la solución MDM debe permitir a la fuerza de ventas interactuar con todos los datos de los proveedores, utilizando sus interfaces empresariales. Los departamentos de ventas y marketing, por su parte, controlan la pertinencia de las ofertas promocionales, a través de su sistema específico de gestión de ofertas promocionales. Cada uno tiene sus propios requisitos y necesidades, pero todos apuntan al mismo repositorio corporativo.

Cuando las soluciones MDM modernas se basan totalmente en modelos y ofrecen una arquitectura flexible que se adapta a todas las necesidades empresariales, se conocen como multi**dominio**. Estas soluciones permiten empezar desde cero a la hora de modelizar, lo que supone una auténtica ventaja.

Otras soluciones (no multidominio) se centran en un tipo concreto de datos de referencia. Muy a menudo, al convertirse en ultra-especialistas en este campo, se convierten en una aplicación empresarial por derecho propio. Por supuesto, también permiten modelizar, o más bien adaptar, el trabajo con los datos de referencia que gestionan. Sin embargo, esta modelización tiene ciertas limitaciones. En lugar de una página en blanco, estamos adaptando un modelo existente. Es parecido a los CRM modernos, que se concibieron para gestionar un repositorio de clientes y que hoy en día se ha convertido en verdaderas aplicaciones operacionales.

Un último punto importante sobre las soluciones MDM se refiere a sus capacidades de tipo Hub. Estas soluciones deben hacer que los datos sean fiables gestionando su calidad, mucho antes de que lleguen al sistema. Además, los sistemas son múltiples y diversos en cuanto a datos y latencia. Los datos se suelen integrar en la solución MDM en modo batch o mini-batch, pero también puede hacerse en tiempo real. Esto ofrece una gran flexibilidad en la forma de alimentar los sistemas de inteligencia empresarial, para los usuarios empresariales y de sistemas operativos.

4.2 Arquitecturas MDM

Existen cuatro tipos de arquitectura de soluciones MDM:

4.2.1 Soluciones analíticas o de consolidación

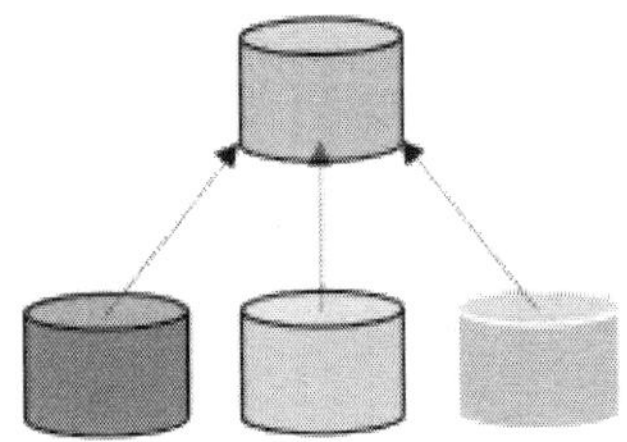

Este tipo de arquitectura permite consolidar los datos de referencia en un único punto. En este sentido, las arquitecturas de consolidación actúan como un centro de datos unidireccional.

Ofrecen procesos de integración que a veces pueden ser complejos e incluso personalizados, y a los que a menudo es posible añadir funciones de calidad de datos como la eliminación de duplicados, la transcodificación, etc.

Este tipo de arquitectura se caracteriza por una serie de rasgos:

- Se utiliza para consolidar datos dentro de un almacén de datos (normalmente para gestionar las dimensiones de un Data Mart).
- Permite eliminar duplicados de datos procedentes de fuentes distintas.
- Permite limpiar los datos de referencia antes de integrarlos en el repositorio.
- No repercute en los sistemas existentes y, por tanto, no mejora los procesos operativos.
- Del mismo modo, no modifica las fuentes de datos.

4.2.2 Arquitecturas de tipo Registro

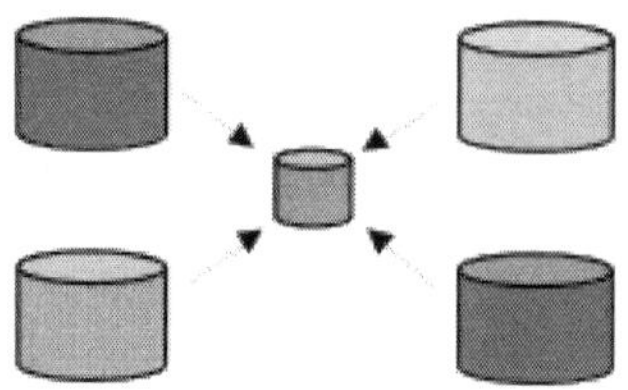

Este tipo de arquitectura es muy especial, ya que la solución no almacena los datos de referencia, sino que gestiona los punteros a estos datos. Por lo tanto, su funcionamiento es, en principio, extremadamente sencillo y se puede comparar al índice de un libro (con la salvedad de que el libro tiene el contenido).

Este tipo de arquitectura se caracteriza por una serie de rasgos:

- Se utiliza para identificar posibles relaciones/identidades de diferentes sistemas (o incluso correlaciones entre datos similares).
- Crea y mantiene relaciones dentro de un repositorio.
- Generalmente ofrece un potente motor de búsqueda de datos de referencia entre sistemas.
- Es un planteamiento flexible y rápido de aplicar.
- No repercute en los sistemas existentes, y por tanto no modifica las fuentes de datos.

4.2.3 Soluciones de coexistencia

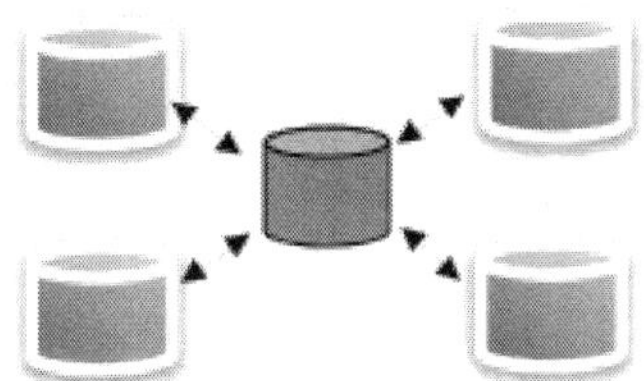

Las arquitecturas de tipo coexistencia suelen ser las más avanzadas, ya que permiten integrar datos de referencia de múltiples fuentes, así como distribuir información de referencia que ha sido procesada y marcada como fiable.

Este tipo de arquitectura se caracteriza por una serie de rasgos:

- Consolida los datos en un repositorio para uso analítico y operativo.
- Elimina duplicados de datos y crea registros compuestos.
- Sincroniza y propaga los datos hacia arriba y hacia abajo (actualización de los sistemas fuente y del repositorio).
- Se asocia a los procesos empresariales y a la gestión de datos.

4.2.4 Soluciones centralizadas

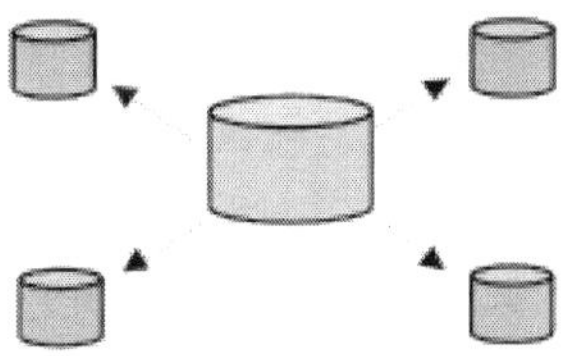

Las arquitecturas centralizadas, como su nombre indica, concentran todos los datos exclusivamente en el repositorio (MDM). En otras palabras, corresponde al repositorio suministrar los datos de referencia a los demás sistemas o aplicaciones (intercambio unidireccional). En este tipo de arquitectura, muchas veces se proporciona una interfaz de gestión de datos de referencia para introducirlos.

Este tipo de arquitectura se caracteriza por una serie de rasgos:

- El MDM se convierte en la única fuente de referencia.
- Los registros nuevos o modificados se deben crear en este repositorio (y solo en él).
- Sincroniza y propaga los datos hacia abajo (actualización de los sistemas de origen).
- Simplifica la gestión de los datos.
- Todas las aplicaciones originales deben delegar en el repositorio las nuevas adiciones y modificaciones.

4.3 Principales funciones del MDM multidominio

A continuación, se ofrece una visión general de las principales funciones que ofrecen las soluciones MDM multidominio del mercado actual:

- modelización flexible,
- suministro flexible (por batchs, en tiempo real, poco a poco),
- gestión de la traza de auditoría (historización),
- trazabilidad de los datos originales,
- funciones integradas de calidad de datos,
- comunicación y publicación de datos,
- acceso y seguridad de los datos,
- funciones de gestión ampliadas (como la gestión de workflows, una interfaz específica, etc.),
- visualización de datos (cuadros de mando, etc.),
- funciones de búsqueda (Full text o por criterios).

4.3.1 Modelización

Todas las soluciones MDM se basan en un modelo de datos que representa el repositorio tal y como se debe utilizar en la empresa.

Existen dos tipos de modelización:

- La **modelización de los datos del repositorio**, que es en cierto modo la modelización organizativa de los datos (lo que está más en la línea del modo de almacenamiento en el MDM).
- La **modelización funcional** (conocida como jerarquías), que define los vínculos funcionales entre estos mismos datos.

Para algunas soluciones, no hay distinción entre estos dos modelos, pero sí para otras (que por ejemplo utilizan una base de datos para el almacenamiento).

Las capacidades de modelización también definirán el grado de flexibilidad de la solución MDM. Algunas soluciones permiten modelizar los datos a partir de un archivo XML, por ejemplo, mientras que otras modelizan los datos directamente en una base de datos. Cada enfoque tiene sus ventajas (como la rapidez, la agilidad y la solidez), pero también sus inconvenientes (un archivo XML solo permite el modelado jerárquico, lo que respecto al modelo de datos puede ser engorroso y menos flexible). Por tanto, antes de elegir una solución es vital estudiar detenidamente los datos de referencia y las necesidades reales que se van a gestionar.

Pero volvamos al modelo. En el caso de la modelización de tipo XML, los vínculos son jerárquicos y, por tanto, los datos se vincularán de forma natural utilizando esta lógica. No es por tanto necesario definir vínculos lógicos entre los datos.

En el caso de una modelización más técnica, como la de una base de datos (tipo Merise), en la que las tablas están vinculadas entre sí, la lógica de navegación y utilización de los datos no siempre es intuitiva. Por lo tanto, será necesario explicar desde un punto de vista funcional cómo vincular estos datos (entre varias tablas): es lo que se conoce como modelización funcional (o jerarquías).

Ejemplo: a continuación, se muestra un modelo sencillo de dos tablas (Persona y Dirección). Tenemos un vínculo entre una persona y su dirección, pero también hemos modelado una relación familiar en la misma tabla Persona:

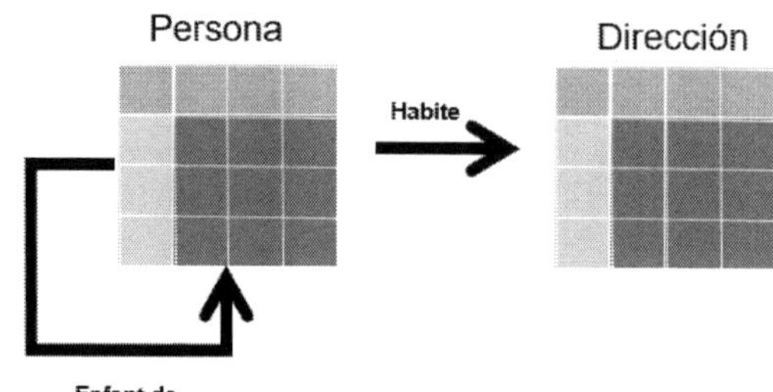

ID	Nombre	Padre ID	Dirección ID
1	Ángel	-	1
2	Flor	-	3
3	María	1	-

ID	Dirección
1	Dirección 1
2	Dirección 2
3	Dirección 3

Ejemplo de modelización física

Los datos tal cual no son muy significativos, ya que están estructurados en forma tabular y es difícil ver con claridad estas relaciones. La modelización funcional permite visualizar los vínculos inter-entidades con los datos y darles así un significado funcional.

Así, para el ejemplo anterior, tenemos algo como esto:

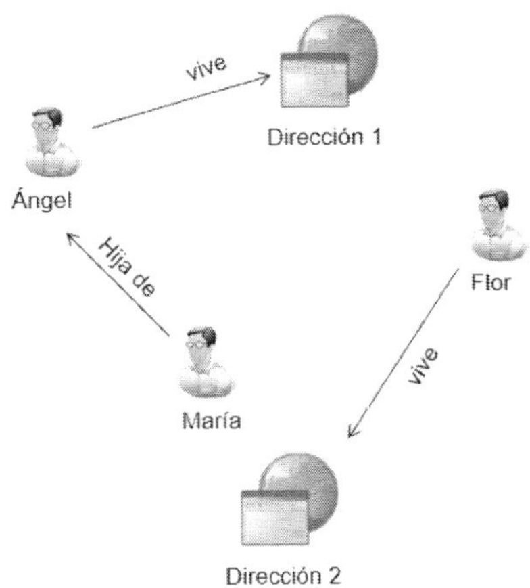

Ejemplo de modelización funcional o jerárquica

La desventaja de esto es que requiere que ambos modelos estén configurados, pero la ventaja es que permite todo tipo de relaciones, yendo más allá de las simples jerarquías que pueden estar limitadas por su modelo de árbol.

4.3.2 Alimentación

Dado que las soluciones MDM utilizan un modelo para describir la estructura, organización y uso de los datos de referencia, este modelo debe ser agnóstico con respecto a los demás sistemas de la empresa. Por desgracia, es muy poco probable que los datos introducidos en la solución MDM tengan el mismo formato y estructura que los esperados por el MDM. Además, es muy probable que se produzcan problemas de calidad (como las entradas duplicadas) que será necesario gestionar El módulo de alimentación de una solución MDM es un elemento fundamental.

En el caso de determinadas soluciones, este módulo ofrecerá varias interfaces permitiendo así gestionar las etapas de calidad de los datos, así como el enriquecimiento y la validación de la información que entra en la solución MDM. En cualquier caso, el objetivo es reunir en un mismo modelo (en el repositorio) varias informaciones procedentes de distintas fuentes.

El siguiente ejemplo muestra la heterogeneidad de los datos que hay que gestionar. Aquí tenemos cuatro sistemas que almacenan la misma información (la misma persona). El MDM tendrá que conciliar y consolidar esta información por sí mismo:

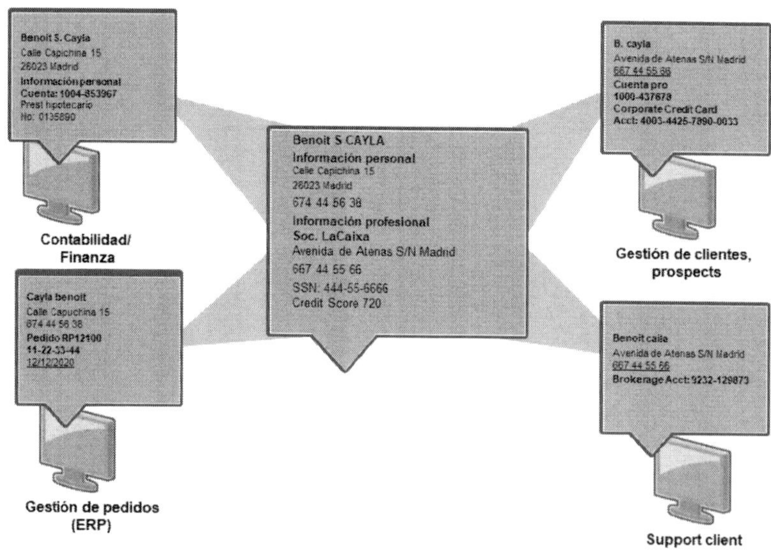

Datos externos que se deben integrar en el MDM

4.3.3 Comunicación con sistemas externos

Una solución MDM debe ser capaz de coexistir con entornos técnicos heterogéneos y complejos que incluyan todas las funciones necesarias para el buen funcionamiento de la empresa (aplicaciones, business intelligence, informes, integración, etc.). Para ello, puede ofrecer varios modos de comunicación que faciliten su integración: modo batch para intercambiar datos, colas de mensajes para desencadenar eventos y/o servicios Web para extraer o suministrar datos de referencia a las aplicaciones. De este modo, los sistemas y servicios de datos existentes pueden seguir utilizando sus propios identificadores sin interrumpir los procesos empresariales, lo que permite una integración rápida y, sobre todo, no intrusiva.

Por supuesto, es posible la coexistencia con los sistemas de gestión de datos de referencia existentes y otros repositorios externos. Muchas veces incluso se necesita añadir servicios de datos externos (vía API) como Experian, Dun & Bradstreet y Acxiom.

4.3.4 Gestión

Aunque las soluciones MDM a menudo ofrecen interfaces externas inspiradas en el modelo implantado, en la mayoría de los casos deben ofrecer herramientas de gestión adecuadas. La gestión y el control de los datos de referencia permiten a todos los usuarios (usuarios de negocio, Data Steward, responsables informáticos) intervenir en el proceso de gestión de eso datos e interactuar eficazmente (sobre todo en caso de excepciones). Estas interfaces de gestión suelen ser intuitivas (porque están dirigidas a los usuarios empresariales) y permiten crear, consumir, modificar y verificar los datos de referencia, sin tener que preocuparse por la modelización.

Además, las funciones de gestión de procesos permiten a los usuarios de negocio colaborar para crear nuevas entidades, al tiempo que controlan todo el proceso de aprobación. Por otra parte, también les permiten el consumo de datos fiables directamente desde el MDM para completar sus tareas.

Obviamente, el acceso a la aplicación del portal MDM (así como a los datos) está protegido mediante el uso de un identificador de usuario y una contraseña validados por la solución o a través de servicios de autenticación externos como LDAP, Kerberos o MS Active Directory.

Observación

La granularidad del acceso depende de la solución, pero suele estar vinculada a la modelización.

4.3.5 Trazabilidad de los datos de origen

La mayoría de las soluciones MDM actuales funcionan en modo coexistencia y hub. En otras palabras, son capaces de integrar datos procedentes de diversas fuentes, crear una información única a partir de esos datos y propagarla. También disponen de una capa de gestión, a menudo muy completa, y de una aplicación de gestión para los Data Stewards.

Esta consolidación de datos heterogéneos implica la creación de "Golden Record " durante el proceso de integración, ya que parte de la información es similar y es casi seguro que esté duplicada en varias fuentes, por lo que es inevitable que se importen datos duplicados. Será necesario, por tanto, poner en marcha un procedimiento de eliminación de duplicados, que implicará las distintas fases clásicas (partición, reconciliación, asociación y consolidación). Sin embargo, durante esta última fase de consolidación de los registros reconciliados, se produce una inevitable pérdida de información, ya que el Golden Record no puede conservar toda la procedente de las distintas fuentes iniciales. Afortunadamente, las soluciones MDM pueden remediar esta situación conservando una traza de los registros de origen (lo que se conoce como datos "Cross Reference" o XREF) y creando un vínculo entre el Golden Record y estos registros. Este proceso de conservación también permite revertir una mala consolidación.

4.3.6 Histórico de datos

La historización también es un punto clave en las soluciones MDM. Mantener un registro de las modificaciones de los datos (traza de auditoría) puede parecer sencillo a primera vista, pero puede resultar extremadamente complejo si se producen cambios estructurales en el modelo. El registro de datos se puede ofrecer a varios niveles. En los propios datos, por supuesto, pero también en los vínculos con otras entidades y jerarquías.

5. El Data Hub

La función del Data Hub (como su nombre indica) es facilitar el intercambio de datos entre varios sistemas dispares, con fines operativos y, por qué no, decisorios (en contraposición a las iniciativas puramente decisorias). Por tanto, se trata de un servicio global y centralizado de interconexión de los datos de la empresa. Algunos definen el Data Hub como una zona virtual de almacenamiento de datos, aunque en realidad es mucho más que eso, entre otras cosas porque también debe ser capaz de gestionar intercambios a diferentes latencias entre aplicaciones o sistemas que no fueron diseñados para compartir información.

El hecho de que los intercambios de datos sean operativos significa que son más numerosos y menos voluminosos. También implica que los tiempos de respuesta (a veces en tiempo real) sean un aspecto importante de este tipo de plataformas. Inicialmente, las grandes soluciones de Data Hub solo gestionaban (por el momento) datos estructurados o semiestructurados, pero con la llegada del Big Data, esta característica está cambiando y ya no es raro encontrar un Data Hub antes de un Data Lake, por ejemplo.

5.1 Tipos de Data Hub

Los Data Hubs pueden ser de varios tipos:

- **El hub de aplicación**: dentro de una aplicación o una solución empresarial compleja, el papel de este tipo de hub es facilitar los intercambios entre los distintos componentes de software que integran la solución. Como tales, pueden gestionar y almacenar datos en caché, datos vinculados a transacciones, datos temporales, etc. El Data Hub actúa como un concentrador de datos, lo que puede ser particularmente útil si por ejemplo nos encontramos antes una infraestructura de microservicios,. Observe que este tipo de hub se puede organizar verticalmente (según módulos funcionales) o por módulos técnicos (API, etc.).
- **El hub de integración de datos**: este tipo de hub está totalmente centrado en la integración de datos. En otras palabras, su papel se centra en el rendimiento de los intercambios de datos. En general, este tipo de hub puede combinar varios métodos (y herramientas) de integración de datos y gestionar varios tipos de latencia, lo que le confiere una gran versatilidad.
- **El Repository Hub o Hub de repositorio**: este tipo de hub es una especie de combinación de los otros dos, pero con el único fin de gestionar los datos de referencia de la empresa. Se trata de una solución completa de gestión de datos de referencia (MDM), que los concentra para toda la empresa y que se puede volver compleja rápidamente.

5.2 Tipos de almacenamiento

Las soluciones Data Hub ofrecen siempre una zona de almacenamiento (normalmente gestionada a través de una base de datos, pero también puede ser virtual), que puede almacenar datos de diversos tipos:

- **Temporales**: se trata de datos en tránsito por el hub que no están destinados a estar allí de forma permanente. Es lo que se conoce como almacenamiento intermedio o buffer de almacenamiento. Se puede tratar de datos transaccionales, por ejemplo, o de datos publicados a la espera de ser recibidos.

- **Cachés**: como el Data Hub tiene que responder a restricciones operativas a menudo muy exigentes, también incluye mecanismos de caché para optimizar los tiempos de respuesta y tránsito de los datos. Por ejemplo, podemos imaginar la persistencia de un dato que debe recuperarse varias veces por varios receptores y en momentos diferentes.

Además, estos Data Hubs deben responder a peticiones de varios tipos. En particular, deben permitir a las aplicaciones de terceros acceder directamente a los datos (de forma síncrona/asíncrona) a través de APIs proporcionados por los propios Data Hubs. También deben ofrecer capacidades de sincronización (por batchs y/o en tiempo real) para gestionar volúmenes de datos que pueden ser importantes.

5.3 Centralización y modelización de datos

Como hemos visto, el Data Hub centraliza los intercambios de datos. En vistas del aspecto central, incluso neurálgico, de esta solución, es imposible imaginarla sin una gran capacidad en términos de trazabilidad, seguridad, auditabilidad y, más en general, de gestión. Centralizar los datos muchas veces implica modelizar estos datos comunes (que transitarán o se almacenarán) en el propio Data Hub, con el fin de canalizar los intercambiados dentro de la empresa.

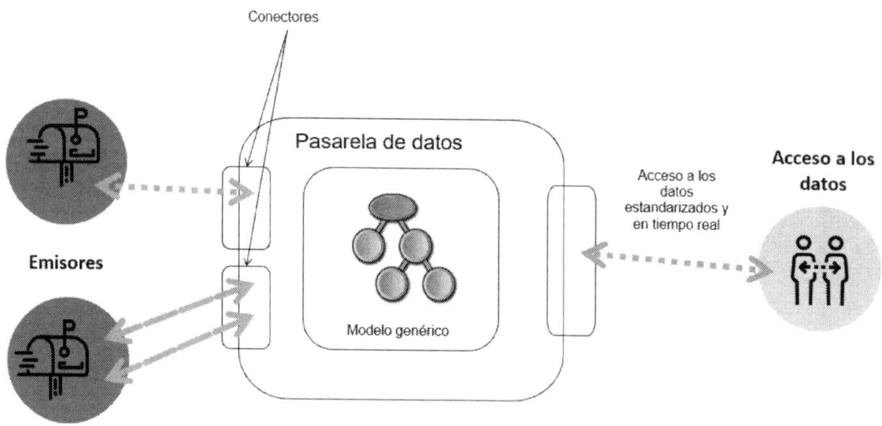

El principio del Data Hub

El modelo Data Hub puede ser:

- complejo, en el caso de un repositorio (MDM), por ejemplo;
- sencillo si solo se trata de referenciar fuentes de datos. Por ejemplo, si el Data Hub solo tiene que gestionar intercambios de datos a través de simples ficheros.

En caso de que el Data Hub requiera una modelización, esta revestirá una vital importancia, ya que afectará en la propia estructura de datos que se intercambiarán en la empresa. Esto significa también que cualquier cambio estructural (en la modelización) puede llegar a ser complejo y tener un gran impacto en todos los intercambios ya existentes.

6. EDI

Los EDI (Intercambio electrónico de datos o *Electronic Data Interchange*) son soluciones destinadas a permitir el intercambio de datos entre diferentes empresas. La necesidad dista mucho de ser nueva, y las primeras soluciones EDI vieron la luz en los años 80, o incluso antes. Pero lo que les ha dado (y les sigue dando) tanto éxito, es la noción de estandarización que a menudo se les asocia.

6.1 Principios de funcionamiento del EDI

La idea básica que subyace al EDI es muy sencilla: debe permitir que distintas organizaciones intercambien datos, en lo que se conoce como intercambios B2B (*Business To Business*). Quien dice organizaciones diferentes, dice datos y calidades diferentes; es necesario por tanto reunir lo que se opone entre sí.

Hubo que empezar por definir al menos los protocolos (normas) de intercambio de estos datos, para tener en cuenta los distintos tipos que se deben intercambiar y luego, por supuesto, los propios datos intercambiados.

Hablamos de mensajes EDI, e incluso de transacciones EDI, para describir los datos que van a circular entre las partes. En la práctica, estos mensajes EDI son ficheros estandarizados (y veremos más adelante que hoy en día existe un gran número de normas, en función del tipo de intercambio y de la naturaleza de los datos intercambiados). Los documentos en tránsito pueden ser órdenes de pedido, descripciones de productos, facturas, solicitudes de presupuesto, transacciones bancarias, etc.

Cuando hablamos de EDI, hay que tener en cuenta que la mayoría de las veces son organizaciones independientes las que han definido las normas (y por tanto son garantes de ellas). Dichas normas permiten la aplicación de:

- la estructura y el formato de los mensajes EDI,
- las transacciones EDI y protocolos asociados,
- las reglas de gestión adecuadas (sobre todo en lo que respecta a la calidad de los datos),
- seguridad de los intercambios.

En términos generales, existen dos tipos de EDI: los EDI diseñados para permitir conexiones punto a punto y los EDI centralizados.

Conexiones EDI punto a punto

Este es el ejemplo más simple, en el que una empresa simplemente envía datos a otra empresa a través de Internet (normalmente utilizando HTTPS, SFTP, etc.).

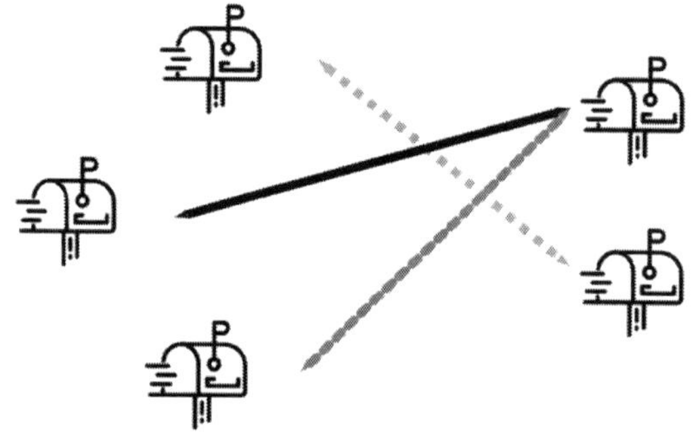

EDI punto a punto

EDI en red (centralizado)

En este caso, la red es gestionada por un tercero de confianza, generalmente una organización independiente (como GS1), a la que se suscriben los miembros. Esta misma organización se encarga de definir y mantener la norma de intercambio, ya que es esta la que proporciona la infraestructura y garantiza su buen funcionamiento.

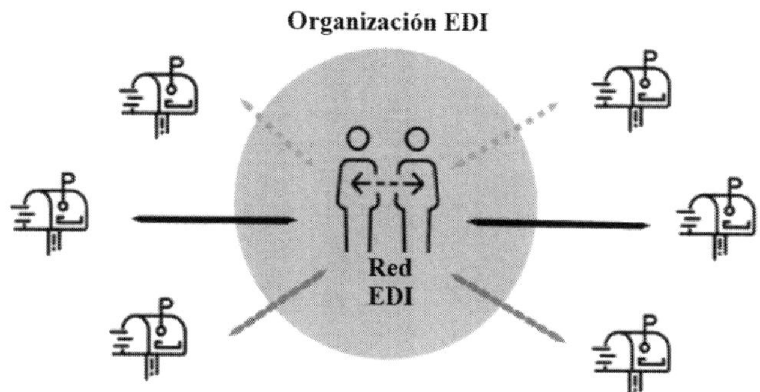

EDI centralizado

6.2 EDI y las organizaciones

Existen muchas normas y organizaciones EDI: ODETTE, TRADACOMS, GS1, Peppol y el Accredited Standard Committee X12 (ASC X12) son las más conocidas, pero distan mucho de ser las únicas.

Tomemos el ejemplo de **GS1** para los productos. GS1 es una organización mundial (con sede en Bruselas y creada en 1974) cuya función, entre otras, es crear y gestionar normas y soluciones que permitan a profesionales y consumidores intercambiar datos sobre productos. En concreto, esta organización se encarga de generar códigos de barras normalizados. Estos códigos de barras ocultan en realidad un identificador único de producto (el EAN: European Article Number) codificado, muy a menudo, con 13 dígitos, que garantiza que ningún otro producto tenga el mismo identificador. Esto es sumamente práctico, por no decir esencial, para una gestión eficaz de toda la cadena de suministro. El creador del producto tiene que comprar códigos EAN para poder intercambiarlos con los demás participantes en la cadena de suministro, hasta llegar al consumidor.

El mundo de la automoción en Europa también tiene su EDI con **ODETTE**. Esta organización permite normalizar y transmitir datos sobre bienes y servicios, así como información comercial a lo largo de toda la cadena de venta de automóviles.

La norma **UN/EDIFACT** (*United Nations/Electronic Data Interchange for Administration*), creada por las Naciones Unidas, es una norma internacional para el intercambio de datos comerciales entre varios países. Esta norma define numerosos formatos de documentos (muy a menudo en XML).

A continuación, se muestra algunos ejemplos:

- 276-A1: Health Care Claim Status Request
- 277-A1: Health Care Claim Status Notification
- 820-A1: Payment Order/Remittance Advice
- 834-A1: Benefit Enrollment and Maintenance
- BUSCRD: Business credit report message
- COSTCO: Container stuffing/stripping confirmation message

Por supuesto, el mundo financiero tiene su principal EDI con **SWIFT** (*Society for Worldwide Interbank Financial Telecommunication*). Esta organización, con sede en Bruselas, se fundó en 1973 y ofrece software y servicios, pero sobre todo gestiona una red internacional de intercambio financiero: SWIFTNet. Se trata de una red bastante grande, que reúne a más de 10.000 organizaciones bancarias de más de 200 países y permite a los participantes realizar transacciones bancarias. Estas transacciones se realizan mediante mensajes SWIFT, que se cifran y envían a través de la red SWIFTNet. Cada miembro de la red debe tener un identificador, el BIC (Código SWIFT), que le permite ser identificado de forma única en la red.

Los mensajes SWIFT intercambiados están normalizados y tipificados. Para los pagos, por ejemplo, los mensajes SWIFT son del tipo MT (ISO 15002) y, más recientemente, MX (conforme a ISO 20022).

Cada elemento del tipo de mensaje SWIFT también tiene un significado:

Ejemplo: **MT9xx**: gestión de tesorería y recuperación de clientes

- MT900: aviso de cargo en cuenta
- MT910: aviso de abono en cuenta
- MT950: extracto de cuenta de caja

Para el mensaje MT950, esto significa:

- MT: Tipo de mensaje Swift
- 9: Categoría
- 5: Grupo
- 0: Tipo

Cada tipo de mensaje tiene su propia estructura, documentada y mantenida por la organización.

6.3 Ventajas e inconvenientes

Aunque el modelo EDI en red está ganando terreno debido a la creciente necesidad de intercambios entre empresas, no es raro seguir encontrando intercambios punto a punto, cuando son más específicos y a veces sensibles.

En términos generales, el EDI permite:

- simplificación de los intercambios entre empresas;
- escalado sencillo. Utilizando una red EDI, es muy fácil compartir la misma información con otras empresas (prácticamente infinitas). Del mismo modo, es muy fácil aumentar el volumen de intercambios y mejorar así la productividad;
- ahorro de tiempo y reducción de costes (a medio/largo plazo) mediante la automatización de los procesos de intercambio que antes se hacían manualmente e incluso utilizando documentos en papel;
- la gestión de errores, que puede llevar mucho tiempo, se transfiere en gran medida a la organización que gestiona los intercambios. Esto también aumenta la fiabilidad de los intercambios B2B;

En términos de trazabilidad, todos los intercambios están normalmente garantizados por la organización que gestiona la red EDI. Este aspecto también es importante desde el punto de vista reglamentario.

6.4 Servicios EDI

Una solución EDI ofrece al menos estos servicios:

- **Un servicio de gestión por lotes**. Los mensajes rara vez llegan como una sola unidad o en perfecta secuencia. Es más, pueden llegar de forma fragmentada (por ejemplo, cuando varias aplicaciones suministran información compuesta e incompleta). Es casi seguro que habrá que comprobar y reconstituir estos lotes para obtener datos utilizables, por lo que es esencial gestionar dichos lotes y las transacciones dentro de la solución.

- **Un servicio de enrutamiento**. La topología de la red EDI puede ser simple o algunas veces compleja. Al igual que los paquetes IP en una red TCP/IP, a veces es necesario gestionar el enrutamiento de los distintos elementos para dirigirlos total o parcialmente a los destinatarios adecuados.
- **Un servicio de suscripción**. Los miembros de la red se deben poder suscribir, gestionar sus usuarios con los permisos, sus suscripciones, etc. directamente en la plataforma de intercambio.
- **Un servicio de mapeo de datos (opcional)**. Los datos que se deben enviar o recibir no tienen el mismo formato (o lo tienen pocas veces). Por lo general, es necesario definir un formato pivote (o un estándar) con el que trabajará la solución EDI. El servicio de mapeo permite realizar estas conversiones bidireccionales y, en algunos casos, incluso transformar los propios lotes de datos.

En este sentido, una solución EDI no dista mucho de un Data Hub. A veces, la única diferencia será que está diseñada para abrirse al mundo exterior, a diferencia de un Data Hub, que se limita a los intercambios intra-empresariales.

7. Resumen

Para su información, a continuación se muestra un cuadro resumen de las principales soluciones de gestión de datos y sus características:

	Data Hub	**Data Warehouse**	**Data Lake**	**MDM**	**EDI**
Datos operativos	Sí	No	Sí	Sí	Sí
Inteligencia empresarial (analítica)	No	Sí	Sí	No	No
Datos de referencia	No (excepto MDM en modo hub)	No	No	Sí	No

	Data Hub	Data Warehouse	Data Lake	MDM	EDI
Carga mediante ETL/ELT	Posible	Sí	Sí	Sí	Posible
Datos estructurados	Sí	Sí	Sí	Sí	Sí
Datos semiestructurados	Sí	No	Sí	No	Sí
Datos no estructurados	No	No	Sí	No	Sí
Gestión de grandes volúmenes	No	Sí	Sí	No	No
Modelización	Sí	Sí	No	Sí	No (salvo gestión de caché)
Certificación de datos (calidad de los datos)	Sí	Sí	No	Sí	Parcialmente
Integración de datos bidireccional	Sí	No	No	Sí	Sí
Integración de datos en tiempo real	Sí	No	No	Sí	Sí
Necesidad de una gestión sólida	Sí	No	No	Sí	No

Glosario

3V Se refiere a los tres fundamentos de Big Data: Volumen, Variedad y Velocidad.

ACID ACID son las siglas de *Atomicity, Consistency, Isolation, Durability* (atomicidad, consistencia, aislamiento y durabilidad). Creadas por Andreas Reuter y Theo Härder en 1983, son criterios estrictos para determinar la calidad de la gestión de las transacciones sobre los datos gestionados por un sistema.

ANN *Artificial Neural Network*. Un tipo "básico" de red neuronal con neuronas interconectadas.

Anonimización Alteración irreversible de los datos.

ASCII *American Standard Code for Information Interchange*. Esta tabla contiene los códigos de caracteres codificados numéricamente en 7 bits.

AUC (Superficie) Valor del Área bajo la curva ROC utilizado para evaluar un problema de clasificación en Machine Learning (cuanto más se acerque el valor a 1, mejor es el rendimiento del modelo).

Sesgo Medición del error mediante un desplazamiento.

Bigral El algoritmo Bigram calcula una puntuación de similitud entre dos cadenas de datos basándose en el número de caracteres consecutivos en las dos cadenas.

BRMS *Business Rules Management System*. Herramienta o solución informática para establecer y ejecutar reglas.

CAP (Teorema) Teorema demostrado empíricamente por Eric Brower que explica que un sistema distribuido solo puede respetar como máximo dos de las tres restricciones siguientes: Consistencia, Disponibilidad y Tolerancia a la fragmentación.

CDC *Change Data Capture*. Tecnología o solución de software que permite capturar directamente los cambios realizados por una aplicación mediante la detección automática de todos los cambios en la base de datos (generalmente utilizando los registros del SGBD).

CDI *Customer Data Information*: tipo de solución MDM centrada en los datos de terceros.

CID (criterios) Criterios de clasificación de la sensibilidad de los datos (Confidencialidad, Integridad y Disponibilidad).

CIT Restricción de integridad referencial. Concepto de base de datos que protege las relaciones y la coherencia entre tablas.

CNN *Convolutional Neural Network*. Red neuronal convolucional. Una CNN es un tipo de red neuronal artificial que tiene al menos una capa de convolución.

Computer Vision O Visión por Computador. Este campo incluye todas las técnicas y herramientas que permiten a los programas informáticos realizar el llamado procesamiento visual: en otras palabras, ver.

Convolución Tipo de filtrado de matrices o imágenes basado en núcleos (kernel) de convolución.

CRUD *Create, Read, Update and Delete*. Define los modos posibles de lectura o actualización de datos.

CSV *Comma Separated Values*. Formato de archivo tabular con separador (normalmente la coma).

Data Fabric Una fábrica de datos es un conjunto de herramientas y prácticas que permiten disponer de datos frescos y de alta calidad.

Data Mesh Data Mesh es una forma de Data Fabric con un "toque de microservicio", en el sentido de que la malla de datos divide la gestión y el suministro de datos por áreas funcionales.

DataViz Término utilizado para describir los métodos empleados para analizar datos visualmente.

DDL Lenguaje de definición de datos. Lenguaje utilizado para crear/modificar/eliminar eficazmente las estructuras físicas de la base de datos.

DMP *Data Management Platform*. Se trata de un término genérico para referirnos a una plataforma que ayuda a recopilar, organizar y poner a disposición datos de diversas fuentes.

Rango intercuartílico Define el valor del intervalo entre cuartiles.

Desviación típica Standard Deviation. Es una medida de la dispersión de una variable o dato aleatorios.

EDI Intercambio electrónico de datos o *Electronic Data Interchange*. Es una solución que permite el inter cambio de datos entre terceros potencialmente internos y externos a la empresa.

ELT *Extract, Load and Transform*. Este tipo de solución es muy similar en sus resultados a las soluciones ETL, salvo que no tiene un motor como tal. En su lugar, los datos se leen y se copian directamente en la fuente de datos. A continuación, el ELT ordena a la fuente de datos que realice las transformaciones (T) necesarias (Oracle ODI, Stambia). Cabe señalar que los principales ETL del mercado también suelen ofrecer la posibilidad de funcionar en modo ELT.

ETL *Extract, Transform and Load*. Solución de integración de datos que permite conectarse a varias fuentes y realizar transformaciones en los datos mediante un motor para, finalmente, enviarlos a otras fuentes de datos. Los flujos, mapeos o trabajos que describen la lógica de integración se suelen diseñar gráficamente (soluciones del mercado: Talend, Informatica, IBM DataStage, etc.).

Feed Back Se refiere a una red neuronal en la que la salida vuelve a la red para optimizar los resultados.

Feed Forward Se refiere a una red neuronal en la que la propagación es exclusivamente de izquierda a derecha.

FK *Foreign Key* o clave extranjera de una tabla. La clave extranjera se utiliza para crear un vínculo con otra entidad o tabla del modelo de datos.

FN o Formas Normales Ley de diseño que garantiza la normalización del almacenamiento de datos. Hay seis formas acumulativas normales, pero generalmente nos detenemos en la tercera.

GAN *Generative Adversarial Network*. Tipo de red neuronal que permite el autoaprendizaje basado en la competencia de dos subredes (generadora y discriminadora).

Principios de la Gestalt Los seis principios de la Gestalt son los diferentes sesgos perceptivos visuales de nuestro cerebro.

Golden Record El Golden Record es el registro final resultante de la eliminación de duplicados de varios registros parecidos, cuyos campos se han seleccionado de acuerdo con determinados criterios.

Hadoop Framework de software de Big Data de código abierto que permite almacenar, gestionar y procesar datos voluminosos de forma distribuida.

https://hadoop.apache.org

Hamming Algoritmo que permite comparar dos cadenas contando sus diferencias.

HDFS Hadoop Distributed File System. Este es de algún modo el Sistema de Archivos (*File System*) de Hadoop.

HIPAA Health Insurance Portability and Accountability Act. Ley estadounidense aprobada en 1996 sobre la gestión y la protección de datos sanitarios.

Hive Tecnología de acceso al almacenamiento de datos HDFS mediante un lenguaje similar a SQL: HiveQL.

HOLAP (*Hybrid Online Analytical Processing*) combinación híbrida de MOLAP y ROLAP.

Hiperparámetros Son los parámetros de ajuste de los modelos de Machine Learning.

IDP *Intelligent Document Processing*. Conjunto de herramientas y soluciones (OCR, Machine Learning, etc.) que permiten el tratamiento inteligente de documentos completos (contratos, facturas, etc.).

JARO Algoritmo de distancia utilizado para calcular el nivel de similitud entre dos cadenas de caracteres.

JSON *JavaScript Object Notation*. Formato de estructura de datos derivado de JavaScript y similar a XML, aunque mucho más ligero y sencillo.

Kendall (Tau de) Función que permite estudiar y medir la correlación de rango entre dos variables.

Lematización Técnica similar al Stemming, pero que tiene en cuenta el contexto y limpia el texto reencuadrando las palabras en su raíz. Esto permite, por ejemplo, agrupar los verbos conjugados.

Lenvenshtein Algoritmo utilizado para calcular la distancia y la relación (similitud) entre dos cadenas de caracteres.

LIME Local Interpretable Model-Agnostic Explanations. Herramienta o librería que permite interpretar modelos de Machine Learning. Es una solución que puede trabajar sobre cualquier tipo de modelo (modo agnóstico) y que funciona a nivel individual.

MCD Modelo conceptual de datos. Describe la necesidad empresarial de almacenamiento de datos.

MDM *Master Data Management*. Tecnología utilizada para crear y gestionar un repositorio de datos empresariales.

MDS *Modern Data Stack*. Una solución completa para ofrecer servicios de datos (integración, almacenamiento, gestión, catálogo y análisis).

MDX *Multi Dimensional eXpressions*. Lenguaje de consulta de cubos OLAP creado por Microsoft.

Mediana Valor de un conjunto de datos que divide la distribución en dos partes iguales.

MERISE Método de Estudio y Realización Informática para los Sistemas de Empresas. Se trata de un método francés que data de 1970, ampliamente utilizado para la modelización de sistemas y, en particular, para la modelización de bases de datos relacionales.

Metadatos Información que califica a un dato; en otras palabras, los metadatos son la información sobre un dato.

MLD Modelo lógico de datos. Representación textual del MPD.

Modo El valor (variable) más observado (o más frecuente en el conjunto de datos).

MOLAP *Multidimentional Online Analytical Processing*. Permite modelizar los datos a partir de un entorno multidimensional. Por lo tanto, los datos deben trasladarse al cubo OLAP antes del análisis.

MPD Modelo físico de datos. Permite la creación física de un modelo en una base de datos.

MSE *Mean Square Error* o error cuadrático medio es una fórmula de cálculo de errores utilizada en el Machine Learning.

NLP *Natural Language Processing*. Técnicas de tratamiento (comprensión y generación) de textos complejos.

NoSQL *Not Only SQL*. Se refiere a las bases de datos que rompen con el modelo clásico de base de datos relacional para abrir otras perspectivas del teorema CAP.

OLAP *OnLine Analytical Processing*, o cubo OLAP, es una técnica de análisis multidimensional.

OLTP *OnLine Transaction Processing*. Sistema operativo capaz de manejar transacciones y gestionar datos en caliente .

One-Hot La codificación one-hot es una técnica muy utilizada en Machine Learning para transformar datos categóricos en datos numéricos.

OpenCV *Open Computer Vision*. Librería de gestión de gráficos libre creada originalmente por Intel y distribuida ahora bajo licencia BSD. https://opencv.org

Outlier Puede traducirse como valor atípico. En un conjunto de datos, los valores atípicos son datos que no están en "armonía" con los demás. Suelen ser el resultado de errores o ruido, y a menudo hay que eliminarlos o sustituirlos.

Over Fitting En español: sobreajuste. Comportamiento del modelo de Machine Learning que le impide generalizar a datos distintos de los de entrenamiento.

Parsing Método de división de una cadena de caracteres en varias partes según un criterio (generalmente un carácter determinado, como la coma).

PCI DSS *Payment Card Industry Data Security Standard*. Norma que define los estándares de seguridad de los datos relacionados con los pagos de extremo a extremo de la cadena de pago electrónico.

PDP *Partial Dependence Plot* es un método de interpretabilidad global de un modelo de Machine Learning.

Perceptrón Red neuronal ultrasimple basada en una sola neurona (inventada en 1957). También es un algoritmo de clasificación lineal muy similar a la regresión logística (aunque diferente).

PHI *Protected Health Information*. Datos personales relativos a la salud.

PII *Personally Identifiable Information*. Datos que pueden utilizarse para identificar a una persona.

PIM *Product Information Management*. Tipo de MDM centrado en los datos de los productos.

PK *Primary Key* o clave primaria de una tabla. La clave primaria se utiliza para identificar un registro o fila en un conjunto de datos (normalmente una tabla en una base de datos relacional).

Pseudonimización Alteración potencialmente reversible de los datos.

Cuantil Los cuantiles son una forma de dividir una distribución en varias partes iguales.

Cuartil Los cuartiles son los tres cuantiles que dividen un conjunto de datos en cuatro grupos de igual tamaño.

RegEx Expresión regular. Cadena de caracteres cuya finalidad es describir (como un formato genérico) varias formas posibles de escribir cadenas de caracteres.

RGB Corresponde a *Red Green Blue* y designa los tres canales que, juntos, definen todas las posibilidades de color.

RGPD (o GDPR, *General Data Protection Regulation*) Reglamento general de protección de datos. Reglamento europeo (UE 2016/679) aprobado en 2016 que define las normas de protección de los datos personales (almacenamiento, uso y circulación).

RNR Redes neuronales recurrentes. Tipo de red neuronal utilizada para almacenar resultados intermedios a corto y/o medio plazo.

ROC (curva) *Receiver Operting Characteristic*. Curva que representa el rendimiento del modelo en todos los umbrales de clasificación.

ROLAP *Relational Online Analytical Processing*. Permite utilizar técnicas OLAP con datos almacenados en bases de datos relacionales.

Scikit-learn Sickit-learn es una librería de código abierto muy popular en Python para el Machine Learning (https://scikit-learn.org).

SGBD-R Sistema de gestión de bases de datos relacionales. Sistema informático de almacenamiento y consulta de datos estructurados en forma relacional (tablas vinculadas).

SHAP *SHapley Additive exPlanations*. Algoritmo XAI que funciona mediante el método local y se basa en los valores de Shapley para explicar la importancia de las variables en un modelo de Machine Learning.

SPARK Motor de ejecución distribuida creado en 2009, que utiliza RAM y es, por tanto, muy rápido (en comparación con Map Reduce en particular).

Spearman (Rho de) Función utilizada para calcular la correlación entre dos variables (evalúa la relación monótona entre dos variables).

SQL *Structured Query Language*. Lenguaje normalizado que permite consultar y actualizar datos en una base de datos relacional, creado en 1970. La norma SQL-2 (ISO/CEI 9075:1992) define el estándar del lenguaje SQL y, aunque le han seguido otras actualizaciones (SQL-3, SQL2008, etc.), esta versión sigue siendo la más utilizada por los editores de software del mercado.

Stemming Técnica de limpieza de textos mediante la eliminación de prefijos, sufijos, etc.

Tokenización Técnica que permite dividir un texto en palabras o frases (aquí se pueden eliminar los signos de puntuación).

TSV (o HSV) Tono Saturación Valor es un sistema de gestión del color basado en la forma en que percibimos los colores.

Under Fitting El subaprendizaje es un problema que surge cuando un modelo no capta correctamente las relaciones entre diferentes características.

UTF *Universal Character Set Transformation Format*. Modo de codificación de caracteres que admite UNICODE de 1 a 32 bits (UTF-1 a UTF-32).

Varianza La varianza es simplemente el cuadrado de la desviación típica. En el Machine Learning, la varianza es un indicador utilizado para medir la dispersión de una lista de valores y no un desplazamiento como el sesgo.

XAI *eXplainable AI*. Conjunto de técnicas y algoritmos que permiten comprender mejor el comportamiento y las decisiones de los modelos de Machine Learning.

XML *eXtensible Markup Language*. Formato de estructura jerárquica de datos creado en 1998 por el World Wide Web Consortium y realizado con etiquetas.

YARN *Yet Another Resource Negotiator*. Se trata de un gestor de recursos para Hadoop.

D

F

G

H

I

J

K

L

M

P

R

S

T

U

V

Para poder acceder durante un añoa
la versión online de este libro,
envíenos su justificante de compra a

librodigital@ediciones-eni.com

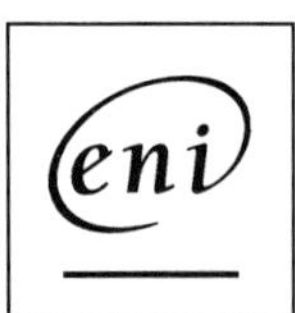